全面深化改革领导干部学习读本

主编 黄琦 刘学军

中国产业政策变革

赵 琳◎主编

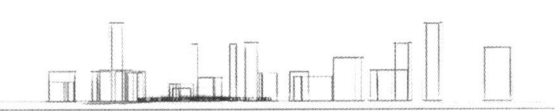

林毅夫 | 陈清泰 | 张维迎 | 张文魁 | 赵昌文
多位名家纵论改革大势

中国财经出版传媒集团
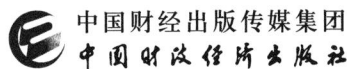

图书在版编目（CIP）数据

中国产业政策变革/赵琳主编．—北京：中国财政经济出版社，2017.9
（全面深化改革领导干部学习读本/黄琦，刘学军主编）
ISBN 978-7-5095-7686-1

Ⅰ.①中… Ⅱ.①赵… Ⅲ.①产业政策-中国-干部教育-学习参考资料 Ⅳ.①F121

中国版本图书馆 CIP 数据核字（2017）第 202416 号

| 责任编辑：李玲兰 | 责任校对：刘　靖 |
| 封面设计：田　晗 | 版式设计：齐　杰 |

中国财政经济出版社 出版

URL：http://www.cfeph.cn

E-mail：cfeph@cfeph.cn

（版权所有　翻印必究）

社址：北京市海淀区阜成路甲 28 号　邮政编码：100142
营销中心电话：88190406　北京财经书店电话：64033436　84041336
北京富生印刷厂印刷　各地新华书店经销
787×1092 毫米　16 开　18.25 印张　280 000 字
2017 年 9 月第 1 版　2017 年 9 月北京第 1 次印刷
定价：50.00 元
ISBN 978-7-5095-7686-1
（图书出现印装问题，本社负责调换）
本社质量投诉电话：010-88190744
文章稿酬及版权联系电话：010-68457872
打击盗版举报热线：010-88190414　QQ：447268889

"全面深化改革领导干部学习读本"

编 委 会

顾　　　　问：高尚全　彭　森　宋晓梧　许宏才　刘尚希
编 委 会 主 任：周法兴　史克毅　黄　琦　潘治宏
编委会副主任：蔺红英　刘学军
编　　　　委：周法兴　史克毅　黄　琦　潘治宏　蔺红英
　　　　　　　刘学军　贾存斗　党海鹏　郁东敏　翁晓红
丛 书 主 编：黄　琦　刘学军
分 册 主 编：刘学军　王　平　黄根兰　方　艳　秦均华
　　　　　　　赵　琳　孙　铮

总　序

高尚全

　　自1978年党的十一届三中全会开启我国的改革进程以来，弹指一挥间，中国的改革事业已经走过近40年的光辉岁月。近40年来，我们历经从计划经济到商品经济再到市场经济的探索，我们从无到有构建了中国的社会主义市场经济体系并不断进行完善，我们扭转了"文革"的动荡混乱走向依法治国，并不断提高国家治理水平。可以自豪地说，中国的改革事业取得了不可磨灭的成就。中国的改革事业当然也并非一帆风顺，改革的航程历经千难万险，但是改革的开拓却从未停歇。战胜这些困难、推动中国改革不断进步的，是站在改革潮头的千千万万的干部群众，尤其是广大党员干部，是我们在前无古人的情况下坚定不移地推动改革前进的中坚力量。从"要吃米、找万里"的童谣到"杀出一条血路来"的习仲勋等早期的特区开拓者，从"有计划的商品经济"的论证和提出到"社会主义市场经济的四梁八柱"的构建，如果没有党员干部对改革的孜孜以求、积极进取，就没有今天改革事业的辉煌成果。

一、坚持市场方向的改革从胜利走向胜利

　　从"计划为主、市场为辅"到"有计划的商品经济"再到发挥市场的"基础性作用"，最终到发挥市场的"决定性作用"，近40年来，以经济体制改革为核心的中国改革始终坚持市场经济的改革方向，并最终使得国家在各个层面上都取得了巨大的成就，推动了以阶级斗争为纲向以经济建设为中心的转变、从计划经济向市场经济的转变、从闭关锁国转向全方

位开放、从人治走向法治、从贫穷落后转向小康这五个方面的伟大转变。

党的十八大以来,我国的改革进入了新的阶段。在以习近平同志为核心的党中央的坚强领导下,我国不仅有效应对了复杂国际政治经济环境的风云变幻,更在相当不利的条件下取得了经济的中高速平稳增长。党的十八届三中全会所作出的《中共中央关于全面深化改革若干重大问题的决定》(以下简称《决定》)制定了我国在新的发展阶段全面推进改革开放事业的宏伟蓝图,提出了到2020年全面深化改革的指导思想、总体思路、主要任务、重大举措。以这份全面推进改革的《决定》为基础,中国改革事业在战略布局、改革难点以及市场地位方面都获得了一些重大的进展乃至突破。

(一)市场在资源配置中的地位获得重大突破

中国改革开放的进程,实际就是从以计划作为配置资源的主要手段逐渐变革成为以市场作为配置资源的主要方式,市场经济逐步确立并不断完善的过程。在这个进程当中,市场的力量从无到有、从弱小到壮大。《决定》旗帜鲜明地提出,使市场在资源配置当中发挥决定性的作用,这在中国的改革开放和市场经济发展历程中具有里程碑式的意义,体现了以习近平同志为核心的党中央对市场规律的认识在不断提高,是我党对中国特色社会主义建设规律认识的一个重大突破。

(二)供给侧结构性改革取得明显进展

党的十八大以来,中国的经济发展面临着全新的环境和挑战。世界经济严重衰退,贸易保护主义抬头,世界经济格局面临新的"洗牌"。与此同时,国内土地、劳动力等要素价格越来越高,资源、环境的约束越来越紧,我国传统的经济发展模式和结构继续进行深刻的调整和改革。中国经济面临着保持一定水平的增速和调结构的两难困境。在这种经济新常态背景下,中央及时作出了供给侧改革的决定和布局,以前所未有的勇气和决心,开启了一场中国经济发展方式向更高形态发展的结构之变。

(三)国家政治体制顶层设计适应新的要求、获得新的突破

党的十八届三中全会提出:"全面深化改革的总目标是完善和发展中国特色社会主义制度,推进国家治理体系和治理能力现代化。"这就要求对过去领导改革的行政部门本身进行改革,对改革领导者的决策效能和执行力提出了重大考验。为了推进改革,中央先是设立了中央全面深化改革

领导小组，有力提升了改革的决策效能，使过去总是被回避的改革议题，比如户籍问题、农村土地制度问题等等，能够集中力量摆脱各种利益羁绊获得正面突破。国家治理体系和治理能力的提高还体现在我国社会主义民主政治的进步上。全面深化改革对加强社会主义民主政治制度建设提出了通过各项制度建设，丰富民主形式，从各层次各领域扩大公民有序政治参与，充分发挥我国社会主义政治制度优越性的总目标。

（四）反腐倡廉效果显著，依法治国有效推进

进一步推进改革，创建良好的经济发展环境，需要廉洁奉公高效的党员和公务员队伍。十八大以来党中央对腐败行为的坚决查处，破除了过去一段时期因党纪国法松懈而滋生的各种潜规则，横扫了贪腐猖獗的不良风气，党纪国法为之肃然而振！中央对于滥权渎职的腐败分子，上至中央常委，下至乡村干部，不管是军方大将，还是地方大员，但凡触犯党纪国法，均依法予以严惩。坚定不移地推进全面从严治党，形成了反腐败斗争压倒性态势。这样大规模的反腐浪潮，激浊扬清，民心得以振奋，党风得以清正，使全体党员干部受到深刻的教育。掌握权力行使权力的全体党员干部自觉地规范行使权力、自觉避免滥权渎职行为，这为规范政府权力的行使、保障市场主体的合法权益奠定了良好的基础。在肃清腐败的基础上，中央通过确立依法治国的方略，从制度建设上、从根本上维护国家的长治久安。2014年10月底召开的党的十八届四中全会，是中国共产党历史上第一次专门研究法治建设的中央全会，通过了《中共中央关于全面推进依法治国若干重大问题的决定》。党把自己的路线、方针、政策通过法定程序转化为国家意志，成为全国人民共同遵守的法律规范，实现党的主张和人民意志的有机统一。

（五）生态文明体制改革为创造绿色环境打下了基础

党的十八大以来，党中央始终把生态文明建设放在治国理政的重要战略位置，首次将生态文明建设与经济建设、政治建设、文化建设和社会建设一起，纳入中国特色社会主义"五位一体"总布局；党的十八届三中全会《决定》，全面、清晰地阐述了生态文明制度体系的构成及其改革方向、重点任务，是将生态文明建设纳入"五位一体"总布局后的又一大创新；党的十八届四中全会要求用严格的法律制度保护生态环境；党的十八届五中全会将绿色发展纳入新发展理念。对生态文明建设的顶层设计

密集推出，体现了党遵循发展规律、顺应人民期待、彰显执政担当。

二、新时期的改革仍面临着巨大的挑战

中国的改革虽然取得了举世瞩目的成就，但是前期单边突进的改革遗留的问题越来越成为拖累经济社会进一步向前发展的障碍，而且经过近40年的改革发展，随着生存型阶段向发展型阶段的转变，我国需求结构开始发生明显变化，新的需求和旧的体制的矛盾也日益凸显，新老问题同时并存，影响改革的深化。目前仍存在的矛盾有以下几个方面：

一是经济发展方式转型与市场化改革不到位的矛盾。以当前最重要的"三去一降一补"为例，虽然其在整体战略上极为重要，但是在实际操作过程中，也出现了行政手段"一刀切"，专去民营企业的传言。"三去一降一补"需要行政手段的配合，不过应尽量以市场的优胜劣汰为主要手段，让行政要求成为市场资源配置的砝码，这样虽然见效慢一些，但长期看会更加健康。

二是税费过重与公共产品供给短缺并存的矛盾。我国已开始从私人产品短缺时代进入公共产品短缺时代，但相应的社会体制改革还不适应这个时代变化的趋势。公共产品短缺成为阻碍扩大内需、制约发展方式转型的一个重要因素。公共产品短缺使我国消费率不断下降，消费率水平不仅低于发达国家，而且也低于"金砖四国"中的其他三国。但是，作为公共产品供应源泉的我国老百姓的税赋水平并不低。如曹德旺所指出的，中国企业税赋同比美国高出相当于营业额的11.6%，这在世界上明显属于较高税赋的国家。同一些宏观税负超过30%的国家相比，在社会福利支出（教育、卫生、医疗、社保等）方面，法国的社会福利支出占GDP的比例为35%，瑞典是38%，挪威是33%，丹麦是37%，澳大利亚是23%，美国是21%，我国还有很大差距。造成这种现象的主要原因，还是因为政府作为投资的主体而没有成为创造环境的主体，财政在公共服务领域的投入比重还不高，地方政府的注意力仍然集中在追求经济总量的扩张上。

三是依法治国的理念在实际行动中仍然有待落实。依法治国的治国方略早已提出，党的十八届四中全会更是以中央全会决定的方式将这一理念提升至治国理政的最高层次，中央深改办也专门出台了各项推进法治建设的意见和方案。但是行政部门职能缺位、错位、越位，行政审批门槛多、

公共服务不到位、权力行使不规范等问题仍然时有发生，阻滞了市场经济的健康发展。另外，《宪法》明确的法院、检察院独立司法也受到意识形态领域反对"司法独立"的影响，律师尤其是刑事辩护律师容易受到不公正的待遇乃至以敌我矛盾予以处理，严重违背依法治国的理念。凡此种种，彰显了法治状况与社会主义市场经济建设的不相适应。市场经济当中利益主体各不相同，市场经济的运行实际也是各个市场主体之间利益交换、协调的过程，是不断产生矛盾又不断解决矛盾的过程，司法承载着保障这些矛盾有效、迅速解决，维护不同市场主体利益交换、协调通畅运行的重要功能，依法治国的理念必须贯彻到实处。

三、改革只有进行时，全面深化改革需要广大党员干部掌握改革的方法和经验

"雄关漫道真如铁，而今迈步从头越。"在新的历史时期，推进全面深化改革需要千千万万的广大党员干部不仅要面对"啃硬骨头"的难题，而且要面对的往往是改革的对象就是自己的利益这样的艰难选择。在这种情况下，除了决策层要在顶层设计方面做好微观改革激励兼容的改革路径设计之外，还需要各个层级的党员干部增强大局意识、核心意识，自觉向中央看齐，其目的就是要发挥出中国共产党作为一个马克思主义政党的核心优势来克服私利对改革的扭曲，这是当前推进改革所需要的，是当前各项党员学习教育培训项目的重中之重，在此无须赘言。需要着重指出的是，在改革的深水区推进全面深化改革，"摸着石头过河"的改革方法在制度架构的诸多方面可能不再适用，党员干部在坚定改革的决心之外，还有必要掌握改革的方法论，在对改革有深刻认知的基础上，掌握推进改革的方法、路径，这样就能够事半功倍地推进改革。在近40年的改革进程中，我们积累了不少宝贵的经验和方法，突出的有：

一是不断解放思想，推进理论创新。科学的理论是改革顺利推进的思想保证。改革的进程，就是思想解放的过程，就是理论创新的过程。改革开放以来，我们党坚持解放思想，实事求是，与时俱进，将实践作为检验真理的唯一标准，不断推进理论创新、思想创新和体制创新，创造性地提出了社会主义市场经济理论及其政策体系。

二是坚持市场化的改革方向不动摇。改革开放近40年的历程，也是

市场作为资源配置手段的地位不断提升的历程。从"一大二公"和"割资本主义尾巴"到"计划为主、市场为辅"的社会主义商品经济的提出，再到从指令性计划到指导性计划的转变，进一步到社会主义市场经济的提出，最终到使市场在资源配置中发挥决定性作用，中国的改革所取得的成果，也就是社会主义市场经济不断发展的结果。我们回顾中国近40年的改革经验，其中最核心的一条，就是要坚持市场化的改革方向。需要着重指出的是，互联网大数据时代，我们仍然要头脑清醒地坚持市场经济。计划经济与市场经济的区别，本质上并不在于有无计划或者说制订的计划是否科学，即便在完全市场化的社会里，企业也会制订诸多的生产计划、推广计划，计划得好的企业更有可能在激烈的市场竞争中胜出。计划经济与市场经济两者区别的本质是由行政权力来配置资源还是在价值规律的支配下由市场主体的自主选择判断来配置资源。互联网大数据可以使计划的制订更加科学，但是它无法解决这个时代最重要的人的创造性、积极性的问题。只有自由选择的市场，才能产生这种积极性和创造性，也只有自由选择的市场，它所形成的数据和联网才有意义，否则何以持续地发展繁荣？互联网和大数据只有与市场相结合，才能迸发出最大的效用。改革必须坚持市场化不动摇。

　　三是灵活运用改革方法，既先行先试、先易后难，又统筹兼顾、协调推进。我国改革的典型特征是采取了先行试点、总结推广的方式。立足于把解决本地实际问题与攻克面上共性难题有机结合起来，选择一定地区或改革领域开展试点，在对试点进行总结的基础上，对成功经验和做法再行推广。这种由点而面、先易后难的改革推进方式，既控制了风险，又通过有效的推广机制使成功经验能够迅速普及，成为我国渐进式改革战略的重要经验，也是新时期推进改革开放、探索新的发展模式和体制模式的重要途径。改革又是一项系统工程，必须不断完善改革的推进方式，统筹兼顾，加强总体协调。我们注重把握"破旧"和"立新"的关系，立足于立新，适时、大胆地破旧，从而不断消除深层次的体制机制障碍，建立健全适应生产力发展需要的新体制、新机制；坚持整体推进和重点突破相结合，在统筹规划的基础上注重协调配合，不失时机地实现改革的重点突破。开放也是改革，做到改革和开放相互促进，良性互动。在完善社会主义市场经济体制的新阶段，我们面临的主要是一些触及深层利益关系、配套性强、风险比较大的改革，而且经济体制改革与政治体制、文化体制、社会体制方面的改革日益紧密地联系在一起，这使得改革的统筹协调和整体推进的要求更加凸显。党的十八届三中全会后设立的全面深化改革领导小组，专门就经济体制、民主法治、文化体制、社会体制等设立了专门的改革小组，为改革的统筹协调创造了条件。

四是正确处理改革、发展、稳定的关系。改革是经济社会发展的强大动力，有效的体制是实现经济社会又好又快发展的根本保证，从长远来看，也是确保社会稳定的根本保障，同时，发展和稳定也提供了深化改革的良好环境和基本条件。要正确处理好改革与发展、稳定的关系，适时有序推进改革开放，把改革的力度、发展的速度和社会的承受能力有机结合起来，在保持稳定的前提下推进改革和发展，通过改革和发展促进社会稳定。

当然，宏观上掌握了改革的经验和方法还远远不够，广大党员干部每个人都有自己需要面对的具体的改革领域。这些具体领域的改革都有自己的难点和重点，其改革的方法和路径都不尽相同，需要根据实际情况，因地制宜，对症下药。中国经济体制改革杂志社和中国财政经济出版社这次共同编纂出版的"全面深化改革领导干部学习读本"不仅仅包括宏观的内容，如《未来十年的改革发展战略》《大国反腐》《大市场严监管》，因为不谋全局者不足以谋一域，有利于我们构建对当前整个改革进程的认知框架；更为重要的是，"全面深化改革领导干部学习读本"还就财政改革、金融改革、国企改革、土地改革、社保改革、产业变革、扶贫攻坚等具体改革领域都专门整合了分册，共同构成本丛书的主体内容，这就为广大党员干部在各自的领域学习、推进改革提供了极大的便利。"成事在天，谋事在人。"我相信，只要广大党员干部能够深刻地学习和领悟"全面深化改革领导干部学习读本"这样的改革书籍所传递的改革知识和精神，中国的改革事业就一定能够从胜利走向胜利，中华民族伟大复兴指日可待。

2017 年 9 月

目录
CONTENTS

序言 …………………………………………………………………（ 1 ）

第一篇 我国产业政策争论焦点：政府和市场的关系 / 3

建立有效的市场和有为的政府 ……………………………………（ 5 ）
市场、政府与法治 …………………………………………………（ 12 ）
有限政府，有为政府？ ……………………………………………（ 18 ）
怎样才算好的产业政策？ …………………………………………（ 30 ）
产业政策与经济发展：争议与变革 ………………………………（ 37 ）
中国的产业政策亟待转型 …………………………………………（ 48 ）

第二篇 未来产业政策的调整方向 / 53

促进产业政策向竞争政策转型 ……………………………………（ 55 ）
供给侧结构性改革中的竞争政策研究 ……………………………（ 63 ）
关于"十三五"期间产业政策转型的思考 ………………………（ 79 ）
新时期产业政策理论创新和我国产业政策转型研究 ……………（ 97 ）
中国产业政策的特点、评估与政策调整建议 ……………………（120）
"十三五"时期中国产业发展新动向 ……………………………（128）
当前中国产业政策转型的基本逻辑 ………………………………（142）
产业政策决策如何迎面"深度不确定性" ………………………（154）

第三篇 产能过剩化解之道 / 169

向市场化去产能转型 …………………………………………… (171)
"去产能"的核心问题是加快推进结构性改革 …………………… (176)
当前"去产能"面临的突出问题与对策建议 …………………… (182)
去产能中促进就业、社会保障、劳动关系研究 ………………… (190)
供给侧结构性改革中"去产能"面临的困局、风险与对策 …… (201)
改革攻坚"去产能"转型升级促发展 …………………………… (214)

第四篇 美国、日本的产业政策与产能过剩治理之策 / 225

美国产业政策的政治经济学：从产业技术政策到产业组织政策
　………………………………………………………………… (227)
美国早年产能重组商业模式及其对我国当前"去产能"政策的
　启示 …………………………………………………………… (244)
日本应对工业4.0：竞争优势重构与产业政策的角色 ………… (252)
产能过剩与僵尸企业处理：日本经验 …………………………… (271)

序言
PREFACE

改革开放以来,有关政府与市场的关系以及如何更好地发挥市场机制作用的讨论一刻也没有停止过。到底是政府"有形的手"多一点,还是市场这只"无形的手"多一点,在实践中也经历了一些曲折和反复。

十八届三中全会的决定中提及"使市场在资源配置中起决定性作用和更好发挥政府作用",将市场在资源配置中的作用提到了前所未有的高度。近年来国内外经济发展的经验表明,单纯依靠政府计划或单纯依靠市场自发力量都难以实现经济的平稳健康发展,而且在现实生活中,严格意义上的计划经济和纯粹的自由市场经济都缺乏存在的基础。

产业政策是国家宏观经济调控的重要手段,是政府为了实现一定的经济与社会发展目标对产业活动进行干预而制定的各种政策的总和。一段时间特别是2016年以来,学术界围绕产业政策的作用方式与效果展开了激烈的争论。争论的焦点无非是怎么处理好政府和市场的关系,怎么解决好市场失灵和政府失灵,怎么把政府和市场结合起来……

实际上,"市场派"与"政府派"之间的分歧之所以难以调和,本质在于这场争论背后的学术立场甚至是价值观存在巨大差异。《中国产业政策变革》一书就产业政策争论焦点——政府和市场的关系,汇集了名家文章,观点纷呈。应该看到,"市场派"把矛头指向产业政策,将其视为计划经济的产物和载体,实则附会了对中国市场化改革进程中出现的种种波折、矛盾(包括供给与需求不适配的矛盾)及其解决机制的失望情绪;而"政府派"对所谓"有为政府"的"信仰"也难免受到诟病。原因在于并非什么样的政府都可以"有为"。如果对产业政策作总体评估,在经济发展的追赶期,现在的产业政策有失有得,"得"大于"失"。在进入创新发展阶段，现在的产业政策有得有失，可能"失"大于"得"。当前经济向创新驱动转型时，现行产业政策的负面效应已经非常明显，产业政策亟待转型。因此，本书用了大量篇幅研究未来我国产业政策的调整方向。比如，王小鲁认为转型方向应从选择性和特惠式产业政策，转向促进公平竞争、完善要素市场，发挥市场机制对资源配置起决定性作用的普惠式政策。黄汉权提出以弥补"市场失灵"和减少"政府失灵"为理论依据，构建"互补合作型"政府市场关系，建立"市场友好型"产业政策体系等。

过去的产业政策对促进经济增长与结构调整发挥了积极作用，但这些产业政策过多地以政府选择代替市场选择，在某种程度上刺激了过度投资，促成或加剧了产能过剩，降低了资源配置效率，弱化了公平竞争原则。习总书记在中央财经领导小组第十三次会议上强调当前重点是推进"三去一降一补"五大任务，其中去产能是首要任务，是重中之重。因此，本书专设第三篇，探讨如何化解过剩产能；此外还介绍了美国和日本的产业政策以及去产能之策，供我们借鉴。

综上，《中国产业政策变革》这本书会让学者静下心来把中国将近30年的产业政策实践认真做一次梳理，从理论上得出分析结果，为下一步中国到底应该在哪些方面发挥产业政策、哪些方面应该发挥竞争政策的作用，提供更有说服力的方案，有利于政府政策的转型。

编者

2017年9月

第一篇

我国产业政策争论焦点：政府和市场的关系

中国经济面临发展成就巨大和治理问题严重的两头冒尖现象，改革由此也进入深水区和关键期，无论是从理论认知、共识，还是到具体行动，其艰难性和复杂性是空前的。对于一个转型经济体而言，创造一个合理的竞争性市场制度环境，远比制定实施"精准"的财政政策、货币政策或具体的产业政策更为重要。关于当前讨论较多的产业政策制定，其根本着眼点还应在于激励企业家精神，让市场在资源配置中充分发挥决定性作用。

第一篇　我国产业政策争论焦点：政府和市场的关系

建立有效的市场和有为的政府

林毅夫[*]

有人说我是"国师"，这个不敢当。作为知识分子，关心这个社会，关心这个国家，就应该根据你对问题的认识，知无不言、言无不尽，我只是在尽我作为一个知识分子的责任。可能是因为我讲政府在经济发展过程中要发挥一定的作用，很多人就认为，你是在帮政府站台。其实不能这么说，因为经济发展本来就是既要靠市场，也要靠政府，两者应该各自发挥应有的作用。

我的目标是建立有效的市场和有为的政府：市场有效以政府有为为前提，政府有为以市场有效为依归，这两个是有机的两面。但是好像现在国内有一种氛围，谁讲政府有为就会被认为是反对市场，这是我们必须扭转的一个环境。完全市场化的最好情形就是智利，但是智利30多年没有新的产业出现，导致就业不能解决，失业率很高，贫富差距不断扩大。这难道是我们想追求的结果吗？如果说因为我讲政府有为就是"国师"，那当我讲市场有效的时候是不是就反政府了？所以我是一个中性的立场。

在讲政府有为的时候，也并不是说政府做的任何事情我都支持，因为政府做的也可能变成乱为，乱为就应该反对。我们也必须让政府知道什么属于有为，什么属于乱为，什么属于不作为。我觉得作为知识分子的责任就是这样，自己认为对的就要把它讲出来。当然，讲出来以后别人怎么样评论，别人怎么理解，这是我控制不了的。但如果因为别人没有把握我讲话的实质，我以后就不讲有为的政府了，那整个社会的舆论不就是只能靠市场？

---

[*] 林毅夫，北京大学国家发展研究院名誉院长。

中国产业政策变革

发达国家适合的制度不见得适用发展中国家

第二次世界大战以后，发达国家对发展中国家的援助不少，总计约有3万多亿美元，但是发展中国家的贫困问题并没有得到解决。正如前不久比尔·盖茨在北大讲话时提到的，即使把中国改革开放以后脱离贫困的7亿多人刨除掉，全世界的贫困人口数量依然没有减少，而且继续增加。也就是说，发展中国家的发展问题并没有得到解决。

20世纪70年代末至80年代，外界普遍认为，发展中国家经济搞不好，主要原因是没有像发达国家那样完善的市场经济制度，来自政府的干预、市场扭曲太多。因此，80年代以后的发展援助，不管是来自发达国家还是多边机构，都有条件，就是受援经济体必须先进行市场化改革。

虽然发达国家用意是好的，但是这么推行的结果，是按照这个思路去做的国家普遍面临问题：经济崩溃、停滞、危机不断。实际上20世纪八九十年代这段时间，发展中国家的平均经济增长速度，比六七十年代还低，危机发生的频率也比六七十年代高，跟发达国家的差距越来越大。而那些试图按照发达国家模式建立所谓完善市场经济模式的改革，也是失败的。

原因有两个。一方面，原来很多扭曲为什么会存在，是因为存在一些效率很低的大产业，如果没有政府补贴就难以为继。这些产业虽然效率不高，但是雇佣很多人，如果取消补贴放任这些产业死掉，就会出现大量的失业，导致政治不稳定。这是任何当权政府都不愿意面对的情况。而且，这些产业大多还是国防安全的基础，比如俄罗斯，如果从经济实力来讲，今天它在世界上只是二档国家，但是它为什么还能够跟美国抗衡，原因就是俄罗斯先进的军事工业，有了这些才有国防安全，才有国际地位。

基于这两个原因，即使建立了所谓完善的市场经济模式，因为不能让那些产业垮台，在进行私有化、市场化、自由化以后，把之前的扭曲取消掉，后面反而引进很多新的补贴、新的扭曲，效率更低。

另一方面，也有很多东西在发达国家看起来像是扭曲，但实际上是跟发展阶段有关，未必就是扭曲。比如，我在推动非洲国家学习中国的招商引资模式时，过去我在世行的同事跟我讲，外国人不会来投资。我问他为什么？他回答，以埃塞俄比亚为例，来投资的外国老板如果想进口一辆自已用的轿车，需要付200%的关税，很少有老板愿意付这么高的税。他的意思是，如果你真的想招商引资，就应该把所有关税都取消掉。

我告诉这位同事，对进口车征收高关税一般是为了保护国内的汽车产业，埃塞俄比亚没有汽车产业，又为什么要征收这么高的关税？其实，这是一个非常聪明的所得税。要征收有钱人的所得税非常困难，在发达国家都很难，在发展中国家更难，但是有钱的人要进口汽车，因为要经过海关就很容易征税。这种情况下，如果建议把这种关税都取消掉，发展中国家就会马上损失很多财政收入和外汇来源。

但是，20世纪八九十年代的人们过度相信这些问题都是市场能够解决的，所以像苏联、东欧那些国家推行《华盛顿共识》的改革之后出现经济崩溃、停滞，危机不断。比如，推行这种改革最彻底、最成功的是智利，但智利现在出现了很大的问题，30多年间，其老的产业不断消失，但没有新的产业出现。这就没有解决先行者的激励问题，以及新的产业要出现，必要的人力资本、基础设施、金融法治这些环境的改革，所以算不上不成功。

也就是说，发达国家适合的制度不见得在发展中国家都适合，而且20世纪80年代以后基本上就没有考虑这种发展阶段的差异性。另一方面，也没有清楚地认识到经济发展是一个过程，在这个过程中，必须让每个发展阶段都有竞争力，不仅要有竞争力，还要积累资本，产业要升级、技术要创新。

在产业升级、技术创新的过程中，必须要有先行者，还要有给予先行者的激励性的补偿。因为先行者要冒的风险比别人多，他要付的成本比别人大，他失败了成本要自己付，他成功了竞争者就来了，他没有垄断利润。先行者成不成功，除了取决于企业家自身的才能，还要看有没有合适的基础设施，比如，电力供应、法制环境、金融体系等等外部性支持。这些东西都不是企业家自己能做的，而仅凭市场是解决不了这个问题的。

市场失灵时，政府要发挥作用

在强调完善的市场同时，面对市场失灵，政府就要发挥作用。事实上，2008年金融危机以后，对于20世纪80年代开始推行的发展计划已经有很多反思了。谈在经济发展的过程中一方面是要有市场，一方面是要有政府，除了认为"市场解决一切"的市场原教旨主义，我想都会接受。

市场是有失灵的，尤其是在经济转型、产业升级的过程当中，一定会有市场失灵。当发生市场失灵的时候，需要建立有效市场，真正让市场来解决资源配置的问题，让企业家有最好的激励机制，需要政府有为。

当然，我们也要怕政府过度有为造成扭曲，所以我说政府有为以市场有效为依归。如果你不把这两个辩证的关系讲好的话，市场可能有两种趋势，一种是政府不作为，因为按照目前的语境，好像只要政府作为就是错的，那可能政府就变成不作为了。

政府不作为的最好例子就是智利。20 世纪 80 年代初 Intel 是芯片生产的最主要的国际企业，当时 Intel 的计算机芯片的生产主要是在我国台湾地区、韩国和马来西亚。80 年代的时候，Intel 就想把一部分生产布局到拉丁美洲去，以便分散风险。因为东亚地区的成本比拉丁美洲更高，到那边去可以节约成本。

1980 年刚开始的时候，Intel 首先找了智利政府，因为智利各方面的发展水平在拉丁美洲都算是比较高的。Intel 对智利政府说，我这个投资非常大，我要地、要基础设施，另外智利没有做电子加工的技术人才，政府必须设立学校培养这方面的人才。智利政府答复 Intel，非常欢迎你来投资，但你来找我干吗？市场都会解决的，你要地，可以自己去征地，你要基础设施，你自己去盖，你要技术人才，你自己去培养，政府不需要做。Intel 说，如果你不做，我需要花多少时间？

而哥斯达黎加的做法正好相反。这个国家条件比较差，原来出口主要是农业、鲜花、热带产品和旅游业，基本上没有现代化的产业。哥国总统听到这个消息以后，带着整个内阁去找 Intel 说，听说你想到拉丁美洲投资，投资需要哪些条件我都帮你，结果 Intel 就投资到了哥斯达黎加。20 世纪 80 年代哥斯达黎加出口基本没有制造业产品，现在 80% 以上是制造业产品。而且 Intel 成功后也跟着带来其他的投资项目，医疗器械这些投资者都过来了。

这两个例子说明，市场并不能解决一切问题。如果我们认为政府做的都是错的，很可能会导致政府不作为。另外还有一个可能，政府总是要作为，但是没有人给他讲什么样的政府作为是对的，没有人去研究这个问题，那很可能就变成政府乱作为。所以要避免政府不作为和政府乱作为，学者有责任把什么样的作为是对的、什么样的作为是不对的讲清楚，而不能认为因为中国政府太强势了,就不能再谈政府的作为了。

产业政策也是这样,在大多数国家推行产业政策是失败的,但是我们到现在也还没有看到一个成功的国家在追赶过程中不用产业政策的,也没有看到一个国家像美国、欧洲、德国不继续用产业政策来帮助其产业发展的。这种状况下,作为学者的责任就是研究清楚什么样的产业政策会失败,什么样的原则来制定产业政策会比较成功,根据不同的发展阶段,怎样根据它的发展阶段的特性来制定产业政策。

我觉得这应该是一个比较理性的讨论,但是现在有一种舆论认为,政府作为是错的,所以政府的产业政策也是错的。但是事实是这样吗?如果中国政府的产业政策都是错的,那这么多年的产业发展是怎么来的?这么多年经济转型的升级是怎么来的?我认为是有改进的空间,但也不能因噎废食,吃饭有时候会呛到,但是不能说因为有不良后果的存在,所以我们都不吃饭。

对中国经济"脱虚向实"有信心

2016年中央经济工作会议之后,大家有一个解读说2017年的经济要"脱虚向实"。之所以出现这种情形,是因为中国的经济处于一个疲软的周期,采用的政策无非就是积极的财政政策或是宽松的货币政策。这种政策有一个问题,就是你不知道资金的导向会到哪边去,我们希望资金的导向是向实体经济,但是大家在不清楚整个经济下滑的原因、未来的发展展望时,对实体经济投资的积极性不高。这种情况下,资金就会进入到来得快、有一点投机性的地方去,那就是股票市场和房地产市场。

中国经济"脱虚向实",一方面应更多地依赖财政政策,用财政政策的扩张来支持一些属于短板领域的投资。从政府的角度来看,短板领域里面基础设施还有短板,尤其是城市内部的基础设施、环境和城镇化。这样就能维持一个比较合适的投资增长,而且民间对实体经济里面产业升级投资的积极性会比较高。当然,也必须把银行和金融机构的资金更多地引导到实体经济的投资上去。

中国是一个发展中的转型国家,肯定有不少体制机制问题需要面对和改革。但我们也必须认识到当前的经济困难,除了自身有待完善的地方之外,还有一个国际周期的问题。

2010年以后,中国经济增长速度逐步下滑,从10.6%下滑到2016年的6.7%,6.7%是从1990年以来经济增长速度最慢的年份。从2010年到现在持续七年的时间经济增长速度下滑,是改革开放以来不曾有过的,这是事实。

但是我们也必须看到,世界上跟我们处于同一发展阶段的其他国家情形也一样,而且实际上都比中国严重。比如,2010年时巴西的增长速度是7.5%,2015年是-3.8%,2016年是-3.4%,它也是连续7年下滑,下滑的幅度都比中国深。俄罗斯2010年增长速度4.5%,2015年是-3.7%,2016年是-0.6%,同样下滑,下滑幅度比中国深。印度2010年增长速度10.3%,2016年的增长速度是6.5%,也是一样下滑的。

这些国家没有中国这些体制机制问题。比如,我们经常讲的体制问题,国有企业比重太高、国有企业效率低等,俄罗斯国有企业早都私有化了,巴西、印度也是以私有企业为主的。我们常讲中国经济增长不可持续是因为投资太多、消费太少,但这些国家都不存在投资太多的问题。

不仅是金砖国家,目前东亚这些所谓高收入、高表现的经济体也是同样的情形。比如,新加坡,2010年的增长速度15.2%,2016年是2%,韩国在2010年的增长速度是6.5%,2016年2.6%,下滑幅度比我们高。我国台湾地区在2010年的增长速度是10.8%,比内地还高,2016年增长速度没达到2%。

这些都是所谓高收入、高表现经济体,也就是说,我们目前存在的这些体制机制问题,它们基本没有,怎么也会这样子?其实就是大家还没有从2008年的国际金融危机中走出来,发达国家长期的平均增长速度像美国应该是3.5%,去年只有1.6%,欧盟国家也一样,去年差不多1.6%,日本去年是1的增长,都没有达到3.5%。

在这样一个国际周期之下,发达国家发展不好,出口一定减少。2008年时,每个国家、经济体都采取了一些反周期的财政政策来进行一些投资,这些项目五六年时间就建成了,但国际经济还没有恢复,所以大家投资的积极性低,这是现在经济下滑的一个很主要的原因。

这种情况下怎么恢复信心?这是相对而言的,跟其他发达国家比,中国的投资机会还比较多。比如,发达国家现在能找到很多投资机会,一个最主要的原因是发达国家在经济下滑的时候,跟中国一样面临所谓产能过剩,但是它的产能过剩是在全世界最先进的产业上产能过剩。中国现在也讲产能过剩,但是中国的产能过剩都在中低端,在向高端升级,而且向高端升级的空间非常大。

在这种情况下,要分析形势,中国经济下滑的原因是什么,中国产业投资升级的空间在什么地方。中国要维持每年6.5%的经济增长,争取达到6.5%以上是完全有条件的。现在中国的经济总量占全世界经济的15%,每年对世界的贡献就是一个百分点,全世界的经济增长是3%,意味着每年世界市场的扩张有30%在中国,这是非常好的机会。所以在整个国际疲软周期中,中国的机会还是最好的,中国的工业部门、企业家应该有信心。

(本文原刊于《凤凰周刊》2017年第12期)

中国产业政策变革

市场、政府与法治

张维迎[*]

2000多年前,荀子问到这样一个问题:人力量没有牛大,走路不如马快,为什么牛和马都能被人所利用,而人不能被牛和马所利用?他的答案是因为"人能群"。用今天的话讲,就是人类会合作。看看人类的历史,可以说所有的进步都是合作带来的,而我们创造的各种行之有效的制度,都是为了人类相互之间更好地合作。今天可以说人类历史上的合作达到了空前的程度,也就是全球范围的合作,全人类的合作。我们手头使用的几乎任何一件产品,都是全球合作的结果,不是任何一个国家单独生产的,更不是任何单个的人可以生产出来的。为什么人类今天可以达到这样一个合作程度?最重要的原因,是200多年前开始,人类走向了一种新的制度,这种制度就是我们今天称之为"市场经济"的制度。当然这种制度并不是一天实现的,而是一个不断从局部走向全球、不断深化的过程。这之间有曲折、有冲突,但总的趋向是市场化。像中国,可以说1949年之后,我们与这个制度隔绝了。改革开放开始后,我们又加入这个制度。我们跟世界隔绝的时候,我们是停滞的;我们加入这个制度以后,就取得了很快的经济发展。

一

为什么市场经济可以带来人类如此高的合作和如此迅速的发展呢?我想有两个原因:

---

[*] 张维迎,北京大学光华管理学院副院长,经济学教授。

第一,市场经济可以使陌生人之间进行合作。传统社会也在合作,但都是熟人之间的合作,只有市场经济使得合作可以在陌生人之间进行。今天,我们所消费的产品的生产者,我们基本上都是不认识的,但是我们仍然能够信任他们,我们仍然能够使用他们所生产的产品。

第二,市场经济下的合作不是简单的相互帮助,而是相互依赖。也就是说,在市场经济当中,每个人只是复杂的分工链条中的一环,任何人离开了别人,都没有办法生存下去。而每个人专注于一件事,就可以做得更好,这就是我们现在说的专业化分工给我们带来的好处。这个道理,2000多年前荀子就讲过。他说:"百技所成,所以养一人也,而能不能兼技,人不能兼官,离居不相待则穷"(《荀子·富国》)。而正是市场经济,使得大范围的分工成为可能,人类才享受分工带来的这种好处。200多年前,英国经济学家亚当·斯密说,市场就类似一只看不见的手,它把每个人追求自身利益的动机变成为服务其他人的这样一种行为。

市场要达到这样一个效果,有三个东西是最重要的:一是私有产权,二是自由,三是企业家精神。只有在每个人的财产权利能够得到充分保证的情况下,人们才能有稳定的预期,才愿意和别人进行交换。如果没有私有产权的明确界定,自由交换是不可能的,创造价值的合作也是不可能的。自由,意味着我们每个人可以做自己最擅长的事情,在分工中发挥自己的优势,而且能使我们的聪明才智得到最好的发挥。也正是自由,使得我们创造了好多新的思想、新的技术和新的产品。而在人类当中,确实有这么一类人,比一般人更有一种判断未来的能力,更有一种冒险精神和警觉或者说想象力,这种人我们叫企业家。企业家就是不断地发现别人需要什么,不断地创造出别人愿意支付价格的东西,也就是新的、可以被市场接受的产品。也正是通过企业家的创新活动,分工才不断深化,价值链才不断被拉长,新的产业才不断出现。总之,产权、自由和企业家精神,是市场经济最核心的东西。

要使得这三个条件得到满足,就需要有政府,因为我们知道,在没有政府的情况下,一个社会可能会陷入像霍布斯讲的人与人之间的战争,也就是丛林规则、强盗逻辑。这也就是说,我们需要政府就是为了保护我们的自由、私有财产权利和社会的企业家精神,从而使人类能够享受合作带来的好处。但是我们知道,政府是一个抽象的构造,世界上不存在所谓

"政府决策"和"政府利益",所有的政府决策本质上都是个人决策。因为能够做决策的人一定是有血有肉、有想法、有情绪、有欲望、有私利的活生生的人。这样的一个个人,如果有权以政府的名义制定游戏规则、有权使用强力执行这些游戏规则,我们怎么能够使他们制定的游戏规则有利于人类的合作,而不是损害人类的合作?我们怎么能够保证他们在执行游戏规则的时候能公平、公正,而不是用公权力谋取私利?办法就是对他们进行约束,这个约束就是把权力关在笼子里。所以我们必须有一些基本的制度规则,使政府官员没有办法超出我们允许的范围去做事情。我理解这就是我们一般讲的"宪政"的含义。

二

我必须强调一下,人类过去500年最重要的思想进步是什么呢?就是我们认识到,在政府工作的人,不论是国王、皇帝还是部长,他和普通人是一样的,是自利的。过去人们认为,国王和皇帝是"天子",是上帝派来统治我们的,他们无所不知、无所不能,并且总是大公无私的。对这样的统治者,约束他们是没有必要的。但是过去了500年,人类认识到,统治者既不可能无所不知,也不可能无所不能,更不可能大公无私,所以同样需要受到约束,这就开启了宪政制度的建立。在2000多年前,亚里士多德就看得非常清楚,任何一个政府,如果不受法律的约束,就可能变成暴政。一个君主如果不受宪法的约束,就会变成僭主;一个贵族统治如果不受宪法的约束,就可能变成寡头政治;一个平民政治,也就是民主政治,如果不受宪法的约束,就可能变成多数人的暴政。无论哪一种暴政,人类的自由都会受到侵害,私有产权没有办法得到保证。所以我们要有一个很好的市场经济,宪法及其制度就变得非常重要。我们一定要使得政府所有的权力都在法律之下,政府的所有行为,必须符合法律。惟其如此,私有财产才能得到有效保护,个人自由才能得到充分保证,企业家精神才能得到有效发挥。

但是我们总要给政府一些权力,这些权力就是他们可以制定我们的游戏规则,包括法律,也包括一些必要的政策,并保证这些有效规则得到普遍遵守。惟其如此,我们才能成为一个法治社会。但我们还必须认识到,政府制定的法律和政策必须尊崇一些更高的准则。现在很多人在有关法治的认识方面是不够的，他们认为法治就是有法可依、违法必究，所以建立法治社会的关键就是制定法律和执行法律。但我认为这只是法治的第二部分，法治的第一部分是什么呢？就是任何法律必须符合天理，也就是西方学者讲的自然法。天理是什么？就是基于人类合作的需要而长期演化形成的一些天经地义的戒律，比如大家能想到的杀人要偿命、欠债要还钱、说话要算数，这都是天理。如果政府制定的法律不符合天理，就会导致人们之间不是更好地合作，而是更大的伤害。

我国法治建设面临的一个很大的挑战，不仅仅是制定法律，更重要的是法律符合天理。因为现在中国有太多的法律不符合天理。我们改革的目的就是怎么使符合天理的法律真正变成法律，不符合天理的法律被废除。计划经济不符合天理，因为它限制了人们的自由，剥夺了人们的基本生存权利，扼杀了企业家精神，所以我们把它废了。人民公社不符合天理，安徽小岗村的18位农民就抛弃了它。今天仍然有很多不符合天理的法律，政府在这样做的时候，通常也是依"法"行事，但不合天理。计划生育政策对超生罚款和拒绝上户口，也是不合天理的。还有一些看起来不很重要，但是引起我们关注的不符合天理的法律和法规，比如公安部前一段时间制定的闯黄灯视同闯红灯，就是一个不符合天理的法规。如果我们仅仅认为，有法可依、违法必究就是法治国家，我认为这样的"法治"国家可能和秦始皇的法制——也就是古代法家讲的法制，没有什么不同，充其量只能称之为"国家法治"，不能算作"法治国家"。而古代儒家是把天理放在第一位的，也就是所有的法律必须符合天理。

这意味着我们的立法机构和司法机构，在制定法律和执行法律的时候，都应该想想，我这个法律符合不符合天理。当然天理有好多条，每个人的理解也未必相同。300多年前，霍布斯归结出19条自然法规则，然后他讲了一句话，这19条大部分人可能记不住，好在我们可以把它们总结为一句非常简易的总则，甚至最平庸的人也没有借口忘记，这就是"己所不欲，勿施于人"。如果政府官员在做事的时候经常想着这样一句话，把自己放在普通百姓的位置上想一想应该不应该制定这个法律，我想我们就可以避免大量的不符合天理的法律。

另外，我注意到200多年前，苏格兰启蒙思想家大卫·休谟总结了三条基本的自然法。第一条是个人的私有财产神圣不可侵犯；第二条是人类具有自由交易的权利；第三条是每人都有信守承诺的义务，也就是说话要算数。近代以来，如同哈耶克所说的，人类所有伟大的法律改进，其实都是这三条自然法的延伸和扩展。中国在制定法律的时候，如果我们都用这三条标准检查一下我们的法律是不是符合天理，我想我们可以比现在做得更好。

三

最后，我要讲一下法治与道德的关系。很多人认为市场经济可能是与道德相矛盾的。但我认为到目前为止，市场经济是人类建立的最符合道德原则的制度，因为在市场经济下，每个人的权利得到尊重，每个人的行为以不伤害别人为前提，这正是正义的基本含义。自由企业制度和公平竞争意味着每个人要赚钱、要富有，首先必须给别人创造价值。这也就是我总结的市场的逻辑：你要自己幸福，首先要使别人幸福。要做到这一点，当然离不开法治。尤其是，如果政府的权力不受约束的话，我们不能叫法治国家，这个国家一定是道德败坏的。

中国当前的道德危机有很多方面的原因，其中一个方面是政府的权力太大，老百姓觉得这个社会不公平、不公正。如果一个普通人认为这个社会不公平的话，很难想象他会遵守做人的基本的道德原则。另一个原因是，政府权力过大，导致严重的官员腐败。我们知道官员腐败会形成对社会道德最严重的伤害。举一个简单的例子，公费报销这么简单的一件事，对中国人的道德有多大的伤害。我们现在已经公私不分，很多人可能是自己请客吃饭，但是拿到公家报销，时间长了以后，很多道德原则就没有了。还有一点非常重要，就是自由。如果没有思想和言论自由，人们就必须说假话，就出现语言腐败，这对人类的道德又带来了非常大的伤害。我喜欢引用200多年前美国思想家汤姆斯·潘恩的一句话。他说："如果一个人堕落到宣传自己根本不相信的东西的时候，他已经做好了干一切坏事的准备。"人类的道德很大程度与我们的语言系统相关，当我们认为可以信口开河的时候，在说我们自己根本不相信的东西，我们说的东西和我们做的完全不一样的时候，我们的语言和我们的灵魂已经分离了，让这样的国家的人民具有道德，我觉得非常困难。所以怎么清除语言腐败，使我们每个人能够真实地表达自己，能够说真话，对未来的法治建设，未来的市场经济的建设，也包括未来的道德建设，具有重要的意义。

（本文根据作者 2013 年 12 月 8 日在第一届卓亚法治论坛上的发言整理）

有限政府，有为政府？

田国强[*]

中国经济面临发展成就巨大和治理问题严重的两头冒尖现象，改革由此也进入深水区和关键期，无论是从理论认知、共识，还是到具体行动，其艰难性和复杂性空前。如果对导致发展成就的经验和治理问题的根源认识不清，错把缺点当成优点，把短处当成长处，就会造成理论上的重大分歧和行动上的南辕北辙，中国经济的深层次问题从而不可能得到根治，也不可能实现社会和谐和国家长治久安。所以，明道很重要，改革的方向性问题首先要明确，要形成松绑放权的经济自由化、市场化和民营化的市场导向和改革方向不可动摇的共识。

在坚持改革开放以来松绑放权的市场化改革取向下，一个根本性的问题就是：让中国经济持续长远发展，政治经济社会和谐稳定。实现创新驱动的关键到底主要靠的是，通过市场化的改革来实现政府职能的转变，从发展全能型政府转向维护服务型有限政府，还是采用政府政策继续坚持有为政府？换句话说，是将政府职能导向定位于有限政府还是有为政府？是靠制度还是靠政策来实现经济持续平稳发展以及国家治理能力和治理体系的现代化和长治久安？当前，国内学术界关于产业政策的争论与上述问题息息相关，其背后也正是政府的角色和定位的关键性问题。

"有为政府"是林毅夫教授所创导的新结构经济学中的一个重要概念并被认为是经济发展的核心因素。林毅夫教授及其学生、同事及北京大学新结构经济学研究中心学术副主任王勇对此概念做了大量解释性陈述，散见于《经济转型离不开"有为政府"》《不要误解新结构经济学的"有为

---

[*] 田国强，上海财经大学经济学院院长。

政府"》(《有效市场和有为政府之我见》)《什么是新结构经济学中的"有为政府"》《有为政府与中国宏观政策》等系列文章中。上面提及的这些文章论述中尽管有着许多有价值的经济学识见,但是有为政府给人的感觉依然是一个定义不清、内涵不明的概念,也不乏大量具有误导性的地方。尽管有为政府的动机是好的,但由于信息和激励的问题,其结果往往可能会出现好心办了错误的事情,使之难以处理好改革、发展、稳定、创新、效率及公平之间的相辅相成、互为促进的辩证关系,从而难以导致好的或有效市场经济。

一

有为政府的行为边界是游离不定的,乃至是无限和无界的;而有限政府的行为边界更为清晰,是有限和有界的。

根据王勇最近发表在《第一财经日报》的《不要误解新结构经济学的"有为政府"》一文中的说法,"新结构经济学中的'有为',是在所有可为的选项集合中,除去'不作为'与'乱为'之后剩下的补集。"问题是,"可为""乱为"的定义又是什么?是事前、事中还是事后乱为?没有给出定义。只能帮助作者猜测:"有为"应意味着"好心",由此乱为应该排除"事前乱为"而指的是"事后乱为"。根据王文,一方面"有为"是"乱为"的补集,从而有为政府排除的是"事后乱为"。但文中又说了:"有为政府事前的选择也许在事后被证明是失败的、无效的,但从事先给定的信息的角度,有为政府所做的选择应该是正确的、理性的。"这又好像说的是,有为政府排除"事前乱为",但允许"事后乱为"。那么,有为政府的定义到底是允许还是排除事后乱为呢?这样,王文所给出的有为政府定义就是自相矛盾的!排除到底是事前还是事后乱为呢?根本就不清楚。你可以说需要具体问题具体分析,但是如果对于政府的职能没有一个基本的限定,这个边界显然会是游离不定的,并且有很大误导性。当政府在经济活动中已经出现大量过位、在维护市场秩序和提供公共服务方面缺位并存的情况下,仍强调这种通过政府干预经济活动、用政策手段尤其是产业政策手段来解决短期发展问题,仍然鼓吹积极参与经济活动和制定产业政策的有为政府,有可能会造成误导,将中国经济带入"重政府轻市场、重国富轻民富、重发展轻服务"的旧模式和无限边界的有为政府,甚至可能走向全能型政府。

并且,"不作为",也就是"不为",就总是或一定是坏事吗?由于资源是有限的,时间和精力是有限的,往往需要进行权衡取舍的选择,特别是涉及战略性、方向性的选择方面,往往需要有所为、有所不为地权衡取舍。

事实上,新结构经济学的追随者对于建立有限政府的必要性也是有所认知的,如王勇在《有为政府与中国宏观政策》一文中指出,有为政府的"有为"不仅"包括伸出手去拯救市场失灵,还包括政府下定决心把不该管的手缩回来"。这里,要政府把不该管的手缩回来难道不就是要政府不为吗?但是,这种有为政府的定义,却是一方面从定义始就将"不为"排除,另一方面又将"有为"和"不为"放在一起定义为"有为"。这让定义含混不清,逻辑上说不过去。政府当然应该有所为而有所不为,然而单纯以有为政府一言蔽之,容易使人误读。这正如在一些学术讨论群有群友认为的那样,如将"有为政府"的概念和建议直接说给一般政府官员听,他们最自然的理解就是要我们有为,不要无作为,从而成为他们错位乱为和肆意妄为的借口。

相较而言,聚焦于维护和公共服务的、与市场保持一臂之距的有限政府的行为边界则更为清晰。所谓有限政府指的是,只要市场能做的,就应让市场发挥作用,只有市场不能做或失灵时,政府才应发挥作用,从而才可能导致好的市场经济和有效市场。对于政府与社会的关系处理,也大致如此。社会能够自组织、自治理、自服务的,就放权给社会,政府不必大包大揽。美国历史上最伟大的总统之一林肯对政府职能的界定概括得非常精辟:政府存在的合法目的,是为人民去做他们所需要做的事,去做人民根本做不到或者以其各自能力不能做好的事;而对于人民自己能够做得很好的事,政府不应当干涉。

二

有为政府将目标和过程混为一谈的结果必定会导致忽视市场化改革的必要性,从而为政府更多干预市场提供借口,且容易导致政府寻租和贪污

第一篇 我国产业政策争论焦点：政府和市场的关系

腐败。而强调有限政府正好相反，目标和过程清清楚楚，从而表明市场化改革的必要性，通过市场化的改革逐步不断地减少政府的干预，不断向有限政府逼近，这也从制度上不断减少政府寻租和贪污腐败的机会，从而有限政府与市场化制度改革的导向是相容、不可分割的。

有为政府一方面如王勇所言是"理想状态的概念"，是作为终极目标存在的，"未见得都已经是现实"；另一方面又说其具体含义是"随着发展阶段的不同发生变化的"，从而又被作为一种过渡性制度安排来指导甚至主导现实实践。我这里是十分迷惑了，既然是目标，怎么又会不断变化呢？并且更严重的是，目标与过程的混淆自然就导不出市场化制度改革的必要性（当然，王文也说了："有为政府本身都是具有改革含义的"，但这种称之为改革的所谓改革很难称之为是市场化的改革），政府就会有理由和借口通过这样那样的政策去更多地干预市场经济活动，那么怎么可能实现市场在资源的配置中发挥决定性作用呢？

而有限政府的建立只是目标，都知道这是一个理想状态，是基准点、参照系，从而一定是不变的，一定不是过程。由于中国目前离有限政府的目标还差得很远，但正是因为存在这样的差距才使得市场化改革成为必要，使得改革有了方向感。中国绝大多数经济学家强调的是通过渐进式改革方式和建立各种过渡性制度和规则来诱导经济人的行为而尽量减少政府直接干预经济活动的现象。并且，也只能通过市场化改革来不断地逼近有限政府这一种理想状态，尽管在现实中不可能完全达到，不可能做到最好，但可以做到更好，再更好。惟其如此，才能不断向目标逼近。

政府干预经济活动过多，融规则制定者、裁判员和最大的经济人于一体，带来的一个后果就是寻租空间巨大、贪污腐败盛行。例如，特定产业的经济主体通过向政府官员进行非法和不透明的私人利益输送来影响相关行业的法律、规则、政令和规制等的形成，往往会使得该主体可以不经由市场环境下的自由竞争就将自身的相关偏好转化成整个经济博弈规则的基础，同时成为一些政府主导的相关工程建设的"自然"供给方，从而形成大量的能够为特定个体产生高度垄断利益的政策安排。这种现象比比皆是，比如中国高铁发展中的刘志军和丁书苗案就是典型案例。这也使得政商关系难以真正做到"亲"和"清"，利益纠缠不清，政府应有的中立性和公正性怎么可能得到保证？

三

以事前理性的有为政府来指导事中的经济实践，不能带来事后的有效市场，既不充分也不必要，并且会带来很大的结果差异，弄不好会带来很大的整体风险。而有限政府是（事后）有效市场的必要条件。也就是说，只要不能形成有限政府，由于有为政府不是有效市场的必要条件，如此推崇有为政府，中国就不可能有一个有效市场。

同样在《不要误解新结构经济学的"有为政府"》一文中，王勇指出"'有为政府'会不会犯错误呢？有可能。当存在不确定性的时候，有为政府事前的选择也许在事后被证明是失败的、无效的，但从事先给定的信息的角度，有为政府所做的选择应该是正确的、理性的。"看到这段轻描淡写的描述，笔者感到一种担忧，甚至是恐惧。因为对一个国家来说，如邓小平所说，发展是硬道理，压倒一切的是稳定。学过经济学的人知道，信息结构，从事件所导致的结果可分为事前、事中还是事后，其差距、差别极大！要知道，政府政策和决策具有很大的正负外部性。不像医生，医术不好，受损或医死的只是个别人。而政府政策如果制定得不恰当，会导致巨大风险和政治经济社会的不稳定，弄不好影响和危及的不仅是个体，甚至是经济社会的各个方面，是整个国家层面的经济和社会发展。怎能轻描淡写地说，有为政府是好心，所做的选择事前是正确的、理性的，但是有可能好心办了错事，而不评估风险的后果，就如此推崇和提倡有为政府呢？

由于政府很难也没有多大激励去掌握市场和经济人的具体信息，只能是基于非常有限信息作出事先的产业政策规划和措施，其平均期望可能还可以（期望就是事前的内涵结果），但是方差却可能会很大（比如，一个是极好的产业政策，另外一个却是极坏的产业政策，尽管其平均可能不差，但相差很大）。也就是说，尽管这个产业的发展还不错，但那个产业的发展却很糟糕，我们能说导致这样结果的有为政府是我们需要的、提倡的？

此外，在中国现有的政府行政体制环境下，还存在一个特有的现象就是，中央政府出台某个产业的发展规划之后，地方政府会依葫芦画瓢地竞

第一篇 我国产业政策争论焦点：政府和市场的关系

相推出类似乃至基本一样的产业规划，由此就导致一哄而上、恶性竞争、产能过剩、库存过多等一系列后果，从而导致了资源的极度无效率配置。林毅夫教授在《经济转型离不开"有为政府"》中曾言，"资金、资源如何避免盲目性，制度如何完善"要靠"强有力的政府来协调、支持"。在笔者看来，正是由于政府对市场和经济人信息的极度不对称和经济人的激励问题，恐怕结果恰恰相反，政府干预过多才是导致资金和资源盲目配置、制度无法臻于完善的关键因素。

其实，类似这样的观点，我们在20世纪二三十年代社会主义大论战时期洛桑学派的兰格等人的文章中也可以看到。由于忽视了经济人私人信息的极度不对称和激励问题的客观存在，在他们看来，中央计划机构是可以做到完全理性的，是能够通过试错模拟市场的，能够有效处理信息问题，从而计划经济是可行的。当时，苏联等国在工业化方面的进步似乎证明了他们的正确性。但是，所谓风物长宜放眼量，计划经济在各国实践的相继失败表明，兰格等经济学家的那套东西是行不通的，而米塞斯、哈耶克所揭示的集中计划经济核算的不可行性得到了证明。即使在计算机技术日新月异、云计算和大数据方兴未艾的今天，米塞斯和哈耶克所说的信息收集和信息计算的问题依然存在，因为信息不对称、不完全和个体通常逐利（弄不好会导致很大的激励扭曲问题）是政府在制定制度或政策时必须要考虑的两个最大的客观现实，从而直接干预经济活动往往导致资源的无效率配置，从而需要采用信息分散化，所需信息最少的市场机制在资源的配置和经济活动中发挥基础和决定性的作用，而这又靠不断接近和逼近有限政府的市场化改革才能实现。

有为政府除了没有边界或难以界定适应边界之外（比如计划经济制度下政府的行为都可以称之有为。因为计划往往都是出于好心的），更多的是着眼短期，强调通过政府干预经济活动、用政策手段尤其是产业政策手段来解决短期发展问题，但是却遗留很多隐患，很可能会由于信息和激励的问题，尽管动机不坏，但其结果往往可能会出现好心办了不正确的事情，使之难以导致好的或有效市场经济。

而有限政府则是形成有效市场的必要条件。如果政府过多干预经济，其与市场的边界将始终处于不清晰、不合理的状态，无法带来有效市场。因此，有效市场的必要条件是有限政府，市场化改革的目的就是要建立有限政府，以此合理界定和理清政府与市场、政府与社会的治理边界问题。只有这样，才有可能建立有效市场和有效政府，才能让市场在资源配置和经济活动中发挥决定性的作用以及让政府主要在维护和提供公共服务方面发挥好的作用。

所以，整体上，由于信息不对称，对经济人和市场的规制应该是宜粗不宜细，就是应给人们更多的经济上的选择自由空间，而不是靠政府直接干预的政策。今年获得诺贝尔经济学奖的哈特的不完全合约理论也告诉我们，在微观层面同样要认识到不完全合约是必然和经常存在的。当合约不完全时，让市场发挥决定性的作用，民营企业在创新驱动中发挥主体作用，将剩余控制权配置给投资决策相对重要的一方将会更有效率。这为政府向市场、社会的放权和分权，提供了重要的理论基础。

从风险控制的角度，也应是有限政府而不是有为政府。最近，国务院发展研究中心的魏加宁研究员在一个演讲中讲道，民企的风险由市场和个人承担，但国企的风险却由政府承担。笔者在文章《供给侧结构性改革的重点和难点——关键是建立有效市场和维护服务型有限政府》中有过类似阐述："如果什么都是由政府和国企兜着，中间没有隔离带和防火墙，一旦经济出事，责任自然就在政府、在国企，从而矛盾立刻就集中在政府身上，这将会对中国政治、经济和社会稳定造成很大的风险。"其中的道理非常清楚明了。这是由于，根据不完全合约理论，政府管得越多，在得到越多的剩余决策权和剩余获取权的同时，也将伴随着更大的剩余风险承担责任。

还有，由于政策的内生性，政府基于事先给定的有限信息作出的政策安排，很可能会被事中的理性预期的经济人通过调整预期和改变行为方式而削弱或抵消政策的作用。这也就是人们常说的，上有政策下有对策。这是理性预期学派的基本观点，在某种意义上它接近道家无为而治的思想，核心是强调经济自由的根本重要性及政府直接干预经济活动的无效性。那么，是不是就完全不要任何产业政策、产业规制了呢？当然也不是这样，现代市场制度不是完全放任自由的，发展经济激励机制和约束机制缺一不可。但是，这个约束机制不是靠政府干预，更多应该是靠规则和制度让每个经济决策者对自己的决策后果负责来实现的。

四

与此同时，建立有限政府也是富民强国的必然要求。基于历史上国内外几千年的强国实践，结合现代经济学理论，富民强国的内在逻辑也必然要求一个有限政府，即欲强国，必先富民；欲富民，必赋私权；保私权，必限公权。

欲强国，必先富民。自1840年鸦片战争以来，中国先后经历了洋务运动、民主革命、计划经济等三次变革图强尝试的失败，其根本原因就是在寻求富国、强国的过程中忽略了富民这一环节。国家机器的财富创造和财富积累被赋予了优先地位，而民间投资处于被忽视的地位，一味追求国家的强大而忽视民富，最后无一不以失败告终。反之，只有把富民放在首位，给予个人追求和创造财富的机会与激励，国家才能富强，无论是中国汉代文景之治、清代康乾盛世或当下的改革开放，还是美国的强国实践都不同程度地说明了此点，这一历史结论有其必然的内在经济学逻辑。遍览古今中外，我们找不到一个忽视富民却取得国家富强的成功例子，比如苏俄、东欧的计划经济体制实践，中国近代的洋务运动，这些以国家作为投资主体，而民间投资处于被忽视的地位，一味追求国家的强大而忽视民富，最后无一不以失败告终。

欲富民，必赋私权。富民是强国的基础。由于受到个体逐利的约束、资源的约束、信息非对称的约束，一个经济社会要实现富民，首先要赋予公民基本的私权，最核心的是基本生存权、经济自由选择权、私有产权。而要真正确保公民能够履行这三种权利，则要求限制公权。一方面要求政府向市场放权、政府向社会放权；另一方面要求对政府权力施加约束与限制。需要指出的是，从长期均衡来看，民富和国强是基于公平、正义和个人幸福等价值元素之上的，否则不可能有长期的、持续性的民富，因而也不可能有长期的国富。

保私权，必限公权。个人的生存权、经济自由选择权、私有产权的真正落实，市场经济的有效运行，不是单靠简单的放任自由，也不是单靠简单的民主政治。要确保个人拥有真正的自由以及产权和契约得到强力保护，必须要有一个有效的政府，它具有维持基本的法律秩序、社会秩序和经济秩序方面的权威和国家能力，可以防止无政府主义的无限放任，防止外来的侵略，维护国家的安全和稳定，并且有相应激励履行自己的职责。要成为一个有效的政府，必须是一个定位恰当的有限政府。建立有限政府，关键是要让公共权力的行使受到法律的约束和民众的监督，以预先制定的规则来划分政府和个人的权利范围及政府与市场、政府与社会的治理边界。

中国过去近40年改革开放实践所取得的巨大成就，也正是源自遵循了这一基本内在逻辑，而发展过程中出现的种种问题恰恰是源自对内在逻辑的违背。从这个角度而言，中国经济奇迹的创造并没有特殊性和例外性。根据这一逻辑，对中国过去30多年的改革实践进行解读，也可以进一步推演出政府职能转变和深化市场化改革的结论。

五

有为政府的产业政策治标不治本，市场化制度改革才是实现创新驱动和中国经济可持续发展的有力保障。供给侧结构性改革的关键就是要建立有效市场和维护服务型有限政府。

如前所述，由于政策内生性、个体（包括国家层面及地方政府、单位企业、政府官员、家庭及个人）逐利性和信息不对称，政府直接干预经济活动或制定的直接干预经济活动的政策，短期或者在局部是有用的，但是其边际效用会递减，而且往往中长期的弊端大于短期好处。政府推动、一拥而上的产业导向一定会造成资源的无效率配置。此外，由于信息和激励的问题，政府官员能否胜任在具体产业方向选择和协调中的作用，恐怕答案也基本是否定的。除非政府官员有很高的市场敏感度，或本身即高度嵌入市场发展中，否则他们可能会由于缺乏足够的必要信息和动力，而难以作出明智的产业发展抉择。

但是，这样就会有向任用亲信和腐败方向发展的倾向。虽然林毅夫教授将有为政府的因势利导作用限定在提供和完善硬的基础设施和软的制度环境，补偿产业升级先行者，降低生产交易成本，但是在其"增长甄别和因势利导框架"六步法中第一步就还是选择优先发展产业。

2008年推出的四万亿元经济刺激计划及其有关产业振兴规划，其对经济结构的扭曲效应(包括有关行业的一哄而上,造成严重产能过剩;部分行业管制下国有企业的大规模扩张和贪污腐败丛生),至今还没有完全消除。对于一个转型经济体而言,创造一个合理的竞争性市场制度环境,要远比制定实施"精准"的财政政策、货币政策或具体的产业政策来得更为重要。关于当前讨论较多的产业政策制定,其根本着眼点还是应该在于激励企业家精神,让市场在资源配置中充分发挥决定性作用。

与市场相比,政府在产业及其技术的精确遴选上是缺乏知识和敏感度的。很多产业的发展,政府在其中较难做到先知先觉,很多时候是后知后觉,甚至是不知不觉。改革开放以来,如没有非国有经济,特别是民营经济的发展,中国经济怎么能大发展,经济、政治及社会怎么可能这么稳定,怎么会取得举世瞩目的成就呢?显然,改革开放以前的实践已表明,计划经济条件下完全靠国有企业并没有很好地满足人民的需求,恰恰是改革开放后民营经济的大发展才使得人民的需求得到极大满足。

并且,创新驱动发展和中国经济可持续发展的有力保障不是靠有为政府,而是靠市场。所谓创新,首先就意味着打破循规蹈矩,这就必然蕴含高风险,尤其高科技创新更具有高风险特征,创投成功的比例非常低,不到5%,但一旦成功,就会有相当可观的盈利回报,从而能吸引更多的资金前赴后继地往里投。但对国企而言,由于先天缺乏承担风险的激励机制,是不可能去冒这样的高风险。而对于民营经济,追求自身利益的强烈动机,使其最敢于冒风险,从而最具有创新意识和创新力。

因此,从各国来看,企业创新(非基础性科学研究)的主体都是民营企业。国内公认最具有创新性的阿里巴巴、腾讯、华为等企业,也都是民企。余额宝等互联网金融的出现是不让民营经济进入金融行业倒逼的结果,是其被置于死地而后生导致的结果。

当然,并不是说完全不要产业政策,完全不要国有企业,但产业政策要慎用,要有一个度。国企存在的必要性主要是基于国家经济安全和政治方面的考虑,而不是基于效率的角度,从而也必定有一个度,比重不能过高。所以,无论产业政策还是国有企业,都不能被过度强调它的作用。一个没有效率,经济不能有大的发展的社会是不可能长久稳定的。简而言之,有限政府的主要职责就是维护和提供公共服务。中国离有限政府的定位还很远,因而需要通过市场化制度改革取向来建立有限政府和现代市场制度，以此合理界定和理清政府与市场、政府与社会的治理边界，解决中长期的发展和治理问题，以实现国家治理的现代化和长治久安。

六

政策制定需要放置于政府、市场和社会三位一体的综合治理框架下通盘考量。国家治理体系和治理能力的现代化，需要政府扭转在提供公共服务上的缺位，同时扭转在经济活动中的越位和错位，逐步逼近一个增进市场的有限政府，以此解决好改革、发展、稳定、创新、效率及公平之间的相辅相成、互为促进的问题。

过去近40年，中国经济发展取得了巨大成就，但由于治理没有相应跟上，也出现许多严重问题，如经济粗放发展、贪腐猖獗、贫富差距过大、社会公平正义不足、政府公共服务不到位等问题。其中一个重要原因就是政府角色越位、错位和缺位并存，未能将政府职能放到一个综合治理的框架下通盘考虑，政策制定科学化水平有待提升。

如同印度总理首席经济顾问、世界银行首席经济学家考希克·巴苏在《政策制定的艺术》中所说，政策制定是一门需要兼顾市场反应、政治决策、社会规范和国际权衡的艺术。抛开国际权衡的因素不谈，与制度改革一样，政策制定也需要正确处理政府、市场与社会的关系，合理划分各自的治理边界。市场是会失灵的，政府需要在公共品、信息非对称、垄断和外部性等方面发挥作用。

但是，这个作用不是完全替代和直接干预经济活动，而应该是一种部分替代或补充，如一些公共产品的具体生产还是可以通过市场合约交由私人部门来完成，政府最重要的作用还是建立规则和维护规则。

如果将人口再生产也视作一个家庭单位的经济活动的话，中国的人口政策从某种意义上也是一种直接经济干预，计划经济的思维成分十分浓厚。有人曾对过去30年主流媒体的人口与养老政策宣传做过比对，发现政策的极度不稳定性。1985年国家提倡的是"只生一个好，政府来养老"；1995年成为"只生一个好，政府帮养老"；但到了2005年又成为了"养老不能靠政府"；而2012年的口号却是政府基本不管："推迟退休好，自己来养老"。显然，由于政策缺乏前瞻性、科学性，中国人口结构和养老体系当前正面临着很大的困境,也对中国经济的可持续发展形成了严重的制约影响。这也从一个侧面说明了政策制定不能只看局部要看全局,不能只看当下要看长远,要有一般均衡和综合治理的思维。

最后总结一下本文观点:一个有效的市场的必要条件是有限政府而不是有为政府。虽是一字之差,但是差别重大,甚至是天壤之别的本质差别。有限政府和有为政府的本质差别就在于,是着眼中长期发展还是着眼短期发展,是强调改革还是不强调改革,是靠制度还是靠政策,是落脚于国家治理还是不落脚于国家治理。

之所以要让市场制度在资源配置和经济活动中发挥决定性的作用,让政府发挥有限作用,是由于市场制度的信息有效性、激励相容性和资源配置的最优性所决定的。并且根据不完全合约理论,政府由于信息对经济人信息极度不对称而不应将剩余控制权牢牢控制在自己的手里。从而,由于在个体(无论是国家层面还是部门、企业及个人层面)通常情况下为自身考虑,再加上个体之间的信息往往是不对称的使之即使清官也难断家务事,这样两个最大客观现实约束条件下,现代有效市场制度至少在现阶段是不可替代的,需要市场在资源配置和经济活动中发挥决定性作用,同时政府要在维护和服务方面发挥好的作用,而不是在经济活动中发挥过多的作用。

(本文原刊于 2016 年 11 月 7 日出版的《财经》杂志)

中国产业政策变革

怎样才算好的产业政策？

黄益平[*]

政府是否应该采取产业政策、尤其是应该采取什么样的产业政策？这是关注经济发展的学者经常思考的一个重要问题。产业政策问题的提出，最初可能跟"市场失灵"问题有关。比如，创新成本高、风险大，收益却无法完全内部化，所以发展新兴产业比较难。这样，如果政府采取一些政策措施，也许可以帮助克服市场失灵。但这种干预到底是否有效，学界并无明确的结论。成功的案例当然有，但绝大部分产业政策不成功。第二次世界大战以后一些发展中国家支持的"幼稚产业"，历经几十年还没有成长起来。因此，有学者质疑产业政策的价值：难道政府比市场更聪明？

所谓产业政策，是指政府对特定产业的形成和发展所采取的政策干预，这种干预，既可以是各种形式的补贴，也可以是特定的行政与监管手段，总之是要帮助消除新兴产业发展的瓶颈。我不是研究产业政策问题的专家，不过最近一直在思考我国如何实现产业升级、跨越中等收入陷阱的问题。我是从克服市场失灵的角度来理解产业政策的逻辑的，市场能做的还是尽量留给市场。但有效的产业政策究竟长什么样？回答可能见仁见智。我关注的是如下五个方面：顺应市场、不限制竞争、谨慎干预、有退出机制和做事后评估。如果做不到这些，实行产业政策很可能会事倍功半甚至弊大于利。

---

[*] 黄益平，北京大学国家发展研究院教授、货币政策委员会委员。

一、产业政策的必要性

对产业政策的作用有争议，原因是多方面的，有理念的因素，也有执行的问题。有时候对同样的产业政策和结果，评价也不一致。比如对于产业政策对"东亚奇迹"贡献的评价，就存在分歧。查默斯·约翰逊（Chalmers Johnson）认为主要是产业政策提升了日本经济的劳动生产率和经济增长率；而希瑟·斯密斯（Heather Smith）通过对韩国和中国台湾的研究，却发现主要是市场开放而非产业政策的贡献。另外，中国香港崇尚自由市场，而新加坡强调政府干预。到底哪一个更好？好像也没有共识。甚至在不同的时期，大家的结论也不一样。

国内一些学者对产业政策抱持怀疑的态度，这比较容易理解。我国每年都有产业政策，比如在2016年，政府决定要继续扶持节能环保、软件、云计算、装备制造和光伏等产业。但回顾一下历史，我们就会发现，成功的产业政策很少。最早的产业政策可能是计划经济时代以钢铁产业为核心的重工业化战略，林毅夫、蔡昉和李周认为这个政策的问题，在于违背了比较优势的原则。当时我国人多、资本少，发展重工业很难，即便以举国之力建立起来了，也无法在成本和质量两个方面实现可持续的竞争优势。

改革开放以来，我国经济取得了惊人的成就，但产业政策似乎依然乏善可陈。要么浪费很多资源，不了了之；要么一窝蜂，在短时间内造成全行业过剩。前者的例子是现在各地方政府响应中央倡导的"大众创新、万众创业"，纷纷开办创业孵化器、高新技术产业园区和产业引导基金。各地的要素禀赋和比较优势千差万别，却要走同一条独木桥，运动式地搞创新，很难避免资源浪费。后者的例子是光伏产业，产能过剩问题已经十分突出。现在中国已成全球最大的光伏生产国和使用国。但如果没有政府补贴，绝大多数光伏企业仍然无法自负盈亏。我现在有点担心新能源汽车可能会重蹈光伏的覆辙。

产业政策容易导致两极化的结果，可能跟我国的经济体制有关。中央出一个政策，上上下下都跟着跑。产业政策的边界不清晰，实际变成了举国体制的产物。不光地方政府很上心，银行也非常积极。很多银行根本不认真做尽职调查，看国家的产业目录放贷款。更重要的是，官员考虑的，是要有看得见、摸得到的举措，效果如何反而变得不那么重要。产业政策很少做事后评估，成功也好，失败也罢，决策官员不需要承担责任。

我关心产业政策问题，主要是因为当前我国经济面临产业升级的挑战。近年来经济增速持续下行，背后有周期性和趋势性因素的作用，但最大的变化是过去长期支持经济增长的劳动密集型制造业和资源型重工业失去了活力，现在迫切需要培养和发展新的有竞争力的制造业和服务业，支持下一个阶段的经济增长。所以，现在迫切需要做的，一方面是让已经失去竞争力的旧的产业转型、升级或者退出，另一方面是让新兴产业更快地形成并发展。但世界上绝大部分中等收入国家无法晋身高收入经济的现实，也表明产业升级之路十分艰难。

产业政策能不能发挥一些积极的作用？我理解产业政策的目的，主要还是通过克服"市场失灵"，帮助化解新兴产业发展的瓶颈。当前我国新兴产业发展的障碍有很多，一是技术门槛。无论是新能源还是大数据，新技术研发的成本非常高，单个企业突破的难度很大。二是行业门槛。我国政府对很多产业实行严格的准入标准，特别是在医疗、文化和教育等领域，一般企业很难进入。三是退出门槛。有很多企业已经失去了竞争力，甚至已经沦为僵尸企业，但由于各种各样的原因，退不出。僵尸企业不退出，继续占用大量的资源，也是遏制新兴产业发展的重要因素。产业政策要从降低这些门槛入手，不同的新兴产业所需要的产业政策可能也不一样。

目前全国有四个城市的创新、创业做得有特色：北京、杭州、贵阳和深圳，在这些地方的创新产业的发展过程中，政府所发挥的作用各不相同。在北京的中关村，高校、科研机构云集，发展高新产业有先天优势，政府主要是鼓励科技成果转化。杭州的创新、创业的热潮主要是阿里巴巴的成功带动起来的，形成了一个良性循环的创新生态圈。贵阳发展大数据产业则主要是贵阳市政府推动的结果，贵阳除了电价便宜，本身并不具备突出的优势。到目前为止最成功应该是深圳，已经从一个小渔村成长为中国的创新重镇，成就了一批诸如腾讯、华为和华大基因等全球领先的公司，靠的主要是有效的市场机制。

二、互联网金融的经历

近年来,我国的一些新兴产业发展很快,比如生物医药和智能机器人,个别企业甚至达到了国际前沿水平。但如果要说已经全球领先的新兴行业,可能只有互联网金融。雷蒙德·佛农(Raymond Vernon)曾经提出产品生命周期理论,即一个产品通常都会经历研发、生产、成熟、退出这样几个阶段。我国企业生产的大多数产品都是从发达国家引进来的,互联网金融可能是个例外。2004年支付宝上线,2005年宜信成立,我国的互联网金融迄今已经走过了十几个年头。从机构数量、业务种类、交易规模和客户群体看,我国的互联网金融已经在全球占绝对领先的地位。可以说,互联网金融给中国提供了第一次引领全球行业发展的机会。

如今蚂蚁金服已经成为全球最大的互联网金融公司,支付宝不仅已经有三亿个用户,而且已经在120个国家落地。目前,在互联网金融的各个领域都涌现出了一批有一定影响力的企业,比如,第三方支付领域除了支付宝,还有微信支付。网络贷款领域有个体网络贷款(P2P)形式的拍拍贷、宜人贷和人人贷,有微贷形式的蚂蚁微贷和微粒贷。网络投资领域有投资理财平台陆金所、招财宝和铜宝街,众筹平台有点名时间和天使汇。唯独在网络货币领域尚未出现有影响力的公司,但从央行到企业,大家都在积极探索区块链的实际应用,包括创造新型数字货币的可能性。

"北京大学互联网金融发展指数"表明,自2013年1月以来,全国的互联网金融业务一直保持环比接近6%的增长速度,大致一年翻一番。目前看,互联网金融发展的地区性差异十分明显,沿海地区比内陆地区发达许多。地级市的数据显示,杭州是我国互联网金融的中心城市,离杭州越远,发展水平越低。但这两年趋同的势头也很明显,即发展水平低的地区增长更快。另外,从年龄段看,推动互联网金融增长的主要是年轻人,特别是出生在20世纪八九十年代的群体。

互联网金融并不是在政府的主动扶持下形成和发展起来的,而是市场自发行为的结果。关于互联网金融究竟是真实的创新还是虚假的泡沫的争论还远未结束,不过互联网金融快速发展,得到了两个逻辑因素的支持。一是解决了市场的一个痛点。支付宝横空出世,是因为当时淘宝使用银行的支付系统，不但费事、耗力，还容易出差错。而 P2P 平台受到热烈追捧，一方面是因为老百姓缺乏好的投资机会，另一方面是因为一些人根本不可能从银行获得贷款。我国大约有 60%～70% 的中小企业和个人没有获得良好的金融服务。互联网金融就弥补了这一块市场空白。

二是互联网为解决金融难题提供了一种可能性。金融的本质是资金的融通，最大的困难是风险定价。互联网技术的核心工具是移动终端和大数据分析，前者可以帮助获客，后者能够协助尽职调查。而且互联网技术具有长尾效应的特征，一旦系统建立，服务新的客户的边际成本几乎为零。所以，与传统金融形态相比，互联网在推广数字普惠金融方面的优势更加突出。

互联网金融行业为我们思考产业政策提供了一个案例。政府没有为这个行业的发展提供补贴，但监管部门相对容忍的立场为之提供了宽松的发展环境，否则互联网金融也不会有今天的局面。但反过来，近年来，互联网金融特别是 P2P 行业风险频发，也跟监管缺位有关。P2P 行业发展近十年，至今还没有一个监管框架。导致很多平台或者在黑暗中摸索，或者浑水摸鱼，甚至劣币驱良币，好公司反而活不下去。假如有监管的话，像 e 租宝这样的高风险平台应该是可以被剔除出去的。而现在监管部门突然要求所有 P2P 平台在短期内从信用中介转为信息中介，这给行业发展造成了很大的困扰。所以，加强新兴产业的行业规范与健康发展，特别是平衡创新与风险，也应该成为产业政策的重要内容。

三、有效产业政策的条件

我国在改革开放期间其实有一项非常成功的产业政策，那就是支持劳动密集型的制造业发展的政策。在 20 世纪 80 年代初期，农业改革的成功不仅提高了农民的收入，还产生了许多农村剩余劳动力。为了发展劳动密集型制造业，政府首先在南方开设了经济特区，对外国投资企业提供税收、资金、能源和土地方面的优惠，后来还一度把这样的政策推广到内资企业和全国各地。这项政策非常成功，20 世纪 90 年代中，我国在全球劳动密集型出口市场上的份额已经达到 1/4。在加入 WTO 之后，中国很快就变成了全球制造业中心。因此，说这项产业政策成就了"中国奇迹"，也并不为过。

但既然绝大部分的产业政策都不成功,如果过去的做法不改变,新的产业政策获得好的结果的可能性也不大,甚至有产业政策还不如没有产业政策。所以,无论是学者还是官员,在考虑制定新的产业政策之前,都应该对过去的不成功的做法进行很好的总结和反思,提出一些切实有效的改进办法,把小概率事件变成大概率事件。

那么产业政策如何做才能变得有效?我想到五个方面的要素:

第一,顺应市场。产业政策应该顺势而为,而不应逆水行舟。如果新兴产业不能符合比较优势或者不能解决市场的痛点,即便把产业建立起来了,也无法发展。我国在改革开放之前建立的重工业,就不符合当时的比较优势。但这可能是很多发展中国家产业政策的一个通病:既然是发展新兴产业,都想一步迈到世界前列去。林毅夫、鞠建东和王勇在最近的研究中提出发展新兴产业也必须顺应比较优势,是一个非常重要的政策思想。支持劳动密集型制造业的政策为什么成功?归根到底还是因为它符合当时的比较优势。当然,如何适当超前地选择符合比较优势的产业作为扶持对象,仍然是说起来容易、做起来难。

第二,不限制竞争。国家扶持的是特定的产业,而不应是特定的企业,政府补贴某一个创新环节,应该让任何做得好的企业都有机会获得。更重要的是,这些企业仍然应该在同一个市场上公平竞争,优胜劣汰。过去国家采取产业政策支持家电和汽车等行业的发展,不但选定重点支持企业,还不许其他企业进入,是很糟糕的做法。政府选择优胜者,自然容易引发对公平性的怀疑。现实中也有不少企业为了获得政府政策的支持,把工作的重点放在了对政府公关而不是研发创新上。张晓波等的研究就发现,我国政府的大部分创新补贴流向了创新比较少的国有企业,这就说明关系比创新重要。

第三,谨慎干预。干预的目的只有一个,就是消解产业形成和发展的瓶颈。政府干预一个产业的手段有很多,可以选择补贴,也可以选择管理准入门槛,补贴也可以选择不同的环节。比如现在支持新能源汽车,政府的选择是撒胡椒面式地补贴后端的消费者。这当然可以让生产商有利可图,继续投入研发活动。但这可能不是最佳的政策选择。新能源汽车的技术瓶颈在电池,一是成本,二是寿命,三是安全性。我国的新能源汽车能不能形成国际竞争力？关键还是看电池技术能否获得突破性的进展。国家应该把资金和科研力量集中起来支持前端的电池研发，也许这比分散地支持所有的汽车企业各自为政搞开发更加有效。

第四，要有退出机制。我国支持劳动密集型制造业的政策能够获得成功，除了符合比较优势和不限制竞争之外，就是及时退出。产业政策是临时帮助新兴产业形成的，不是长期支持它们发展的。很多国家的"幼稚产业"一直成长不起来，就是因为政府把这些重点企业保护了起来。保护政策一直不退出，这些所谓的"创新企业"也就变成了一个特殊的利益群体，可以躺在国家政策的身上讨生活，哪里还会有创新的动力和能力？所以，在制定任何一个产业政策的时候，都必须同时设计一个退出机制。过了一段时期，如果新兴产业还是没能发展起来，就应该果断放弃，不应该让它变成国家长期的负担。

最后，做事后评估。地方执行产业政策，要么大家都跟着中央跑。中央倡导发展新技术产业，各地不顾当地的实际情况，全国都下同一盘棋。要么换一茬官员就改一套思路，没有一套方案能够坚持到底。说到底，还是干部评价体系出了问题，虽然政绩至上，做的都是表面化的文章，决策者并不承担政策后果。以工信部出台政策支持婴儿奶粉为例，最后国家的钱是产生了预期的目的、打了水漂还是进了特定个人或是机构的腰包，反正我是完全无从得知。所以，要执行产业政策，首先应该设立评估制度，特别是请第三方机构对每一项产业政策的效果做独立评估。决策官员必须承担相应的责任。

（本文为作者在 2016 年 8 月 21～22 日在复旦大学举行的"产业政策：总结、反思与展望"会议上的发言提纲）

产业政策与经济发展：争议与变革

王曙光[*]

一、产业政策与国家角色：两次学术争议及其辨析

最近几个月以来学术界出现两次比较引起大家关注的争议，一次是林张之争，一次是晏贾之争。我们先说林张之争。北京大学的这两位教授和著名学者，林毅夫老师和张维迎老师，都曾教过我，都是我尊敬的前辈。两位老师在最近五六个月以来，一直处于激烈的交锋状态，2016年11月初两位老师在北大朗润园面对面辩论了一次，这种面对面的交锋也是在国内很少见的，堪称一次历史性的论辩。刀光剑影，互不相让，可是林张之争到底在争什么呢？

林毅夫老师认为中国现在仍然需要很好的产业政策来支撑经济的发展，他从历史和国际角度证明产业政策对经济发展是有作用的，他主张应该把两个"有"结合起来。第一个有是有效的市场，第二个有是有为的政府，这两个应该兼容，这是林老师的观点。一方面我们要发挥市场在资源配置当中的主导性、基础性的作用，另外一方面，尤其在中国这样的环境和历史情境底下，我们不可能排除掉政府在经济发展过程当中所起到的巨大作用，他主张一个有为的政府。他说"有为"，大家不要以为是"乱为"和盲目的作为，"有为"是正确地作为，不是乱为，也不是不为，而是适当地作为。这个观点很鲜明。

张维迎老师的观点更鲜明，他认为历史上所有的产业政策，全球其他

---

[*] 王曙光，北京大学经济学院教授、副院长；北京大学金融与产业发展研究中心农村金融部部长。

国家的乃至中国的，没有一个案例证明是成功的，因此产业政策应该被彻底抛弃，这是张维迎老师一贯以来基于他对市场的研究，基于他对企业家精神的研究和尊重，从这个自由主义经济学角度和发挥市场主体性作用角度来讲产业政策是无效的。

这两个讨论表面上看完全针锋相对，没有任何调和的余地。我认为林张之争深刻地反映了中国当下在经济发展过程当中，两种不同的思潮，两种完全不同的动向。两位教授不是吃饱了撑的没事干谈一个闲话，之所以今天在这个节骨眼上产生这个论辩，之所以在中国目前的经济状态下产生这样的交锋，不是偶然的，而是必然的，他们代表了两种不同的改革思路，对未来中国的走向影响深远。一种认为政府应该在经济发展过程当中起到重要作用（但是也不否认市场的基础性作用）；另一种认为政府的干预行为起到负面的作用，中国的市场化还远远不够。

这两个观点交锋的关键点在什么地方呢？在于对于政府的不同假定。我们学经济学都知道，有些人假定政府也是一个理性人，每个政府官员和部门，都会基于自己的目标函数而作出理性的判断，都要最大化自己的效用。这是一种假定。可是在某些文化环境和历史环境的影响下，有些人对政府假定就不一样，尽管有很多中国人可能私下对政府往往颇有微辞，可是我们的脑子里面，很多时候却期待政府发挥更大作用。尽管我们有时候会说一些风凉话批评政府，但是你发现，几乎每个人脑子里面都期待政府发挥更大作用，动不动说政府应该怎么样怎么样，没有说公民应该怎么样怎么样。所以在中国这样一个文化环境和历史环境下，我们对政府天然有着更高的期待，扪心自问，恐怕都是这样。其实你内心深处对政府期待非常高，希望他做更多的事，最好把我们的事都包办了才好。在这种假定和意识底下，我们不可能完全抛弃政府的作用。我们总是假定政府是一个无所不能而且总是秉持正义的主体，国家出现任何事情都需要政府来处理，我们天然认为政府应该是一个"有为"且"能为"的政府，我们在政府身上赋予了太多的期待和使命。

同时还有一个重大的假定，就是信息问题。西方经济学认为，政府也是会出现信息不对称和不完全的。与市场一样，政府也有失灵，因此政府不是全能的。可是老百姓往往觉得政府无所不能，社会中任何事情都要骂政府，实际上这个"骂"背后实际上恰恰是期待政府做更多的事情，期

第一篇 我国产业政策争论焦点：政府和市场的关系

待一个全能的政府。这也是中国的企业和公民缺乏社会责任的根源之一，是中国缺乏社会中介机构和公民自律的根源之一。政府是不是全能的呢？实际上政府也是一个信息不对称的主体，他的信息也不完全，但是我们潜意识当中老是希望一个全能的政府出现，帮我们解决一切我们认为不满意的问题。

这两个假定都会影响我们对于政府的看法。林张之争的核心是在如何处理政府与市场的关系，如何对政府有一个正确的假定，这一点很重要，这是核心和前提，假定不同，理论就不一样。我个人的观点，无论是美国还是中国，彻底抛弃产业政策是不现实的，张老师的观点并没有根本性错误，可是有些矫枉过正。问题是何种产业政策是有效的？在不同经济发展阶段，产业政策有何不同？这些东西需要仔细梳理和思辨，不要过于武断而简单地下结论。我们下面在第二和第三部分再详细探讨具体的产业政策问题。

第二个争论是晏贾之争。一方是北京大学经济学院的老院长晏智杰教授；另外一位是财政科学研究所著名学者贾康教授，贾老师也是我们北大经济学院的兼职教授，经常受邀到经济学院演讲。两位学者的学养都非常丰厚，在学术界都有极其重要的影响。晏贾之争争的是什么呢？争的是关于供给侧结构性改革的问题。贾康教授是供给侧结构性改革主要倡导者之一，而且比较早地出版了相关的专著。晏智杰先生就贾康教授的那本书提出了若干批评，当然这个批评是纯学术的，没有任何个人成见。这个批评的核心在什么地方呢？晏老师认为中国目前的问题出在体制层面，中国现在仍然不能说已经建立起一套社会主义市场经济体制，大量的领域仍然存在市场化程度不足的问题。因此，在这种体制变迁还没有完成的情况之下，我们光谈结构性变革是不行的，这是晏老师的观点。晏老师的观点一下让我联想起我们的老师厉以宁教授的观点，两个人观点是一样的。厉老师在20世纪80年代最著名的一本著作，被评为"当代经济学十大著作之一"的，叫做《非均衡的中国经济》。这本书提出了一个著名的概念，叫两类非均衡。什么叫两类非均衡呢？他说西方国家的非均衡是在市场体制比较完善之下的非均衡，有独立的市场主体，这种非均衡怎么解决呢？要靠财政货币政策来解决。你用利率等货币政策以及税率等财政政策来引导企业，企业就会追随，加以调整，从而使非均衡得以缓解。前提是什么

中国产业政策变革

呢？前提是人家市场机制比较完善，企业相对来讲比较独立，微观主体产权清晰。他说中国的非均衡是第二类非均衡，我们的非均衡跟西方不同在什么地方呢？我们是一种市场机制还没有完善、企业主体的法人地位还没有确立情况下的非均衡，这两种非均衡的处理方法是不一样的。前者，西方的第一类非均衡需要用财政货币政策来解决，而第二类非均衡需要进行深刻的体制变革跟所有制变革。两类非均衡是厉以宁先生所有制改革理论的出发点，我觉得思路是很清晰的，对中国改革的指导意义也是很重要的。

晏老师也从这个角度出发来批评贾康教授的理论，贾康教授反过来就反驳晏老师，他说我们进行供给侧结构性改革的一个初衷，不是仅仅从产业角度，调整一下产业结构，把原来重污染行业和产能过剩行业压缩一下，不是这么简单。贾康教授认为，在供给侧结构性改革方面，实际上最终的目标是利用结构性变革来推动整个社会主义市场经济体制的建立和发展。你想，什么叫供给侧？供给侧就是企业，企业是供给的主体，假如供给侧改革好了之后，整个的企业运行机制发生了变化，相应的，政府跟企业的关系也发生了变化。在这种情况下，贾康先生认为，供给侧结构性改革最终将激发中国体制的变革，倒逼体制变革，最终将实现中国由一个传统的计划体制向市场体制来过渡。所以说，供给侧的结构性调整实际上最终指向体制变革与创新，而不是纯粹结构性的局部的改变。

我认为实际上晏贾之争的方向是一致的，并不存在根本的分歧，其最终落脚点是一致的。将来结构性变革的重点并不仅仅在调结构，而在于深刻的体制变革，在于系统的经济运行机制变革，绝非产业结构调整这么简单。我们很多深层次的问题，比如说技术创新不行，产品满足不了消费者的需要，这是什么问题呢？表面上看这是一个技术创新问题，我们很多企业高污染、高投入、高能耗、低产出，表面上看这是产业结构问题，但深层次的问题是体制问题，就是企业有没有成为一个完全市场化的企业主体，这是非常非常重要的。所以结构性改革的最后堡垒一定是体制问题，这是毋庸置疑的。

以上这两个学术争论，对于学术界，对于产业界，对于国家治理层面的决策者，都提供了很多的思考空间和余地，可以得到很多的启发。

二、产业政策之国际视野：美国和日本

第二个问题，我们具体讨论一下产业政策问题。最近半个多世纪以来，中国应该说是产业政策执行最为强力的国家，非常重视产业政策，在不同历史阶段执行了不同的产业政策。中国在执行产业政策的过程当中，其参照物有时候是日本，比如说20世纪80年代之后，学习日本的产业政策。有时候我们又向往美国的模式，学习美国的方式。美国与日本的产业政策到底有什么区别呢？

说到美国，我们应该说，美国是产业政策执行得非常好的一个国家，尤其是最近三十年以来。大家不要以为美国是一个自由市场经济国家，政府就完全无所作为，这是完全错误的想法。与此相反，美国在执行产业政策方面不仅政策制定非常多，而且产业政策出台极其频繁，它在每一个历史阶段都为自己的国家制定了适当的产业政策，非常密集，影响深远。

例如在20世纪80年代我们都知道里根政府提出了星球大战计划。这个计划可不是玩电脑游戏，而是要使美国在全球的信息产业方面占据制高点，当然这里面包含着国防和工业提升的一整套计划。再比如说我们知道最近美国对于中小企业创新提出一系列计划，希望提振中小企业的创新能力，使其能够在技术创新方面走在世界前列，由此带动经济发展和就业。这些计划和产业政策在美国怎么执行的呢？美国与中国最大的不同在于，美国在执行产业政策的过程当中，更多的是重视法治化，大多以法律形式来推动产业政策，而不是靠行政命令。国会立法，立法之后，整个微观主体，包括企业家和大学、科研机构等等这些微观主体，都按照这个方向来努力，政府提供若干支持，包括法律支持和财政支持，进行有效的引导和扶持。应该说，在最近半个多世纪以来，美国执行的产业政策多得不得了，比如关于农业信贷有《农业信贷法》，关于农业产业发展和粮食问题有《农业调整法》，关于技术创新有《国家技术创新法》，关于小企业创新有《小企业创新发展法》，关于贸易有《综合贸易与竞争法》，关于能源排放方面有《能源法》。它的法律非常之细而且多，此处仅仅列了一小部分。美国的政府不是乱来的，美国的政府在执行产业政策过程中，必须以法律为依据，并受到国会严格的制约。有时候美国政府要执行某项产业

政策，有可能被国会否决。所以我们看到，美国不是没有产业政策，而是用法律的形式来进行产业政策的推广和实施，把政府的行为控制在法律范围之内。而中国在执行产业政策方面，政府的自由裁量权很大，政府的活动空间很大，这个与美国是极不一样的。

而且我们发现，美国产业政策的定位，是弥补市场缺陷的一个补救性措施，他们不认为产业政策是整个经济政策工具的一部分。美国要调整宏观经济的话，就是财政与货币政策，产业政策是弥补性的措施，不是一个简单的短期政策工具。比如说近年来为了促进中小企业创新，为了促进中小企业与大学的合作，为了促进每一个国家实验室的活力，政府出台法律，给这些中小企业若干的补贴，对中小企业与大学的合作给予扶持。这当然不是干预和限制中小企业运行的市场机制，政府也不介入任何中小企业的经营活动，也不命令银行给中小企业贷款，而是弥补市场机制的局限，用法律的形式，用财政手段来激发中小企业与大学的活力。我认为这是美国产业政策一个非常大的特点，或者说是一个优点，它尊重市场，重点是培养市场机制没有办法创造的条件，推动技术创新和先进技术的产生，保持美国在全球的技术领先地位。美国联邦政府的这种资助、补贴、产业政策引导，只是对私人部门的行动做出引导性的推动，它不干预私人部门具体的活动，而是尊重市场，要增进市场竞争，在这个方面，美国是值得中国学习的。

日本与中国有共同的文化基础，国民对政府的尊重、依赖，乃至于膜拜的心理与中国人很相似。日本产业政策执行的时间比较长，而且尝试和探索也比较丰富。所以研究产业政策者，不读日本的书是不行的。尤其是在第二次世界大战之后，日本大量执行了产业政策，一直到70年代都是这样的。日本从1945年到1976年左右，经过30年高速增长，年均增长将近9%，实现了所谓的日本奇迹。我认为在日本奇迹的产生过程当中，产业政策当然是一个极其重要的原因。不能想象日本如果没有产业政策，它的经济增长会这么快。可是日本到了80年代就遇到了一个大问题，由于产业政策执行的时间过长，政府对于整个经济干预的时间也过长，导致产业政策出现了若干弊端，到了80年代后半期，日本开始走下坡路了，尤其是在90年代初期，日本出现了20年的长期萧条和不景气，基本上经济没有增长，甚至扣除通货膨胀率之后增长可能为负，这就引起了日本人的反思。

其中，在 80 年代初期，反思日本产业政策影响最大的一个人就是东京大学的一位教授，叫小宫隆太郎。他最早写了一本书，反省、检讨日本的产业政策。他认为日本的产业政策是一种"选择性的产业政策"。他说日本人在选择产业的时候，政府如果认为哪些产业需要扶持，就列出一个清单，然后大藏省跟通产省就合作制定一个产业政策来进行支持。这种选择性的产业政策依赖于政府的高度判断能力和信息捕捉能力，不能够拍脑袋决策，但是现实当中政府的判断很难完全理性和科学。这种方法就是依靠政府的判断进行选择性的产业政策扶持或者压制，这是日本产业政策的特点。

在这个过程当中，政府有可能犯错误，也有可能做出睿智的选择，你要碰到判断比较明智的政府，就能做出很好的决策，可是，政府也有可能判断错误，尤其是政府在宏观经济的判断方面，往往会出现一些偏差。如果政府认为某些产业好，就动用财政、金融、外贸、外汇这些手段去扶持，很有可能扶持了一个不值得扶持的产业。或者这个产业本来可以用市场化的方法和机制来获得很好的发展，结果政府大量补贴，结果反而导致企业没有创新动力。企业觉得拿政府补贴很享受呀，干嘛自己要创新呢，结果补贴了五六年之后，本来很好的产业被补贴死了。所以，选择性的产业政策，在日本既有成功的案例，但是负面的教训也是很深刻的。

实际上，所谓好的产业政策是基于政府的判断，但政府也会失灵，政府也会信息不对称，政府对整个经济的了解不见得那么深入和全面，这时候政府的产业政策就会面临着一些问题。所以我们说，产业政策不是不要，而是需要什么样的产业政策。产业政策需要在政府和市场之间做出一个很好的权衡，产业政策出来之后，不能抑制市场的作用，而应以市场机制为基础来发挥作用，而不是替代了或者挤出了市场。

20 世纪 90 年代末期，在亚洲金融危机之前，世界银行对东亚奇迹做出了一个总结，其中谈到日本、东南亚这些国家的高速发展时提出一个理论，认为这些国家的政府在这个历史阶段是增进了市场的作用，这个理论被称为"市场增进论"（market-enhancing view）。确实，如果我们回顾这个时期亚洲这几个增长迅猛的国家的发展史的话，可以发现，在凡是发展特别好的历史阶段，一定是政府做了大量的事情来增进市场的作用，政府的各种产业政策一定是顺应市场的，发挥了市场和政府的双重作用，而不是反市场的，不是压制市场的，而是促进了市场的发展，促进了市场的竞争，让市场良性发展。我认为这个是很正确的观点。反之，如果政府替代了市场，甚至压抑了市场，取代了市场，这个国家从长远来看一定是麻烦的。我们知道，1997年的亚洲金融危机之所以会发生在菲律宾、马来西亚、印尼这些国家，就是因为这些国家实际上并不是完全的市场经济国家，而是权贵资本主义国家。这种权贵资本主义市场经济对经济发展是有害的，一定会带来大量弊端甚至危机。

通过对美国产业政策和日本产业政策情况的了解，我想有几个基本结论：第一个，如果说一个产业政策是好的，只有一个标准，就是能够强化市场竞争，能够让企业更好地去竞争，能够防止垄断对于经济发展的损害，政府在市场机制的基础上来弥补市场的缺陷，顺应市场，而不是取代市场。这样的产业政策，就是好的产业政策。相反，如果一个产业政策促进了垄断，妨碍了竞争，让微观主体都没有活力，这个产业政策一定是坏的，它的后果是坏的，无论初衷多么好，无论政府出发点多么好，其结果也一定是坏的。

实际上，我们的先贤早就讲过这个道理。司马迁在《史记·货殖列传序》讲了政府行为的几个不同的层次：第一个层次是"善者因之"，善者，也就是市场当中和老百姓当中那些好的东西和正常的东西，政府就应该因循它，顺应它。"其次利导之"，其次是因势利导。"其次教诲之"，他有错误怎么办呢？就教导他，让他做好事和正当的事，政府有教化作用。"再其次整齐之"，如果他真做了不好的事，怎么办呢？给他监管，甚至要加以惩治。"最下者与之争"，司马迁很聪明，他说层次最低的那个政府是与民争利，代替市场。实际上司马迁的"善因论"跟亚当·斯密的《国富论》的经济哲学观是完全一致的。政府的作用是干什么？就是要因应国民需要，因应市场，促进市场竞争，而不要与民争利，不要替代市场，不要加强垄断。

2014年，诺贝尔经济学奖颁给了梯若尔，因为他开创了产业组织学，他主张用公共政策来弥补市场失灵，强化竞争。他在获得诺贝尔经济学奖的演讲辞《市场失灵与公共政策》中认为，完全竞争几乎是不可能存在的，所以就需要用公共政策，也就是产业政策来控制市场失灵，来约束市场权力,强化竞争。梯若尔主张用公共政策(Public Policy),也就是产业政策来控制市场失灵。但是注意,产业政策的目的是干什么?是要约束市场权力,强化竞争。这两个好像是矛盾的,约束市场怎么会强化竞争呢?因为任由市场竞争有时候会出现自然的垄断。比如说在有些产业中,有些企业家做得特别好,把产业垄断了,这种垄断不是用非法手段,而是用合法手段,用市场方法来垄断,然而这个垄断也不好,政府要干预,也要强化竞争,用反垄断法来干预。所以我们说,一个设计良好的产业政策,应该是催生创新,促进竞争,促进生产力的发展,而不是要压抑市场,不是来让大家不竞争的,这才是好的产业政策。

三、中国产业政策之检讨:效率与公平之争

第三个问题,我们要检讨一下中国的产业政策。中国的产业政策从大约1949年到现在,走过了漫长的过程。20世纪50年代初,中国确立了社会主义计划经济体制,到1978年之后,慢慢转向社会主义市场经济体制,但是我们执行产业政策这样一条基本道路没有发生太大的变化。在这个过程当中,中国因为执行了成功的产业政策而实现了经济的腾飞,包括1978年之前我们也创造过经济的奇迹,年均增长超过了9%,为中华民族的伟大复兴奠定了物质基础。新中国在前三十年建立了比较完善的工业体系,实现了重工业化和经济赶超,在改革开放之后,又执行了很好的产业政策,实现了经济的超高速增长,国民财富巨量增加。这些成就必须客观肯定,不应刻意抹煞。中国现在仍然是全世界增长率最高的国家,仍然是全世界最有活力的国家,仍然是全世界创新能力最强的国家,仍然是全世界对外贸易最活跃和对外投资最活跃的国家。但是中国最近一些年来,产业政策方面也有若干问题需要检讨。在产业政策的制定和执行过程中,政府都存在很多问题,很多产业政策执行效果不佳,甚至出现很多浪费和失效的情况。政府对认为重点的产业进行扶持,甚至对特定企业、特定技术、特定产品做选择性的扶持,行政干预的色彩比较浓厚,体制复归的苗头开始出现。我认为这个方面还是值得大家来进一步检讨,进行若干极其细致的研究和全面的反思。我们有可能在经济发展过程当中,在经济运行过程当中,更多的带有计划经济色彩,国家介入的功能发挥得有些过了,

应该加以警惕。

最近几年政府的力量日益强大。这种强大的政府行为一方面使得产业调整速度非常迅猛，但是另一方面政府这种非常直接的、行政化的方法，也带来一些弊端。这种选择性产业政策以挑选赢家、扭曲价格等途径主导资源配置。政府驾驭了市场，甚至替代了市场，这个值得检讨。就像司马迁说的，"最下者与之争"，这个方法是欠妥的。因此，中国未来，我认为要抛弃选择性产业政策，来执行功能性的产业政策。所谓功能性产业政策，就是市场友好型的产业政策，要弥补市场的不足，扩展市场作用范围并在公共领域补充市场的不足，让市场机制充分发挥其决定性作用。党的十八届三中全会阐明"要让市场机制在资源配置中起到基础性作用，让政府在资源配置当中起到更好的作用"。"更好的作用"这几个字，非常关键，不是要取消政府的作用，而是要发挥更好的作用，"更好"指的是什么？就是政府要把他自己的事做好，要把他应该担当的事情真正担当起来。

现在很多人批评中国现在市场化不足。这只是问题的一方面，还没有点到正确的地方。我认为中国现在两大问题并存，一是有些领域市场化程度不足，另一个是有些领域市场化过度。政府该承担的公共品，医疗领域、教育领域、底层人民的房地产领域，这些都是公共品或者准公共品，政府不能把它全部推给市场，否则就会乱套。公共品领域，是政府要做的，然而这些年市场化过度造成中下阶层问题太多，底层人民不满意，获得感和幸福感不高。最近北大经济学院校友，北师大教授李实先生指出，中国是全世界收入差距增长最快的国家，我们的基尼系数已经是全世界最高之一，如此发展下去，这个国家会撕裂的，这是一个大问题。政府在收入分配调节和提供公共品方面的职能和使命不可推卸，要承担起来。

将来我觉得要从对政府的正确假定出发，承认政府有自己的优势，也有自己的劣势。政府既有信息优势的一面，也有信息不完全的一面，政府也是理性人，也有可能造成若干的弊端，甚至政府有可能出现被俘获的现象，要警惕政府被既得利益者所绑架。北京大学姚洋教授认为，中国在30多年的改革开放过程当中，之所以取得重大的经济成就，一个重要原因在于中国政府是一个中性政府，不代表任何利益集团，超越于任何利益集团之上，政府要为人民谋福利。这是一个理论，也是我们的一个愿望，政府应该是这样的政府，他不为利益集团所掌控，这才是一个好的政府。政府要兼顾效率与公平，要实现人群之间、族群之间、职群之间、区域之间、城乡之间的公平，要关注公共品的提供，要防止市场化不足与市场化过度两种倾向。中国现在按照联合国新的1.5美元的贫困标准，还有将近1亿贫困人口。这些贫困人口怎么办呢？政府应该加大公共品的提供力度，让这些人尽快脱贫，来防止整个国家的二元对立和撕裂，让这个国家更加和谐，更具有幸福感，我想这是一个目标。

最近，中央和国务院有两个文件值得大家关注，一是2015年10月12日《中共中央国务院关于推进价格机制改革的若干意见》。这个文件里面有很重要的一个提法，就是"要求加快建立竞争政策与产业政策、投资政策的协调机制，逐步确立竞争政策的基础性地位。第二个文件是2016年6月国务院下发的《关于在市场体系建设中建立公平竞争审查制度的意见》，要求在新制定的政策和新建立的制度中，先要进行公平竞争审查，那些妨碍公平竞争的制度和政策就要进行修改。这是两个极其重要、极其正确的文件，这两个文件释放出什么信号呢？我认为释放出政府的产业政策应该是以促进竞争为基本目标这一明晰信号，政府行为和产业政策要增进竞争，而不是削弱竞争，要对妨碍竞争的政策和制度进行反思和梳理。这对中国未来的产业政策导向有重要的指导意义。

（本文根据作者2016年11月26日在中国县域金融年会上的演讲录音整理而成）

中国的产业政策亟待转型

陈清泰[*]

过去 20 多年来，我一直关注产业政策，在若干年的时间，又在参与产业政策的制定和实施，这里从观察的角度讲点自己的看法。

一、中国产业政策引进的背景

产业政策在 1987 年引进以后，中国政府几乎没有犹豫就完全接受，而且放在了经济政策的中心位置。这有三方面的原因，一是因为中国当时处在计划经济体制下，即使到 90 年代，仍受国家控制的工业，按照计划的方式占 70%，国有企业在当时所占比例大约为 70%，民营经济处在边缘地位。而到底民营经济能不能发展，发展了是不是走资本主义道路，这个问题还没有完全解决。

那时，价税财改革还没有启动。这时，产业政策作为政府管理产业和管理企业的一种形式，可以和当时的计划经济、计划思维、计划经济的管理方式很好地对接，基本不会触动政府主导生产要素配置的全部，也不会动摇政府主导经济增长的地位。

因此，国家计划管理退坡，由产业政策接手，这成为当时政府的一个可行选择。因此，中国的产业政策有很强的中国特色。

另外一个背景是，进入 20 世纪 90 年代，中国经济发展进入追赶期，重复发达国家已经走过的过程。大力发展基础产业、基础设施，这些与国土资源规划有密切的关系。当时，政府有一定的信息优势，未来一段时间

---

[*] 陈清泰，全国政协常委、经济委员会副主任。

内的社会需求是可以预测的。

政府以产业政策为抓手推动追赶期的经济增长,依托国有企业进行大规模投资,使中国在较短的时间内走过了经济发展追赶期。这个阶段,产业政策对中国来说,产生了正面作用。

接受产业政策的第三个背景,是当时重要领域的主要市场主体是国有企业和国有银行。政府既是所有者,同时又承担着管理企业和银行的责任。在这时,政府和企业都认为和过去刚性特别强的计划经济相比,产业政策是一种进步。因为和原来的计划管理相比有进步,不仅政府愿意接受产业政策,当时的企业和银行也愿意接受。

由于这三个条件,政府按照当时自己的理解,为我所用地接受了产业政策。所以,中国的产业政策和其他国家或地区的产业政策有很大差别。当时引进产业政策之后,相对弱化了政府对企业的直接干预,一定程度上增强了企业的活力。

同时,结合 20 世纪 90 年代抓大放小、减员增效、政策性破产等措施,产业结构在 90 年代中后期得到一轮改善。在这个阶段,我认为产业政策还是起到了正面效应。

二、中国产业政策的特点

中国的产业政策和其他国家的不一样,有自己的特点。我简单归纳了一下,在横向和纵向产业政策中,在一定时期与场合,确实发挥了正面效应。比如在 20 世纪 90 年代或者之后的一段时间,产业政策为产业发展创造了一些基础条件,产生了好的效果,包括基础设施建设、知识产权保护、研发,都产生了正面效应。

另外,中国在一段时间实施了 16 个重大专项,之后又加了三个重大专项。这些重大专项也是产业政策非常重要的一次实践。

这些重大专项,我参与了两个。我认为,它们首先体现了国家的重大需求,都有后发追赶的性质。其次,政府有一定的信息判断力,也并不直接进入市场。再次是从长远看,重大专项有可能形成或裂变出有市场前景的产品和产业。最后,这些产业想"翻身",投资规模巨大,短期之内难以有效益,市场投资者近期没有投资欲望。这时候,政府采取较大的力度支持发展，对产业升级有促进作用。

这是我们实施纵向产业政策当中一些比较好的案例，尽管在实施当中也有很大的争论。

中国的产业政策很长时间继承了计划经济的管理理念和管理方式，形成了中国式的强干预产业政策，较大程度上保留了政府对资源的配置。进入21世纪，追赶期逐渐过去，市场化程度逐渐提高，强干预型产业政策的弊端越来越明显。

三、强干预政策主要有三个工具

一是政府直接差异化地配置资源。比如土地和矿产资源，给谁不给谁，完全是政府直接选择，这是不平等条件下的选择。

二是在市场准入上实施选择性的限制性审批，对各个地方而言是不平等的。哪一个地方政府的话语权更强，项目可能会比较顺利地获得审批。另外，企业中也存在不平等，国有企业可能更容易获得审批。

三是政府认定新兴产业和战略性产业，由政府来统筹规划系统布局，而且还明确发展时序，在哪一个时间到什么节点同时调动财政税收金融的力量促其发展。在实施过程中，政府绕过竞争的筛选，自己来认定依托企业，自己来确定产业聚集地；与此同时，以防止一哄而起，防止盲目投资，避免恶性竞争，提高产业集中度为名，把大量新进入者挡在门外。

在政府的强干预下，由于市场导向的作用被政府替代，投资的盲目性和被误导的风险在上升。我认为，现在产能之所以过剩到超常规的程度，可能与此有关系。在这种干预下，由于新进入者被拒，竞争不足，削弱了企业的创新动力；由于可以吃"偏饭"，扭曲了生产成本；由于补贴过度，使企业产生了惰性和依赖；由于审批有很大的随意性，也造成了腐败。

中国产业政策还肩负着培育大型企业的责任，政府一直在主导经济增长，需要有抓手，因此往往把企业作为政府行政管理的工具。企业太分散，政府不好管理，所以需要大企业。产业政策就持续保持"规模崇拜"、规模导向，比如坚持"有保有压"、"扶优扶强"。

"有保有压"指的是"保"国有企业和大企业，"压"指的是非公企业和小企业。"做大做强",谁是主体?政府是主体。为了"做大做强",一方面通过市场准入限制,一方面设立和保持行政垄断。

通过"拉郎配"等措施,由政府做大做强,由政府来培育实力雄厚的、具有强大竞争力的大型企业和企业集团,使之成为国民经济的支柱和参与国际竞争的主要力量。

大企业并非都不好,问题在于,具有强大竞争力的大型企业和企业集团,到底是市场竞争的结果还是政府通过产业政策必须实现的目标?到底是由企业竞争力造就企业规模,还是以企业规模来提升企业竞争力?在这些问题上,我认为都搞错了。

由于受到体制局限,产业政策被赋予特殊功能,这也是其他国家所没有的。政府既是国有企业的管理者,又是产业政策的制定者和实施者。

另外,国有实体企业和国有金融、国有银行保持着关联关系,这使得产业政策不可能公平地对待各种市场主体,政府不可能保持市场中立。产业政策显性或隐性地都有保障公有制为主体、国有经济为主导、做大做强国有企业的功能。

产业政策成为保持垄断、保持企业所有制、阻碍市场准入的工具,比如2006年政府部门明确宣誓,国有企业要在七大产业保持绝对控制,九个产业保持较强控制,而国务院出台两个促进民营企业发展的36条,仍然没有打破"玻璃门"和"旋转门"。实际上,产业政策被赋予了一种特殊功能——保留旧体制。

国家有产业政策,地方也用产业政策的名义作为推进地方发展的工具。一方面通过市场壁垒,以廉价土地超规模地减税让利措施来支持特定企业与本地企业;另一方面实施投资换市场政策,吸引外来企业投资。地方还有种种形式来阻止本地企业被外地企业并购,阻止本地企业对外地投资。类似的壁垒不仅中小城市有,北京、上海这样的大城市也有。这些以产业政策为名而实施的无规制、无边界的干预割裂了市场,破坏了市场秩序。

在我看来,我们的产业政策并没有严格的规范,它已经成为政府以行政力量干预产业和企业的各种政策措施的总和,而且是强干预型的,没有明确的定义和边界,目标有时甚至会超过经济路线。

如果对产业政策作总体评估,我的基本看法是,在经济发展的追赶期，现在的产业政策有失有得，得大于失。在进入创新发展阶段，现在的产业政策有得有失，可能失大于得。当前经济向创新驱动转型时，现行产业政策的负面效应已经非常明显。

比如，中国电动汽车的发展，政府反反复复地以防止一哄而上、过度投资等为名保护大企业，出台政策，限制中小企业发展。中国出不了特斯拉，因为汽车行业仍然需要市场准入。政府按照传统大企业的条件设置门槛，不是传统汽车行业，要想进入汽车产业难度非常大。新的进入者，比如原来互联网企业进入电动车行业时，对电动车有新的定义，不愿意采取底特律的生产方式。但产业政策不允许，目前还在胶着之中，没有解决。

现在，中央已经提出，要把竞争政策放在基础地位，但有的政府部门还在研究如何制定产业政策，而不是反思产业政策，实现产业政策的转型。

我认为，我们的讨论很有价值，建议学术单位静下心来把中国将近30年的产业政策实践认真作一次梳理，从理论上得出分析结果，为下一步中国到底应该在哪些方面发挥产业政策，哪些方面应该发挥竞争政策的作用，提供更有说服力的方案，以有利于政府政策的转型。

（本文为作者在"什么样的产业政策有效"研讨会上的发言稿）

第二篇

未来产业政策的调整方向

20世纪80年代后期以来,产业政策在中国备受重视,政府出台了大量产业政策,形成了庞大复杂、比较完整的产业政策体系,使中国成为世界上运用产业政策最多的国家之一。但由于产业政策时间上的阶段性、空间上的差异性、主体上的层次性、成效测度上的模糊性,如何看待及未来如何调整中国的产业政策,多年来一直存在较大争议。

促进产业政策向竞争政策转型

吴敬琏[*]

由林毅夫、张维迎两位教授发起的关于产业政策的讨论,引起了政学商各界人士的关注和热议。产业政策是中国政府工具箱中居于中心地位的政策工具,对中国经济发展有重大影响。因此,对它进行深入研究和讨论,无论在理论上还是在实践中都有非常重要的意义,这是不言自明的。

然而使我感到意外的是:自从20世纪70年代日本官产学各界反思他们在第二次世界大战后(以下简称"战后")初期即20世纪五六十年代执行的产业政策(学术界后来把这种产业政策称为"纵向的产业政策"来与"横向的产业政策"相对应,"选择性产业政策"来与"功能性产业政策"相对应或者"硬性的产业政策"来与"软性的产业政策"相对应),国际经济学界对产业政策问题进行了大量研究和深入探讨。

研讨的重点是,在什么情况下需要有产业政策,需要什么样的产业政策以及它与另外一项重要政策即竞争政策是什么关系等。只要检索一下有关文献就可以发现,这种与实践密切结合的研讨已经取得了许多有助于各国行政当局改进其工作的重要成果。可是在我们当前的讨论中,主要发言人几乎完全没有提及这些讨论及其成果,使讨论变成对产业政策全称肯定或者全称否定的各自经济哲学的宣示。有鉴于此,我们希望在前人成果的基础上进行更切实的讨论,以便推动认识的深化和政策的改善。

当前的讨论还有一点使我感到意外:我国到现在仍在执行的产业政策,是20世纪80年代从日本引进的,实际上是它们在五六十年代执行的"纵向的""选择性的"或称"硬性的"产业政策。其实,从70年代开

---

[*] 吴敬琏,著名经济学家。

始，对这种产业政策的批评就逐渐成为主流。日本政府的产业政策也在国内外的压力下向"横向的""功能性的"或称"软性的"产业政策转化。

然而在最近的讨论中，几乎没有人谈到日本的产业政策实践及其演变过程（我只看到日本国立政策研究大学院大学一位华裔教授在伦敦《金融时报》中文网站上发表的一篇题为"日本并不是产业政策的优等生"的短文）。为了弥补这方面的缺陷，我们也邀请了一些日本资深专家，如日本国立政策研究大学院大学原校长八田达夫教授、曾在日本政府通商产业省工作二十年的津上俊哉博士等参加讨论。

有一些比较年轻的学者，这些年也结合文献考察，对中国产业政策的理论和实践进行了深入研究。不过他们在社会上的影响还很小，我们也邀请了几位来参加会议和有关课题的研究人员参与讨论。

众所周知，在"文革"结束以后中国寻求振兴经济新路的探索中，日本经济体制和发展实绩曾经是我们的重要榜样和路标。在产业政策的问题上也是这样。早在20世纪80年代初期，中国已经在政府主导的"机械工业改组与改造"中仿照50年代后期日本"振兴机械产业"时的做法，用行政手段组织实施机械工业的技术改造和企业的专业化改组。

问题在于，正像大多数研究"战后"日本经济发展的学者所指出的那样，日本在"战后"的不同时期执行了不同类型的产业政策。大致上，以20世纪70年代初为分界线，在50年代和60年代实施的是"纵向的""选择性的"或称"硬性的"产业政策；70年代以后实施的是"横向的""功能性的"或称"软性的"产业政策。

前一类型的产业政策运用财政、金融、外贸等政策工具和制度干预、"行政指导"等手段，有选择地"促进某些产业的生产、投资、研发和产业改组，同时抑制其他产业的同类活动"（东京大学小宫隆太郎教授）。而后一类型的产业政策的特点，则是"最大限度地发挥市场机制的作用"，用政策手段保护、扶植和加强重点产业的作用遭到削弱，而通过向社会提供信息实现的诱导作用则得到加强（东京大学植草益教授）。

植草益教授的判断：日本政府运用产业政策对经济进行的"协调活动"，在70年代发生了从硬性产业政策向软性产业政策转化的重大变化。"结果，提供有关产业结构的长期展望和国际经济信息，成了产业政策的中心内容"。然而，80年代在中国获得广泛传播的，却是宣扬前一类产业政策辉煌成就的言论。

日本"战后"产业政策的主要推动者、马克思主义经济学家有泽广巳和中国社会科学院保持着密切的关系，1985年，他还被中国社会科学院授予荣誉博士称号。他提出的"倾斜生产方式"，即向重化工业倾斜的产业政策在中国经济界耳熟能详。一些宣扬日本"战后"初期产业政策业绩和产业政策主要执行者——通产省的著作，如傅高义（E. Vogel）的《日本第一》（1979）、约翰逊（C. Johnson）的《通产省与日本奇迹——产业政策的成长（1925~1975）》（1982）等，更成为风行一时的畅销书。在这样的环境下，中国政府引进了前一类型的产业政策。

引入日本"战后"早期的产业政策，还有一个中国自身改革进程的大背景。1984年的中共十二届三中全会决定用"社会主义有计划的商品经济"取代中共十二大"计划经济为主、市场调节为辅"的改革目标。"社会主义有计划的商品经济"的提出，为产权制度比较模糊的非国有企业的发展开辟了一定的空间。到80年代中期，大体上由市场导向的非国有经济在国民经济中所占的份额已经达到1/3左右。这时，开始向完全的市场经济过渡，就提上了中国改革的议事日程。

当时，政经两界乃至国内外学术界都有一些人提出了建立市场经济的要求。市场经济意味着由价格信号引导资源配置，因此要建立市场经济就必须把价格放开，实现价格市场化（自由化）。

虽然如此，但不管在政府内部还是在学术界，都有一部分人对这样的改革方向持怀疑和反对态度。他们认为，中国应该在相当长的历史时期中，比如说在几代人的时间内保持计划与市场双轨运行的状态，但是国务院领导还是在1986年3月决定制订被称为"价、税、财配套改革"的改革计划，并准备于1987年初开始执行，以便在"七五"（1 986~1 990）前期实现价格市场化和建立起公平竞争的市场环境。这个改革方案在1986年8月通过以后得到了邓小平人的支持。但在10月份，国务院领导人改变了主意，决定终止执行。

在当时计划体系已经不复存在、市场化改革又无法大步向前推进的情况下，谁来充当国民经济的调节者就成了问题。正在这时，国家计划委员会的几位领导干部在1986年9月国家计委召集的"全国宏观经济管理问题讨论会"上提出，我国应当实行计划与市场、竞争与干预相结合的体制:"国家调控市场、市场引导企业"或者"国家掌握市场、市场引导企业"。这种意见被当时的中央领导人所接受,成为1987年10月中共第十三次全国代表大会的基调。十三大政治报告写道:社会主义有计划的商品经济的"新的经济运行机制,总体上说应该是'国家调节市场、市场引导企业'的机制。国家运用经济手段、法律手段和必要的行政手段,调节市场供求关系,创造适宜的经济和社会环境,以此引导企业正确地进行经营决策。"

那么,国家即政府怎样来调节市场呢?中国从日本"战后"初期的产业政策实践中找到了可资借鉴的榜样。

1987年3月,在十三大报告的起草过程中,国务院发展研究中心给当时的中共中央领导人写了一份题为《我国产业政策的初步研究》的研究报告,建议引进日本等东亚国家在"战后"采用的产业政策来执行这一任务。研究报告指出:"产业政策是许多国家实现工业化过程所执行的一整套重要政策的总称。

一些实施产业政策得力的国家在发展和国际竞争中卓有成效。我国今后计划体制改革的目标模式,是使计划与市场实现辩证统一的、以指导型计划为主体的模式,是中国式的'竞争'与'干预'相结合的经济体制,即国家指导市场、市场培育企业,推行以商品经济为中介的计划"。因此,"日本、南朝鲜等国家和地区通过产业政策实现'竞争'与'干预'相结合经济体制的经验值得我们重视"。

和日本在五六十年代实施的产业政策相类似,报告建议引进的产业政策是一套"协调价格、金融、财政、税收、外贸、外汇等调控手段的综合政策体系"。政府运用它所包含的产业结构政策,"对某种(某几种)产业的生产、投资、研究开发、现代化和产业改组进行促进,而对其他产业的同类活动进行抑制"。具体说来就是限制加工工业的快速发展,推动"基础产业"的超前发展,以便实现"产业结构的高度化"。

与此同时,政府也要运用它所包含的产业组织政策,"建立高度技术基础上的大批量生产机制":一方面通过企业的合并、扩张和新建,形成一批高度集中的大企业集团;另一方面发展大量与大型企业协作的微型企业,组成"以大企业为核心的分工协作网络"。

可能是由于这样的产业政策为"国家调节市场"提供了得力的政策

第二篇 未来产业政策的调整方向

手段,制定我国产业政策的意见很快就得到领导人的认可,并责成国家计划委员会负责执行。

值得注意的是,日本国内从20世纪70年代对"战后"初期的产业政策开始进行反思以后,连产业政策的制定和实施部门,包括通产省的指导思想都在国内外的压力下发生变化。到80年代,日本国内外出现了一些用批判眼光看待日本战后初期产业政策的论著。否定这种产业政策的意见逐渐成为主流。其中尤其值得重视的,是由日本著名经济学家小宫隆太郎、奥野正宽、铃村兴太郎等主编的《日本的产业政策》(1984)一书。

这本书是小宫隆太郎教授组织20多位日本资深经济学家用两年时间进行深入研究的成果汇编。它从经济学学理的高度对日本20世纪50年代到70年代产业政策的理论和实践进行了全面考察,对五六十年代执行的"纵向的"或"硬性的"产业政策提出了有理有据的批评。小宫教授也是曾任国务院发展研究中心主任和中国社会科学院院长马洪的朋友。

他在1985年的中日学术交流会冲绳会议上向马洪指出,当时流行的介绍日本经济发展和产业政策的书籍存在对日本产业政策的实际状况和效果评价过高的偏向。同时也向马洪介绍了《日本的产业政策》这本书的主要内容。马洪回国以后就请中国社会科学院日本研究所组织翻译了这本书,并在1988年公开出版。

小宫教授依据主流经济学的分析框架,肯定在出现市场失灵的情况下实施产业政策的必要性。但他同时也着重指出,"尽管产业政策对于处理市场失灵是十分必要的,但仍然存在以下几个问题:(1)在何种情况下才能认为市场出现了失灵;(2)针对市场失灵的种种类型,应当分别采取什么样的政策措施;(3)市场虽然时常失灵,但政策和政府部门也可能出现失误。几乎在所有情况下,根据产业政策采取的措施总要伴随着财政负担等各种代价和副作用,因此有必要对政策的效果和代价进行权衡,不能认为只要出现市场失灵就必须进行政策性干预。"

小宫等经济学家在对日本"战后"初期产业政策进行细致考察后得出结论:日本政府制定的这类产业政策,或者被议会否决(如60年代初由通产省主导制定的《特殊产业振兴临时措施法》1963年被国会否决而成为废案),被企业抵制(如1961年产业合理化审议会提出将轿车产业整合为3家企业,这一设想由于民间企业的反对而未能实现),或者被法院判为违法（如 1980 年东京高等法院一项判决中明确禁止对竞争进行限制的所谓"行政指导"）；即使得到执行，得到的结果往往也是负面大于正面。

而多数在日本取得高速发展的产业，无论是早期的缝纫机、照相机、自行车、摩托车、拉链、半导体产业，还是后来的彩色电视机、磁带录音机、音响设备、钓鱼用具、钟表、台式电脑、数控机床、陶瓷、机器人等产业都是在没有得到政府保护扶持政策支持的情况下发展起来的。其中许多企业几乎是从零或者极小的规模起步，在没有得到产业政策优待的情况下，依靠自己的力量发展起来的。

《日本的产业政策》的另一位作者、东京大学的植草益教授总结道："战后"日本经济的高速发展可以归结为两个原因：一是在以被占领下的反垄断政策为契机形成和保持的相对竞争性市场结构下，私人企业展开了活跃的投资活动；二是存在着支撑上述活动的国民高储蓄倾向和劳资一体化的日本式经营。

"70 年代初石油危机发生后，日本企业提高生产率和产品质量的意识进一步加深。而且由于不少新企业的加入，产业集中度呈现下降趋势，由此形成的竞争性市场机制，进一步促进企业提高生产率和产品质量。正是这一充满活力的产业组织变化，成为日本宏观经济发展的基础，而产业政策只不过是日本经济发展的配角，即产业政策只是从侧面支援了以市场机制为基础的充满活力的经济发展。"

令人遗憾的是，《日本的产业政策》这本书本来可以成为一本帮助我们汲取日本"战后"产业政策经验教训的有益参考书，然而却并没有起到这样的作用。这本书销行不广，只印了一次就告绝版，以致没有能够引起人们对这类批评意见的足够重视。这就使在日本已经被否定多年的说法和做法，例如"防止过度竞争""提高产业集中度是提高效率的主要途径""实现产业结构高度化（重化工业化）"等继续在中国流行不衰。

1989 年 3 月，国务院发布了我国第一部产业政策法规，即《国务院关于当前产业政策要点的决定》。这一决定详细开列了重点支持生产和严格限制生产的产业、产品，重点支持基本建设和停止或严格限制基本建设的产业、产品，重点支持技术改造和严格限制技术改造的产品目录。

要求计划、财政、金融、税务、物价、外贸、工商行政管理等部门目标明确、协调动作，运用经济的、行政的、法律的和纪律的手段，"明确支持什么、限制什么"，以便"压缩和控制长线产品的生产和建设，增加和扩大短线产品的生产和建设"，"逐步缓解消费结构和产业结构的矛盾"。对照日本战后早期的做法，这一决定及其所附的"当前的产业发展序列目录"，可以说是一个加强版的日本"特定产业振兴法"。

在 1994 年 3 月国务院颁布《90 年代国家产业政策纲要》以后，这种政府在"宏观调控"的名义下以产业政策直接干预微观经济的传统一直延续下来，到世纪之交形成了"有保有压、有扶有控"的产业政策方针。

有关部门陆续颁布了汽车、钢铁、水泥、煤炭、铝业、电力、船舶、纺织等一系列行业的"产业发展政策""产业结构调整规定"和"产品目录"，要求各级政府机构运用手中掌握的市场准入、项目审批、供地审批、贷款核准、目录指导、强制性淘汰等手段，以达到领导部门心中的产品结构、组织结构优化的目标。

不过，这种直接干预市场和限制竞争的产业政策的执行效果乏善可陈，使我国产业结构在新世纪第一个十年变得越发扭曲。由行政力量推动下形成的大型企业集团的竞争力下降成为一个明显的事实，以致"三去一降一补"，即"去过剩产能、去房地产库存、去杠杆、降成本、补供给短板"成为当前必须面对的紧迫而沉重的任务。

国际学术界的情况有所不同，从 20 世纪 80 年代以来，许多经济学家对产业政策以及政府在经济发展中的作用问题，进行了深入的研究，可谓名家辈出。比如，罗德里克（D. Rodrik）、阿吉翁（P. Aghion）、大野健一等都做出了自己的贡献。梯若尔（J. Tirole）还因为有关的研究成果获得了诺贝尔经济学奖。他们的研究成果，都是我们在推进供给侧结构性改革的过程中必须认真研究和吸收的。

提高我国经济效率的根本途径，无疑在于通过改革建设统一开放、竞争有序的市场体系，使市场能够在资源配置中起决定性作用；当然，也要较之过去更好地发挥政府的作用。把以上两项要求综合起来看，一个重要问题是如何正确处理产业政策和竞争政策的关系。

2015 年《中共中央国务院关于推进价格机制改革的若干意见》提出了一项十分重要的要求，就是"逐步确立竞争政策的基础性地位"。这意

中国产业政策变革

味着必须摒弃直接干预、限制竞争的传统产业政策做法，使产业政策成为促进竞争、提升市场功能的辅助手段。这将是我国产业政策理论和实践的历史性转变。我们应当努力促成这一转变的顺利实现。

（本文原载于 2017 年 2 月 15 日《比较》杂志）

供给侧结构性改革中的竞争政策研究

张林山[*]

推进供给侧结构性改革是当前和今后一个时期我国全面深化改革和推进经济新常态下的持续健康发展的重要内容。其本质旨在通过完善市场机制,着力改善供给环境,特别是要完善制度供给,进而推进产业转型升级,大力激发微观经济主体活力,构建、塑造和强化我国经济长期稳定发展的新动力。从政策研究的角度来看,供给侧结构性改革包含了产业政策、竞争政策、贸易政策以及制度和体制改革等内容,涵义比较宽泛。但从政策提出的背景和我国经济发展现实来看,供给侧结构性改革,从根本上说,是要在正确处理好政府与市场关系的基础上,研究如何在未来更好地处理产业政策与竞争政策的关系,推进我国政府的政策结构和政策手段转型,进而进一步确立竞争政策的基础性地位,尽快形成竞争推动的自动、自愿创新机制,以竞争性创新机制促进供给侧结构优化,提高供给效率。

一、引言:产业政策与竞争政策的概念界定

(一)产业政策与竞争政策的基本内涵

产业政策指的是一国政府为了经济发展的需要而调整产业结构和产业组织形式的政策总和,包括产业结构政策、产业技术政策、产业组织政策以及产业布局政策等。从使用目的和方式来看,产业政策可分为功能性产

---

[*] 张林山,国家发改委经济体制与管理研究所副研究员。

业政策与选择性产业政策两类。功能性产业政策一般没有特定的产业选择指向，主要的政策工具有：人力资源培训，科技研发补贴等；选择性产业政策主要是指通过主动的产业选择，扶持某些特定产业的加快发展，以实现产业转型和赶超目标。

竞争政策根据其外延不同有不同的理解。狭义的概念指的是维护竞争、限制垄断的反垄断政策，重点强调对竞争结果的事后调节，通常是以法律（竞争法）形式出现，对不正当竞争或限制竞争行为进行规制。这其中也包括政府自身限制市场主体竞争的行为。而广义上的竞争政策泛指政府为维护竞争性市场机制所采取的一切政策措施，包括反垄断、放松管制、私有化、补贴约束、市场准入开放以及贸易自由化等政策，比狭义上的竞争政策所使用的政策范围更宽泛，手段更丰富，也更加灵活。政府经济政策的决策和程序是竞争政策实施的要点，要求对政府的各项经济政策和立法行为进行竞争合规审查。而对竞争政策最广义的理解，可以认为，竞争政策是政府出台的促进和限制竞争的所有政策和法律的总称，或可称为一切有关竞争的政策。这里的竞争政策不仅包括反垄断、反不正当竞争、反补贴等常规的竞争政策措施，也包括促进垄断、限制竞争、设置壁垒、提供补贴等产业政策、投资政策、贸易政策等。

众所周知，我国长期实行计划经济体制，政府主导型经济发展和经济调节模式使得产业政策成为我国经济政策的主要政策工具，而市场竞争机制和竞争政策长期处于弱势地位。少数的竞争政策也基本是以竞争法的形式出现。但随着市场竞争理论和实践的发展，我国对竞争政策的认识逐渐倾向于上述第二种解释，即竞争政策泛指政府为维护竞争性市场机制所采取的一切政策措施。这种概念设定也符合我国当前供给侧结构性改革的实际背景，如放松市场准入和政府管制等。

（二）产业政策与竞争政策的一般关系

产业政策和竞争政策是政府规范市场经济运行的两种政策工具。从理论上讲，两者的理论基础和出发点都是政府弥补市场失灵、促进有效竞争，但两者在作用对象和机制上有所不同，甚至存在着冲突。首先，竞争政策以市场竞争为基础，产业政策是以政府调控为基础；其次，竞争政策通过法律法规方式实现，产业政策主要依靠行政手段辅以经济、法律手段实施；第三，竞争政策是长效机制，产业政策的实施有一定的时间性。政府通过实施产业政策，旨在提高产业竞争力，强调规模经济，有倾向地选择部分产业进行针对性地扶持，通过政府之手进行资源配置和价格干预。产业政策在发展中国家更受重视，而在发达国家则受到较多限制；竞争政策以竞争法的实施为核心，强调保护和促进市场竞争，作用对象主要是限制企业竞争行为和国家援助行为，旨在通过价格机制实现资源有效配置，为所有市场主体创造出良好的市场进入、退出和交易等环节的市场环境。竞争政策在发达国家运用较多，并且成为市场经济运行的主要和基础性政策工具（见表1）。

表 1　　　　　　　竞争政策与产业政策有三方面的不同

	产业政策	竞争政策
作用机制	政府调控	市场竞争
实现方式	行政手段辅以经济、法律手段	法律法规
时限要求	有时间限制	长效机制

二、产业政策和竞争政策在我国的运用实践

（一）我国产业政策的实施情况

新中国成立以来，我国长期倚重产业政策。若从20世纪50年代的"以钢为纲"政策算起，产业政策在我国的使用已长达60多年。20世纪80年代末国家计委成立产业政策司，出台《关于当前产业政策要点的决定》，这是我国第一个以文件形式正式出台的产业政策。此后，我国产业政策进入密集制定和实施阶段。

20世纪90年代以来，随着我国逐步确立市场经济体制以及国内外环境的需要，我国制定和颁布实施了多项产业政策，旨在促进产业结构优化，纠正市场失灵，提高经济发展质量。产业政策既有涵盖所有产业的普遍性功能性产业政策，也有面对特定产业、特定技术、特定产品的选择性产业政策（见表2）。

中国产业政策变革

表2　　　　　　　　　　我国出台并实施的主要产业政策

时间	属性	文件	主要内容
1989年	综合类	《关于当前产业政策要点的决定》	集中力量发展农业、能源、交通和原材料等基础产业,加强能够增加有效供给的产业,增强经济发展的后劲;同时控制一般加工工业的发展,使它们同基础产业的发展相协调。
1999年	鼓励类	《当前优先发展的高技术产业化重点领域指南》	优先发展农业、信息、环保及资源综合利用、医药、能源、交通运输、材料、制造、建筑、轻纺等16大产业,138个重点领域。
1999年	限制类	《工商投资领域制止重复建设目录(第一批)》	涉及17个行业,共201项内容。
1999年	淘汰类	《淘汰落后生产能力、工艺和产品的目录》(第一批)	涉及10个行业,共114个项目。
2000年	淘汰类	《淘汰落后生产能力、工艺和产品的目录》(第二批)	涉及钢铁、有色、轻工、纺织、石化、建材、机械、印刷业(新闻)等上百个行业,共119项。
2000年	鼓励类	《当前国家重点鼓励发展的产业、产品和技术目录(2000年修订)》	国家重点鼓励28个领域,共526种产品、技术及部分基础设施和服务的发展。
2001年	鼓励类	《当前优先发展的高技术产业化重点领域指南》	优先发展信息、生物及医药、新型材料、先进制造、先进能源、先进环保和资源综合利用、航空航天、现代农业、现代交通及其他共十大产业中的141个高技术产业化重点领域。
2002年	淘汰类	《淘汰落后生产能力、工艺和产品的目录》(第三批)	涉及消防、化工、冶金、黄金、建材、新闻出版、轻工、纺织、棉花加工、机械、电力、铁道、汽车、医药、卫生共15个行业、120项内容。
2004年	鼓励类	《当前优先发展的高技术产业化重点领域指南》	优先发展信息、生物及医药、新材料、先进制造、先进能源、环保和资源综合利用、航空航天、农业、现代交通及其他共10个方面的134项高技术产业化重点领域。
2005年	综合类	《促进产业结构调整暂行规定》	逐步形成以农业为基础、高新技术产业为先导、基础产业和制造业为支撑、服务业全面发展的产业格局。

续表

时间	属性	文件	主要内容
2005年、2007年、2011年、2013年	综合类	《产业结构调整指导目录》	详细分列了鼓励类、限制类和淘汰类的目录。
2007年	鼓励类	《当前优先发展的高技术产业化重点领域指南》	优先发展信息、生物、航空航天、新材料、先进能源、现代农业、先进制造、先进环保和资源综合利用、海洋10大产业中的130项高技术产业化重点领域。
2009年	综合类	《国家产业技术政策》	指导产业技术发展方向，促进产业技术进步。
2011年	鼓励类	《当前优先发展的高技术产业化重点领域指南》	优先发展信息、生物、航空航天、新材料、先进能源、现代农业、先进制造、节能环保和资源综合利用、海洋、高技术服务10大产业中的137项高技术产业化重点领域。
2015年	综合类	《中国制造2025》	加快制造业转型升级，全面提高发展质量和核心竞争力。
2016年	淘汰类	《国务院关于钢铁行业化解过剩产能实现脱困发展的意见》	提出了今后一个时期化解钢铁行业过剩产能、推动钢铁企业实现脱困发展的总体要求、主要任务、政策措施。
2016年	淘汰类	《国务院关于煤炭行业化解过剩产能实现脱困发展的意见》	对今后一个时期化解煤炭行业过剩产能、推动煤炭企业实现脱困发展提出要求、明确任务并作出部署。

资料来源：根据网络资料整理。

我国的产业政策极少以法律的形势出现，主要为"规划""目录""纲要""决定""通知""复函"之类的文件。除了上述列表中的带有普遍性的产业指导政策之外，我国还针对一些特定行业出台了产业发展和结构调整政策，如2005年出台的《钢铁产业发展政策》《汽车产业发展政策》及后续修订，2006年出台的《水泥工业产业发展政策》《部分工业行业淘汰落后生产工艺装备和产品指导目录（2010年本）》等。2008年金融危机以后，从2008年底到2009年初国家又陆续制定了钢铁、汽车、船舶、石化、纺织、轻工、有色金属、装备制造、电子信息、物流等十个重点产业调整和振兴规划，并出台了一大批配套实施细则。从近年来看，强制淘汰落后产能成为我国产业政策的重要方面，国家出台一系列指导文件和规划，强调综合运用法律、经济、技术手段，必要时要通过行政问责制强力推进。

通过上述产业政策的描述，我们可以发现：从我国产业政策的目标来看，主要是为了促进产业结构调整和优化升级，抑制部分行业过度投资和产能过剩；从政策手段来看，主要是通过目录指导、市场准入、项目审批、强制清理落后产能、行政问责等方式进行；从政策特征来看，我国的产业政策带有明显的行政强制干预特征，政府的投资和产业偏好色彩浓厚，一定程度上弱化或忽视了市场机制对产品、技术、工艺的选择作用；从政策效果来看，我们不否认产业政策在我国几十年的经济发展中的推动作用，但在经济高速增长时期，几乎所有产业都得到了快速发展，很难计算出产业政策对经济增长和结构调整的贡献，而一些受政府保护的产业如汽车、电信等，其竞争力并未得到实质提升。

（二）我国竞争政策的实施情况

我国竞争政策的实施也经历了一个从无到有不断发展完善的过程。新中国成立以后一直到改革开放之前，我国一直实行的是计划经济体制。国家计划管理经济下，不存在市场竞争，因而也没有相关的竞争政策。改革开放后，随着市场经济体制的逐步确立和完善，市场竞争机制得到政策层面的支持，我国逐步强化了市场竞争法制和政策。1980年，我国出台了最早地保护市场竞争的行政性法规——《关于开展和保护社会主义竞争的暂行规定》，对市场竞争秩序进行初步探索和规范。1992年党的十四大提出建立社会主义市场经济体制的目标后，市场竞争方面的立法也逐步确立和完善，如1993年出台了《反不正当竞争法》，2007年通过了《反垄断法》。在《反垄断法》中，竞争政策首次被明确提出。

近年来，我国政府对竞争政策的认识提高到了一个新的阶段，中央已经开始逐渐有目的地不断出台完善竞争法制和政策。2014年6月，国务院发布实施《关于促进市场公平竞争维护市场正常秩序的若干意见》，提出建立企业自主经营、公平竞争，消费者自由选择、自主消费，商品和要素自由流动、平等交换，建设统一开放、竞争有序、诚信守法、监管有力的现代市场体系。2014年11月，国务院发布实施《关于清理规范税收等优惠政策的通知》，提出清理规范税收等优惠政策，加快建设统一开放、竞争有序的市场体系。2015年3月，中共中央国务院《关于深化体制机制改革、加快实施创新驱动发展战略的若干意见》提出"探索实施公平竞争审查制度"。2016年10月公布的《中共中央国务院关于推进价格机制改革的若干意见》则明确要求"实施公平竞争审查制度"。2016年6月，国务院出台了《关于在市场体系建设中建立公平竞争审查制度的意见》，首次详细阐述了建立公平竞争审查制度的重要性、紧迫性，制度的总体要求和基本原则，并对审查的对象、方式、标准和例外情况予以明确规定。这标志着期待已久的公平竞争审查制度落地。2016年11月，《中共中央国务院关于完善产权保护制度依法保护产权的意见》正式对外公布。这是我国首次以中央名义出台产权保护的顶层设计。

虽然竞争政策在我国经济政策体系中的地位越来越高，其基础性地位已经得到初步确立，但由于我国长期倚重产业政策，市场竞争机制还常常受到行政力量的干扰，与建立完善的市场经济体制的要求相比，还有较大差距。《反不正当竞争法》《反垄断法》等竞争法律法规还有很多不完善的地方，尚未形成完善的竞争政策体系。从政策执行效果来看，其积极作用也较为有限，市场垄断和不正当行为依然存在，一些地方保护限制竞争政策也大行其道。

（三）我国产业政策与竞争政策在不同经济发展阶段的地位

结合产业政策和竞争政策在我国的实施情况，两者的地位和相关关系大致可以划分为以下三个阶段（见表3）。

表3　　我国产业政策和竞争政策的实施历程

阶段	时间	相互地位	主要政策
第一阶段	从1949年至1992年中共十四大提出建立社会主义市场经济体制的目标	产业政策占绝对主导地位，不存在竞争政策	中国先后实行计划经济体制、有计划的商品经济，在改革开放后，市场竞争机制被有限度地引进。虽然在此期间有少部分保护竞争的法规的制定，但从整体和实施效果方面来看，这一阶段竞争政策还没有形成体系，因此也就不存在竞争政策。

续表

阶段	时间	相互地位	主要政策
第二阶段	从党的十四届三中全会通过了《关于建立社会主义市场经济体制若干问题的决定》至2008年《反垄断法》的通过	产业政策占主导地位，竞争政策开始萌芽并艰难发展	随着社会主义市场经济体制的逐步完善，为保护公平竞争的市场秩序，《反不正当竞争法》和《中华人民共和国反垄断法》先后颁布实施，至此竞争政策正式进入政策体系之中。
第三阶段	2008年《反垄断法》正式实施至今	产业政策占主要地位，竞争政策作用正逐渐被认可	2008年以来，随着反垄断执法的常态化，竞争政策对于维护公平竞争的积极作用正在被逐渐认可。片面强调产业政策作用忽视竞争政策所带来的诸多弊端也在逐渐显现。

（四）长期推崇产业政策带来的主要问题

从我国改革开放的实践来看，产业政策的实施在促进经济发展方面发挥了重要作用，同时也可能会在我国未来经济发展和产业结构调整升级中继续发挥影响力。但是，历史上对产业政策的过度依赖和推崇，也带来了一系列不容忽视的问题。

1. 扶持性产业政策带来产能过剩问题的历史性循环

不可否认的是，我国长期实行的扶持性产业政策特别是产业补贴政策，对经济增长产业了积极影响，但是，这种政策的过多运用，导致政策效果不断弱化，甚至成为我国当前产业结构问题的政策诱因。地方政府出于经济发展和政绩需求，利用大量扶持性产业政策进行招商引资活动，产能扩张的动力过强。在一些经济欠发达地区，盲目地引进一些高耗能、高污染项目，不仅造成资源的严重浪费，也带来新的产能过剩问题，区域产业结构也出现同构化现象。同时，扶持性产业不仅影响了产业转型升级，补贴政策的过度运用也带来了大量的国际贸易摩擦，导致遭遇国际反倾销或反补贴制裁，如我国的太阳能电池板、风电设备等产品（见表4）。

表4　　　　　　　　2014年我国主要工业品生产规模

工业品种类	规模（年度）	占世界总量比重
生铁	7.1亿吨	59%
粗钢	8.2亿吨	50%
煤炭	38.7亿吨	接近50%

续表

工业品种类	规模（年度）	占世界总量比重
造船	3 629 万载重吨	40%
水泥	24.8 亿吨	60%以上
电解铝	2 438 万吨	65%以上
化肥	6 933.7 万吨	35%
化纤	7 939 万吨	70%
平板玻璃	7.9 亿重量箱	>50%
工程机械	590 亿美元（销售额）	43%
汽车	2 372 万辆	25%
手机	16.3 亿部	71%
集成电路	9 166.3 亿元（销售额）	90.6%
制鞋	155 亿双	>60%

数据来源：国家统计局、工业和信息化部和各行业协会。

2. 选择性产业政策的门槛标准一定程度上破坏了公平竞争的市场秩序

政府选择性产业政策的实施，通常会针对企业设置一定的门槛，如常用的企业规模标准。因此，产业政策的受益主体通常是大企业，大企业受政策扶持的力度远远高于中小企业，国有企业的受益程度远远超过民营企业。政府对特定行业和企业的政策扶持，相当于向市场发出了明确的信号，是对企业资质和经营能力的肯定。但是，这种市场信号一定程度上会扭曲资源配置，资源和要素向政府扶持企业集中，而其他未享受扶持政策企业的发展环境和发展空间则受到压制。这类选择性产业政策的实施，严重破坏了公平竞争的市场秩序，同时也不利于被扶持企业的长远发展。

3. 产业政策的过度使用抑制了企业内部的激励机制和创新动力

改革开放以来，我国各级政府特别是地方政府大量使用选择性产业政策，对特定行业和企业进行财税、土地、金融等补贴和支持。这不仅严重扰乱了市场价格机制，导致资源错配和产能过剩问题，而且导致受扶持企业对政府的补贴政策产生了依赖。企业将大量精力放在如何寻求政府的优惠政策和财政补贴上，而忽视了企业内部的研发和产业升级，抑制了创新。一些针对企业创新的产业奖补政策甚至破坏了企业内部的激励机制，扶持资金没能真正用在科技人员身上，反而影响了企业的创新动力。

4. 产业政策替代市场机制造成资源配置扭曲和效率低下

产业政策对特定行业和企业的保护和扶持，一定程度上排除和限制了市场有效竞争，甚至会形成市场垄断行为。产业政策通过行政权力的干预扭曲了市场价格和竞争机制的发挥，干预了企业正常的生产经营活动，造成资源错配和利用效率低下，不利于促进行业的健康有序发展。而且，由于政府产业政策制定部门对市场需求、消费者偏好等市场信息反应滞后、分散等问题，产业政策不能得到及时的评估和调整，实施效果通常不大，甚至会出现政府大力扶持和补贴的行业、企业反而出现竞争能力下降继而出现全行业产能过剩或发展受制的局面。①

5. 过度倚重产业政策往往导致权力腐败

政府部门产业优惠政策审批是一种掌管在少数审批者手中的特殊权力，为少数干部腐败寻租提供了土壤。企业为了获得优惠地价、资金贷款、财政补贴等，往往通过各种方式拉拢审批者，导致权力腐败。财政补贴没有符合正常的对象和程序要求，没有真正扶持那些需要补贴的企业，结果也违背了产业政策最初的制定目标。

三、供给侧结构性改革下的产业政策和竞争政策调整

（一）政府干预型产业政策是当前产能过剩问题产生的深层原因

当前，我国产能过剩问题的一个根本原因就在于政府与市场的关系没有理清，政府过度地干预经济导致市场竞争不足。应当说，产能过剩问题是市场经济的伴生物，市场竞争机制导致企业优胜劣汰，产能最终也能在一定条件下达到市场均衡。在国外发达市场经济国家，产能主要依靠市场机制自发调节。而在我国，由于社会主义市场经济体制仍不成熟，产能过剩问题与政府的市场干预行为有着千丝万缕的联系。政府通常通过制定产业政策将财税、土地、金融等要素资源向特定行业和企业倾斜，降低了企业的生产成本，有损公平竞争的市场机制。在经济过热时，极易形成产能过剩问题。因此，政府干预对市场机制的扭曲是我国产能过剩问题的根本

---

① 于良春和张伟对中国电力、电信、石油及铁路等四个典型的行政垄断行业所导致的资源配置效率降低的程度的估算结果显示，无论是在微观层面，还是在产业以及宏观层面上，行政性垄断均造成了巨大的效率损失，而且这一效率损失占GDP的比重还有不断增长的趋势（于良春、张伟，2010）。

原因所在。①

（二）完善竞争政策体系是供给侧结构性改革的重要内容

近年来，我国经济增长面临中低端产能过剩、部分城市房地产库存较大、企业生产成本较高、产业调整升级缓慢等现实问题，如果继续沿用以往的需求刺激政策，经济的长期稳定增长难以为继。面对经济新常态下的这些复杂问题的困难，中央明确提出了要推进供给侧结构性改革，全面落实"去产能、去库存、去杠杆、降成本、补短板"五大重点任务，不断矫正资源要素错配和结构失衡问题，着力提高供给体系的质量和效益。提高我国潜在经济增长率，不能再继续走低水平扩大产能的道路，这样会进一步加大结构性扭曲，陷入低水平循环。

推进供给侧结构性改革的重点，就是要加大"制度供给"，进一步推进市场化改革，转变政府职能，增强企业自主创新能力，不断激发微观主体活力。从这点上看，竞争政策和供给侧结构性改革的目标在内涵上具有高度统一性，都是强调要理顺政府与市场的关系，减少政府市场干预，矫正要素资源配置的扭曲现象，建立化解产能过剩的长效机制，促进产业转型升级。这一内容实际上是对传统产业政策的反思与革新，强调发挥竞争政策的作用。供给侧改革中的政府是"有所为，也有所不为"。在营造公平竞争环境、查处垄断行为、放松管制、降低制度性交易成本、释放市场主体创新能力方面政府要积极有为，而在企业经营和行政管理等方面要"有所不为"，通过激发市场主体的内生动力，提高供给体系的质量和效率。供给侧结构性改革的思路正是竞争政策的核心内涵。

（三）竞争政策比产业政策对经济增长和结构调整贡献更大、更为持久

长期以来，尽管竞争政策在国外已有成功实践，但我们对竞争政策重要性的认识还很不够。1949年以来，我国政府一直习惯于用产业政策来发展经济和调节经济结构，特别是在经济下行时期，就更加倚重产业政策，

---

① 尤其在我国，公有制经济和国有企业更大程度上是一种体制上的象征，对这些企业的退出进行行政性保护，不仅可以提高政府对国民经济发展的控制，而且可以实现政府在提高税收、稳定就业、维持社会秩序等方面的多种目的。而且由于价格传导机制的不畅等因素，使那些原本应该通过市场机制被淘汰的企业不能自动退出市场，并逐渐演变成为市场中的"僵尸企业"，阻碍了产业结构升级的步伐。

以达到快速提振经济的目的。我认为，尽管从短期来看，产业政策对经济的恢复和增长有一定刺激作用，但是，从长期看，产业政策的过度使用，不仅不会带来经济的持续稳定增长，还会导致很多权力寻租和资源浪费现象。与之不同的是，竞争政策可能短期内不会迅速扭转经济下行局面，但作为一项市场经济体制的基础性制度，竞争政策的实施可以充分发挥市场竞争机制的作用，充分释放市场竞争活力，增强经济增长动力，进而促进经济的长期发展和繁荣。20 世纪 70 年代末期，美国、英国、日本等国纷纷改造本国的自然垄断行业，强化市场竞争，最终这些行业的效率得以大大提升，价格水平和服务质量也明显提高。20 世纪 90 年代后，澳大利亚通过对国内主要行业的竞争性改革，对 1 700 部含有限制竞争内容的法律法规进行竞争审查和修订。这项改革推动其 GDP 增长了 2.5%，进入近 40 年来的经济繁荣期。

四、更加重视发挥竞争政策在供给侧结构性改革中的作用

（一）减少政府对经济的干预，切实纠正政府滥用行政权力、排除和限制市场竞争的行为

当前我国正在推进的供给侧结构性改革，"去产能"，有效化解部分传统行业的产能过剩问题是重中之重。化解产能过剩问题的长效机制就是要政府转型，加快政府职能转变，加大对行政部门的权利约束，加强行政透明度，深入推进行政审批制度改革，加快推进产业政策的调整和理念创新，尽可能减少对经济活动直接干预的政策措施。在规范行政行为的同时，更重要的是今后要更加突出竞争政策的基础性地位，并对政府或其他行使公共职能的组织滥用行政权力、排除和限制市场竞争的行为进行重点整治，开展专项文件清理工作；并对县级以上政府出台的规章制度、政策文件等尽快实施公平竞争审查制度；加强反垄断执法，强化事中事后监管职能，平等保护各类产权和其他合法权益，努力营造公平竞争的市场环境，不断激发各类市场主体的活力。

（二）加快推进国有企业发展混合所有制经济，塑造竞争型市场主体

推进国有企业和垄断行业改革不仅是我国当前供给侧结构性改革的重要内容，同时也是实施竞争政策的重点领域。当前，我国国有企业的产能

过剩问题、经济绩效不高等问题，从根本上说，是因为一些国企在行政性保护下的垄断经营导致企业普遍缺乏市场竞争意识，市场竞争机制和价格机制发挥失灵，企业的盈利能力、创新活力和市场竞争能力不足。目前，我国政府对下一步国有企业和垄断行业改革的顶层设计方案已经出台，将国有企业特别是竞争性国企改造成为混合所有制企业，完善产权结构，提高其内部治理结构和机制，切实解决国企普遍存在的预算软约束问题，不断将其改造成适应市场竞争的真正的市场主体，提高营利水平和竞争能力。同时，还要对没有竞争力的"僵尸"国企采取断然措施，让其退出市场，加快国有企业布局结构的战略性调整。

（三）运用竞争机制促进企业创新，优化科技创新资源配置

创新发展是我国五大发展理念之首，对于经济结构转型升级和增长动力的转换有着十分重要的意义，是我国推进供给侧结构性改革的重要方面和突破点。而市场竞争机制是促进企业创新的必要条件和基本保障。因此，推进供给侧结构性改革，实现创新发展，必须健全科技创新的竞争机制，改革科技管理体制，将竞争政策和科技政策有机融合，充分释放科技人员和其他资源的创新动能。要不断放宽创新要素在人员流动、商事登记、产权交易等方面的制度限制。要加快推进科技成果管理体制改革，改革成果的使用处置和受益管理办法，鼓励涌现出越来越多的创新主体。要不断探索科技政策与金融政策的结合，鼓励和支持各类天使投资、风险投资发展，同时鼓励做好融资担保制度等金融服务模式创新。运用竞争性科技政策，优化科技创新资源配置，对支持企业创新的财政资金的实施进行第三方评估，进一步完善科技资金奖补机制，尽可能实施项目后期奖励制度，减少政府审批行为。加大政府对企业科技成果转化的支持力度。

（四）打破地区封锁和利益藩篱，促进全国统一市场建设

我国分权制的财政体制安排使得地方政府片面追求 GDP 和财政的增长。其结果，一方面是地方都实行了某种程度上的地方保护主义政策，人为设置行业进入门槛；另一方面也形成了强烈的产能刺激冲动，盲目上马新项目，追求投资率。这些做法不仅带来了严重的产能过剩和重复建设，也损害了市场竞争机制，不利于全国统一市场的形成。当前，我国推进供

给侧结构性改革，必须提高政府部门对竞争政策的认识，打破地方政府的地方保护，破除地方市场进入壁垒，强化市场竞争机制，建设全国统一的商品和要素市场。此外，还要实行全国统一的市场监管、技术标准和检验体系，严格市场竞争执法，严厉打击"以邻为壑"的不正当市场竞争行为。

（五）实施竞争倡导，加快推广竞争文化

当前，作为竞争文化的重要组成部分，实施竞争倡导机制已成为世界上许多国家和国际组织推动和实施竞争政策的共识。竞争倡导行为主要是培养政府和公众对市场竞争机制的意识，并且成为其自身规范和参与市场行为的指南，包含了除竞争执法之外，一切改善市场竞争环境的行为。从我国目前竞争法实施的现状来看，虽然近年来法律制度建设和竞争执法得到了很大改进和完善，但是，从根本上说，我国的竞争文化还没有形成，政府机关和社会公众对竞争文化的认识还比较粗浅。因此，我们要大力实施竞争倡导机制，在全社会弘扬竞争文化，形成推进竞争政策实施的坚实思想基础。加大普及竞争政策的力度，对各级政府定期进行培训。加强舆论建设，重视教育宣传，积极探索新媒体、自媒体宣传方式，加强竞争政策宣传，正面引导社会看待竞争执法、理解竞争政策。

五、供给侧结构性改革中竞争政策的实施重点：建立公平竞争审查制度框架结构

2016年6月，国务院出台了《关于在市场体系建设中建立公平竞争审查制度的意见》（以下简称《意见》）。这个《意见》为我国构建公平竞争审查制度在指导思想、原则方法等方面提供了基本遵循，提出今后要逐步取消和废除妨碍公平竞争的规定和做法。但是，也应该看到，《意见》指导性、原则性较强，需要出台一系列配套政策措施。要使这一指导意见真正发挥作用，促进公平竞争审查制度有效实施，还需进一步完善我国公平竞争审查机制的体系框架和实施机制。

（一）公平竞争审查的操作标准

从国外发达国家已有的竞争审查机制来看，公平竞争审查的标准和内

容主要有以下四个方面：一是对限制企业竞争的审查。审查是否存在抑制企业间竞争激励的行为，主要考察对企业竞争的豁免条件是否违规。二是对企业准入资格的审查。审查行政审批制度是否存在对企业准入、退出和经营存在资格限制以及政府对特许经营权的发放、对商品流通的限制，等等。这是各国竞争审查的重点。三是对企业竞争行为空间限制的审查。审查是否存在限制企业产品或服务在质量标准、价格、营销等方面的地域管制和歧视制度。四是对企业竞争结果限制的审查。审查是否限制了消费者对企业产品或服务以及信息的选择权。

对于我国来说，公平审查制度的操作标准可以充分借鉴国外的先进经验，在上述四个方面全面加强公平竞争审查，强化对政府相关行为的规范。目前出台的《意见》，在审查标准部分包含了 4 大项 18 小项，对竞争行为的合法性审查内容较为完整，但在合理性方面还需进一步明确实施细则，增强可操作性。

（二）公平竞争审查模式选择

从《意见》的内容来看，我国公平竞争审查制度的模式已经基本确立，即采用以"自我审查"为主、"外部监督"为辅的审查模式。这也是充分考虑了我国公平竞争审查制度刚刚起步的国情因素的。由于我国公共政策的体量十分庞大，而竞争执法资源又十分有限，因此，公平竞争审查制度的正式确立和实施是首先要解决的问题。对已有政策和未来拟出台政策的公平竞争审查，这对当前我国习惯于政府干预、习惯于发"红头文件"的各级政府来说已属不易，需要巨大的决心和勇气，同时对审查部门的工作能力也提出了很高的挑战。竞争审查过程，还要防止一些政府部门受利益驱动导致政府失灵问题再次出现。违背竞争审查的初衷，行政权力滥用，公平竞争审查形同虚设，其结果可能会限制而不是鼓励市场竞争[①]。

---

① 以国家发改委为例，其价格监督检查与反垄断局是我国的反垄断执法机构，其他拟定政策措施的司局是政策制定机构。国家发改委办公厅近日印发了《关于贯彻落实〈关于在市场体系建设中建立公平竞争审查制度的意见〉委内工作程序的通知》，文中明确"各司局在审查中认为有必要的，可以征求价监局意见。价监局根据《反垄断法》关于禁止滥用行政权力排除、限制竞争的规定和《意见》明确的公平竞争审查标准，对各司局公平竞争审查结论进行把关。"这样的规定坚持了"自我审查"为主的模式设计，引入了竞争执法部门的执法监督，在一定程度上发挥了反垄断执法机构具有竞争政策专业知识的优势。但是，从总体上而言，单纯的"自我审查"模式并不能在市场经济发展的各个阶段独立地发挥作用。

本文认为，韩国的公平审查模式可以借鉴学习，将"内部评估"和"外部评估"相结合，强化公平竞争的社会监督。同时，要对审查结果开展第三方评估，明确竞争审查的责任认定和惩罚措施等。

（三）明确实施机构

目前，国际上通行的做法是将本国或本地区的竞争执法机关明确为竞争审查机构。但是，从实际来看，我国目前的竞争执法机构有国家发改委、商务部和国家工商总局三家。而产业政策的制定部门远远多于三家，历史上已经形成了大量的产业政策文件需要进行公平竞争审查。因此，明确我国公平竞争审查机构十分必要，甚至需要更高层次更有权威的领导部门来统筹协调。

从目前的现实来看，笔者建议将中央和地方各级全面深化改革领导小组作为公平竞争审查的领导机构，全面发挥统筹协调、监督检查的职能；同时，鉴于各级发改部门在产业政策制定和协调方面的主导作用，建议将发改部门作为竞争审查的牵头实施部门，其他部门作为公平竞争审查的配合机构。

（四）建立相关制度机制

一是采取二步审查法。评估方式采用常态审查和专项审查相结合。这也是国际上通行的做法。第一次的初步审查主要是由政策制定机构自身完成。政策制定初期，政策制定机关要根据政策公平审查清单进行初步评估。初步评估若发现存在潜在的反竞争因素时，则转入竞争评估机构，进行全面深入的公平竞争审查，并提出审查结论和建议。除了常态审查外，根据需要可以不定期开展针对某个特定领域和政策的专项审查。二是制定审查标准和指南。竞争审查机构在借鉴发达国家经验的基础上，要制定出符合我国国情的公平竞争审查手册，明确具体的评估标准和指南。三是建立联席会议等工作机制。各级政府要高度重视公平竞争审查制度的必要性和重要性，不仅要出台相应的实施方案，还要在发改、财税以及行业监管部门之间建立联系会议制度，定期召开竞争审查工作情况交流会，总结工作进展，推进和落实工作部署。相关情况要上报全面深化改革领导小组。

（本文修改于 2017 年 5 月）

关于"十三五"期间产业政策转型的思考

王小鲁[*]

一、新形势要求产业政策转型

在市场经济条件下,资源在不同产业之间的配置基本上应当由市场决定,以实现资源的优化配置,只有在某些障碍因素使市场调节不能正常发挥作用、或者市场反应滞后的情况下,才有必要采取某些导向性的产业政策来消除市场瓶颈,或提前为市场布局。总体而言,政府的产业政策应该是市场调节的补充,而不应取代市场调节的作用或者逆市场调节而行。

我国过去的产业政策在一些时期、一些方面对促进经济增长与结构调整发挥了积极作用。但这些产业政策过多地以政府选择代替市场选择,而且主要通过减免税、财政补贴、低息贷款、低价供地、低于市场价的能源资源价格等特殊优惠和强刺激手段以及市场准入限制、项目审批、强制淘汰等行政措施进行技术选择、产业选择、企业规模选择,在相当程度上改变了市场配置资源的规则。由此也带来了诸多负面效应,例如在某种程度上刺激了过度投资,促成或加剧了产能过剩,降低了资源配置效率,弱化了公平竞争原则等等。这在过去一个时期表现非常明显,对此需要进行认真的反思。

(一)选择性产业政策已不能适应新时期的要求

由政府进行产业选择的政策,往往无法区分不同企业经济效益的好

---

[*] 王小鲁,中国改革基金会国民经济研究所副所长、研究员。

坏，不能根据各地情况的差别进行因地制宜地变通，基本上是一刀切地将同一选择应用于不同地区、不同企业，抑制了市场竞争优胜劣汰的机制；而且一定几年不变，难以适应市场变化，不利于随时做出灵活反应。因此政策在应用过程中常常发生功能扭曲，导致对微观经济效率的不良影响。

选择性产业政策的刺激与地方政府的 GDP 冲动和投资饥渴症相结合，所导致的一个结果是各地产业结构高度雷同和地方之间的重复建设、过度竞争，形成大量产能过剩。特别是自 21 世纪初以来，这种情况日趋严重。加上 2008~2010 年间货币过度宽松和地方政府过度投资，使诸如钢铁、煤炭、水泥、电解铝、平板玻璃、船舶等行业的产能过剩情况愈演愈烈，导致企业效率下滑，利润率大幅下降，企业普遍经营困难的局面。

进入"十二五"时期，在国家对七大战略性新兴产业进行重点鼓励的背景下，各地对太阳能、风能等产业一拥而上、大力推动，迅速导致了这些产业产能严重过剩，程度甚至超过传统产业。在此期间，各地还纷纷推动出台国家级区域重点发展规划，要求授予各种优惠政策。这些区域开发规划尽管也注意到了根据各地特点发挥其区域优势，但产业发展方向仍然具有高度的同质性和重叠性。

各地也都使用了相似的财税、利率、地价、电价等优惠政策，刺激各自的"重点"产业发展，不可避免地导致了各地在这些产业领域大量重复投资、重复建设。这无疑是近年来愈演愈烈的产能过剩和结构失衡的重要推手。这些情况说明，沿袭过去的产业政策思维方式已经越来越不能适应新的形势，我国产业政策的指导思想和总体思路需要进行更新。

（二）特惠式政策手段影响市场对资源的优化配置

选择性和特惠式产业政策的缺陷，常常表现在如下方面：

其一，政府对某些产业、某些技术、某类企业实行特殊优惠鼓励政策，包括免税、补贴、低利率、无偿供地等，会使企业的实际成本被低估，成本收益指标不真实，往往鼓励和保护了享受优惠的低效率企业，而对于高效率但未享受优惠的企业是一种惩罚，因此经常导致资源配置劣化，经济效益降低。

在有些情况下，这类特惠政策还意味着企业可以依赖政府支持，负盈不负亏，引起一些企业不计成本、盲目扩张、重复建设，导致产能过剩。

这在国有企业或其他政府扶持的企业多有发生，是过去计划经济体制下软预算约束的旧病复发。在较完善的市场经济条件下，虽然重复建设也会发生，但风险和损失是由企业自己承担的，因此容易纠正。而在上述情况下，这类损失往往由政府承担，会转嫁给全社会，使产能过剩的顽症难以纠正。

近年来的产能过剩突出表现在投资品领域。有相当多的投资项目是由政府驱动或政府扶持的。一些民营企业在产能过剩中起了推波助澜的作用，也往往是由于地方政府以行政方式推动产能增长，以廉价供地和财政资助等方式干预市场，刺激了过度投资。有些产能过剩的领域，高效率的企业不必退出或者还继续进入，一些低效率但享受政策优惠的企业又不用退出，使产能过剩不断趋于严重。实证研究表明，产能过剩严重的地方和行业，往往也是政策倾斜突出的区域和行业。

其二，选择性和特惠式的产业政策往往面临两难境地：一方面，由于实际的产业、技术和市场情况千差万别，变化频繁，产业政策往往需要赋予执行者灵活掌握的空间，不应规定得过细、过繁、过死，否则会严重脱离实际；另一方面，政策规定不具体、执行者有很大自由裁量权，就会带来大量寻租机会，极易诱发以权谋私的腐败行为，导致公共资源的滥用和流失。实际上，这种情况是多年来政府腐败高发的重要原因，也会加剧资源的错误配置。

其三，政府通过产业政策干预资源配置一旦成为常例，往往会引起连锁反应。事实上很多市场扭曲的情况就是行政干预资源配置的结果，但政府却常常习惯于用进一步的行政干预来解决市场扭曲问题。例如为了鼓励某些产业发展，政府可能用行政方式压低其能源供应价格，结果会鼓励高耗能产业和技术，导致过度的能耗和环境污染。为了节能降污，又要用行政手段不断淘汰落后产能，强制关厂、销毁生产设备，结果导致更多的资源和资金浪费。

这种叠床架屋式的倾斜政策，会使行政干预不断升级，使资源配置越来越偏离合理状态，效率越来越低。解决这类问题，最根本的有效途径是完善市场机制、端正价格信号、通过公平的市场竞争来纠正资源配置错位，而不是用累加的行政干预去纠正前一个行政干预带来的资源配置错位。

因此，选择性和特惠式产业政策的有效性是有限的。在当前产能过剩、结构失衡的情况下，要从根源上化解这些结构扭曲，政府应当促使特惠式产业政策向普惠式和促进公平市场竞争的政策转变。政府掌握和处理信息的能力是有限的，由政府选择赢家，不如发挥市场的决定性作用，靠市场竞争来发现和选择真正的赢家。政府应严格限制各种税收优惠、低价供地、低利率、低电价等可能扭曲市场的政策手段；同时减少行政审批，慎用行政限制，并管住政府的低效无效投资。

（三）在产业选择中政府不能代替市场的主导作用

改革开放以来的发展经验说明，促进资源合理配置、结构优化的基本动力来自市场竞争，而不是靠政府的行政手段。改革开放前的计划经济体制下，长期没有解决的结构问题是工业结构过重，消费品严重短缺，服务业发展不足；而且重工业自我服务、自我循环，低效复制，缺乏创新。改革开放后由于引进了市场机制，乡镇企业、个体私营企业和外资企业积极参与，在短短几年中改变了消费品严重短缺的局面。此后出口产业的高速发展、相关产业的配套、服务业的加快发展等等，也无一不是市场导向的结果。政府政策在这些结构改善中所起的作用，不是代替市场进行选择，而是放开管制、创造条件，推动市场选择。

在经济发展中，一个经济体的合理产业结构是由其劳动力、自然资源、物质资本、人力资本等要素禀赋决定的。要素禀赋结构的变化是经济社会长期发展的结果，短期内相对稳定，不容易发生突变。政府可以通过某些政策加速要素禀赋的变化，例如鼓励资本积累、吸引外资、促进人力资本积累等，但短期内不能人为改变要素禀赋所决定的比较优势，也不应人为干预产业结构，使之背离比较优势，否则必然导致资源无效配置、产业竞争力下降。我国在计划经济年代人为推行的重工业优先发展战略，就与我国劳动力丰裕的比较优势不相符，人为推进的重工业部门缺乏国际竞争力，而具有比较优势的劳动密集型产业又受到抑制，影响了经济发展。

相反，国际国内大量经验说明，很多成功的产业和企业发展案例，都不是政府政策选择的结果，而是从激烈的市场竞争中脱颖而出者。

我国在过去的经济发展过程中，确实也出现了一些短期靠市场机制难以解决的问题。这基本上可以归咎于两类原因，其一是市场机制受到限制或干扰而发育不良；其二是市场机制本身失灵。

第一种情况如20世纪80年代，一度出现了能源和基础原材料供应严重短缺的情况。这主要是由于居民消费提高较快，消费品产业在市场调节下迅速发展，对投入品需求旺盛。处于产业链上游的国有企业对市场反应迟钝，而非国有经济当时还处于萌芽阶段，规模普遍较小，一时无法满足能源和原材料产业所需要的大规模投资。同时，要素市场也没有发展起来，不能为瓶颈行业进行大规模融资。在这种情况下，政府在一段时期内对能源和基础原材料产业进行直接投资以及通过政策鼓励促进这些领域的投资，都曾经起到过改善结构的积极作用。不过随着市场的发展，这类产业瓶颈早已消除。政府继续进行这种投资或政策鼓励，结果可能就适得其反。

第二种情况发生在提供公共产品的领域，例如公路、铁路、通信等基础设施和市政建设领域，自发的市场调节难以实现供求平衡，不容易形成充分竞争。如果政府不参与，可能出现供给瓶颈，制约经济发展；或者形成私人垄断，使公众利益受到侵害。这些现象在其他国家发展过程中都曾发生过。

我国前一时期的经验证明，在这些市场机制不容易发挥作用的领域，政府产业政策是有用武之地的。靠政府和国有企业的大规模投资以及政策鼓励，这些瓶颈行业能够迅速发展，并对整个经济产生正的溢出效应。这也是中国经济能够长期保持高速增长的一个重要因素。但对这一经验不应过分解读，不应错误理解为政府选择可以不加区别地代替市场选择，行政手段可以普遍代替市场机制。事实上政府选择只能在市场失灵或暂时难以发挥作用的有限条件下起作用，而且前提是政府判断不失误，不做出违背市场发展方向的错误选择。

在绝大多数情况下，以行政干预代替市场调节只能起暂时的作用。更根本的解决途径，是消除阻碍市场发育的因素。一种常见的情况是资本市场发育不良，不能为需要发展的产业融资。另一种同样常见或更常见的情况，是行政干预本身阻碍了市场调节。因此就长期而言，促使市场调节机制发挥作用，例如完善资本市场、完善竞争机制，会比政府干预的作用更持久、更有效。

在这方面，过去也有不少教训。过去一个时期，各地政府纷纷鼓励发展自己的基础原材料工业,虽然迅速扭转了原材料供给不足的情况,但很快就因扩张过快造成了产能过剩。汽车、风电和光伏产业的发展也遇到了同样的问题。一项产业政策,往往在各地造成同步效应,一哄而上,使一种结构失衡迅速变为另一种失衡。反思这种情况,如果针对市场供求不平衡的情况,不是以特惠政策和行政手段过度鼓励或催生某些产业发展,而是把重点放在改善市场环境,解决市场信息不完善、价格信号不正确、融资渠道不通畅、进入市场有障碍等问题,使市场机制能够真正发挥调节产业结构、合理配置资源的作用,效果可能好得多。

对于落后和过剩产能的退出机制,与其采用行政命令的事后淘汰方式,也不如首先解决地方政府投资不计成本不讲效益和国有企业负盈不负亏等机制问题,并严格规范和执行环保、能耗等政策法规。

在促进科技创新和新产业发展方面,常常出现的问题是政府政策催生的新产业新项目,有新的外壳而缺乏新的实质,项目能够拿到政府优惠政策但技术指标并不先进,在国际上缺乏竞争力。甚至有不少此类项目实际是为寻租而生,以创新为名,通过钱权交易,行腐败套利之实。

与此同时,一些科研单位花费大量财政资金搞出的科研成果,却因为没有理顺科研管理和创新激励机制,没有打通产学研结合的渠道,使成果长期躺在文件柜里不能被开发应用和产业化。企业的自主研发创新,又常常因缺乏有效的知识产权保护,受到压抑。这些都是阻碍我国新技术、新产业发展的老问题。因此促进科技创新和新产业发展,核心问题不是政府进行产业选择和以特惠政策鼓励扶持,而是消除科研成果市场化的体制机制障碍,改善法制环境和市场竞争环境,保护和鼓励创新,通过市场选择促进新技术新产业发展。

二、"十三五"时期产业政策转型的基本思路

总结过去产业政策的经验教训,我国在"十三五"时期应当实现产业政策的转型。基本思路应从选择性和特惠式产业政策,转向改善市场环境、规范市场行为、促进公平竞争、完善要素市场,发挥市场机制对资源配置起决定性作用的普惠式政策,以促进产业结构合理化。在此基础上,以补充性的产业政策解决市场失灵问题,包括促进人力资源培育,加强环

保和能源替代,继续完善基础设施;也包括在少数看得准而市场未能及时作出反应的领域,可以采取类似"两弹一星"的机制,政府通过组织和鼓励研发攻关,取得关键突破,然后交给市场,实现产业化发展。具体可以考虑如下方面:

1. 理顺资源和要素价格机制,清理各类选择性优惠政策,减少行政审批和干预,消除因体制机制障碍和政策倾斜对市场配置资源的不利影响,实现政策公开、公平、公正,通过市场调节机制促进产业结构合理化。

2. 实行普惠政策,广泛减轻企业负担,特别注重改善小微企业经营环境,促进在公平竞争基础上不同行业、不同类别、不同规模企业共同发展。

3. 改善政府行为,促进从经济主导型政府向服务型政府的职能转变,减少非必要的政府投资,确立市场的投资主体地位,优化企业特别是国有企业通过市场实现要素优化配置和进入退出的机制。

4. 促进产学研结合,加强对企业知识产权的法律保护,以良好的法制环境促进市场导向的企业研发创新和新产业发展。

5. 改善人力资源供应,发展多种形式的应用型职业教育,为产业发展提供动力。

6. 推动金融改革和金融市场发育,扩大金融市场竞争,拓宽融资渠道,培育风险资本,完善产业发展的融资机制。

7. 促进行业组织发育,改善市场信息沟通,提供促进市场运行的政府服务,发挥市场机制对产业结构合理化的调节作用。

8. 强化资源环境保护,运用政策杠杆抑制化石能源消费和污染排放,促进新能源替代。

9. 在少数有重大意义但市场失灵的关键产业和技术领域可以实行两弹一星原则,由政府组织技术攻关,但更加注重新技术新成果的产业化市场化应用。

三、产业政策框架考虑

(一)促进形成公平竞争的经营环境

近年来的企业调查显示,政策和政府行政管理方面的问题对市场经营

中国产业政策变革

环境的影响是企业反映最集中的问题。在 2012 年一项对全国四千家各类企业的调查中，有 34% 的企业负责人将这方面的问题列为对企业经营影响最大的障碍因素，54% 的企业负责人认为这方面的问题构成了企业经营的主要障碍因素之一。其中多数反映集中在政策和政府行政在"公开、公平、公正"方面做得不好，包括政策和规章制度不公开透明、行政执法机关执法不公、各类企业没有享受公平的国民待遇。其他障碍因素还包括"政府效率"低下（主要是行政审批手续繁杂）、"政府不必要的行政干预"过多和"政府官员廉洁守法"存在问题[①]。

上述调查还发现，不同规模、不同所有制的企业面临的经营环境存在明显差异，小微企业经营环境最差，中型企业也差于大企业；非国有企业的经营环境显著差于国有企业。这说明市场竞争的环境不公平，而且主要与政策因素有关。

针对这种情况，通过体制改革和政策调整改善市场环境，促进公平竞争，这应当被列为产业政策的第一要务。

首先是实现政策公平。内容包括：

清理各地政府对资源类产品包括电、油、气、水等的价格干预政策，彻底实行同等资源同等价格，从根本上消除针对不同企业实行不同价格的情况。

实现同地同价，清理各地各级政府对某些企业、某些投资项目免费和低价供地的政策。目前全国范围工业用地享受优惠价格，助长了土地资源浪费和某些企业在工业用地名义下进行商业性开发、赚取土地差价的投机行为，也人为压低了一些工业企业的实际成本。建议制定中短期目标，尽快实现各产业同地同价。

清理针对特定行业特定企业的税收优惠、低息贷款、财政补贴政策，使企业能够在同一起跑线上公平竞争。

促进银行业改革和民间小型金融机构发展，改变小微企业贷款难的状况。

其次是实现政策和政府行政公开透明，依法行政，简政放权，防止私相授受、钱权交易、利益输送；消除对某些行业、某些企业的歧视性待

---

① 王小鲁，余静文，樊纲：《中国分省企业经营环境指数——2013 年报告》，中信出版社 2013 年版。

遇；清理取消各种税外收费，尽快实现向统一税收制度的转变。

过去各地政府对高科技企业、新产业企业的各类补贴等优惠政策透明度低，不够公开，标准不明确，自由裁量空间很大，导致了寻租腐败行为和公共资金分配不公和滥用，而很少起到真正促进科技创新的作用。今后这类特惠政策要尽量减少，代之以公开透明、标准统一的普惠性政策。特殊情况下确有必要保留的特惠性政策，必须做到面向全社会公开透明，制定严格规范的标准，建立事后核查、评估和责任追究机制。

（二）实行普惠政策，减轻企业负担

企业调查显示，相当高比例的企业反映企业税负和社保缴费负担过重，这是影响企业经营的一个重要因素。在近年来工资水平快速上升的情况下，这个问题对劳动密集型企业的影响尤显突出。劳动密集型企业仍然担负着我国非农业就业的主要部分和出口的重要部分，在产业转型过程中需要平稳过渡，尽量保持它们相对稳定的经营环境。

相对于大多数国家，我国企业为职工社保缴费的负担偏重。由于劳动密集型企业用工多，社保缴费负担也格外重。有些发达国家的社保缴费是由企业、政府和职工个人三方共同负担的。而目前我国企业负担了城镇职工基本保险缴费的大部分，大约相当于工资的30%左右，其中基本养老和基本医疗保险缴费相当于工资的28%（有些地区已适当调低了企业缴费比例）；个人负担为工资的8%。

企业缴费负担过重，与社保欠账有关。我国在20世纪90年代连续建立了社会保险体系，以后逐步扩大覆盖面。在社保覆盖之前就业的职工都没有足额的缴费积累，而当时的企业利润已经通过高税率转移给了国家。一大批老职工退休后只能靠社保即时收费来弥补，因此增加了当前的企业负担。这是国家欠账，应该参照一些发达国家的做法，由政府负担一定比例的职工社保缴费。根据我国的具体情况，可以用国有资本金划归社保基金来弥补，相应减轻企业的社保缴费负担。

2013年，社保基金收入3.5万亿元，估计企业的社保缴费约为2.4万亿元。政府财政对社保基金提供了4400亿元补贴，但政府并未承担确定的社保责任。设想通过国有资本金划归社保基金，将企业负担的职工基本养老保险和基本医疗保险缴费减少10个百分点左右（占工资总额），

企业的缴费支出就可以减少1/3。这对普遍改善企业的经营状况将发挥重要的作用。

另一项政策是减轻小微企业税负。通常小微企业资金实力比较薄弱，但融资成本更高，也容易受到市场波动和非市场干扰因素的影响，而处于相对不利的竞争地位。但它们劳动密集度高，在就业方面对国民经济发挥着不可替代的作用。据最新的经济普查数据，我国小微企业就业近1.5亿人，占了全部企业就业的50.4%。小微企业也因为其灵活性和对市场的敏感性，通常是科技创新和新产业发展的初始动力。因此世界各国都有对小型企业不同程度的优惠政策。

我国目前的小微企业优惠政策，一部分属于特惠政策，只对某些企业适用。而普惠性政策仍然优惠面窄，力度偏小。例如现行对年应纳税所得额20万元以下的小型微利企业减半征收所得税，虽经几次调整，仍未覆盖全部小型微利企业。对月销售额2万至3万元的增值税小规模纳税人和营业税纳税人免征增值税和营业税的政策，按每月销售额3万元上限计，年销售额仅为36万元，充其量一家企业免税1万元左右，力度有限。现行微型企业的划分标准，按工业和建筑业标准，是年销售收入300万元以下。这样看来，该政策只覆盖了很小一部分微型企业，绝大部分小微企业都不在覆盖范围内。而且这两项政策的有效期分别到2017年末和2015年末终止。

为切实减轻小微企业负担，建议考虑将免征增值税和营业税的政策，扩大到全国所有年营业收入300万元以下的小微企业，并将优惠期延长3年。粗略估计新发生的免征额约占增值税和营业税总收入的10%左右，按2013年标准充其量减少税收3 600亿元，不到2013年全国财政收入的3%，但这将惠及绝大部分微型企业，减轻它们的税负，改善其经营状况，也将间接改善占全部企业就业一半的小微企业从业人员就业和收入状况，对于改善收入分配和启动内需会有较好的作用。在优惠期结束后，这项政策可以改为对所涉及的小微企业减半征收增值税，并作为一项长期不变的政策。

以上建议的普惠式小微企业减税政策，会在一定程度上减少财政收入。这发生在经济增长和财政收入增长放缓的期间，会带来一定财政压力。因此应相应减少各种特惠减免税和财政补贴政策，同时通过改革财政体制、改善政府支出结构，减少过多的政府行政支出、三公消费支出、非必要的投资支出，杜绝资金流失，用于补偿上述普惠性增支减收因素。

（三）转变政府职能，加强公共服务

我国各级政府职能转变的进展不理想，长期以来政府对市场配置资源干预过多，政府审批过多，过度热衷于用行政措施提高经济增长速度和扩大投资，而在履行公共服务职能方面常常动力不足，工作不到位。在政府投资项目上，表现为"投资饥渴症"，少数人草率决策、缺乏完整科学的可行性论证，忽视经济效益、负盈不负亏、贷款有借无还。在反腐的新形势下"投资饥渴症"有所减弱，但在履行公共服务职能上仍然存在政府缺位，表现为户籍改革和农民工市民化进展缓慢，公共服务方面一些长期存在的问题诸如药价、房价虚高，公共资源分配不均等等，一直未得到根本的解决。这些是造成经济结构和产业结构失衡的重要原因。

因此要实现经济再平衡，促进产业结构合理化，必须推进政府职能转变，减少政府对市场的干预，转到以向全社会提供公共服务和维护良好的社会秩序、市场秩序为中心任务的轨道上来。政府预算应以公共服务为中心，政府的投资行为需要进行规范，招商引资和政府投资必须符合公共利益，必须进行包括社会影响在内的充分可行性论证。一般情况下政府不进行竞争性领域的产业投资。一旦政府作出投资决策，决策人需要对投资项目终身负责。政府投资项目的财务账目，除去国防、公共安全等涉密项目外，都应向社会公开，接受社会公众监督。

在竞争性领域如果确有必要建立新的国有企业，应当按照市场规范，服从与非国有企业相同的市场准入条件，不应享受任何特殊待遇。经营不善的国有企业，应接受兼并重组或按照规范的破产清算机制退出市场，不应以贷款、税收等优惠措施维持其经营。

（四）促进市场导向的科技研发，保护知识产权，推动创新和发展

目前科技创新在我国经济发展中逐渐发挥了更重要的作用，但产业发展总体而言至今没有走上创新驱动为主的轨道。目前企业自主研发创新的能力仍然比较薄弱，而科研机构和高校的研究仍然存在与产业相脱节的问题，使很多科研成果始终锁在文件柜里，不能实现产业化应用。后者的主要问题在于现行科研管理制度方面的束缚和创新激励机制的欠缺，需要尽

快改革。

促进科研成果市场化、产业化和促进企业自主研发创新的政策应重点考虑如下几个方面：

1. 改善高校和科研机构的创新激励机制。高校和科研单位科技人员自选科研项目成果的知识产权一般以科研成果的开发人为所有人或主要所有人，而不再简单地属于单位所有或以单位为主。允许和鼓励知识产权主要所有人主导知识产权转让或联合开发应用，科研单位根据投入的情况提取适当比例的收益。国家和单位组织科技攻关并担负大量投入的项目例外，但也应对技术开发人给予充分的报酬和奖励，包括可以以期权形式使其占有知识产权的一定份额。

2. 鼓励产、学、研结合进行应用技术研发。科研单位和高校应走开门办科研的道路，与企业结合从事研究开发，共同分享科技应用的回报。政府应为科研单位、高校和企业牵线搭桥、提供信息，促进其合作研发。

3. 企业开展自主研发的一个主要障碍，是国内法制环境不良，知识产权保护不力。一些企业负责人说，不搞研发是等死，搞了研发是找死。原因在于知识产权得不到保护，研发成果经常被抄袭或窃取，导致企业研发投入付诸东流。针对这一问题，国家需要尽快强化知识产权的司法保护，法学教育应尽快扩大培养知识产权法律方面的专门人才，包括国家输送留学生到发达国家进行相关学习，司法系统应调集精兵强将组织建立知识产权法院，并狠抓知识产权裁判的执行落实，加强对知识产权侵权行为的惩罚并进行有效威慑；进行企业信用体系建设，将知识产权侵权问题作为企业信用记录的一项重要内容，营造企业界诚信守法经营的社会环境。

（五）改善人力资源供应，改善职业教育，促进产业发展

我国正在面临产业转型升级的过程，传统的低技术劳动密集型产业在逐渐收缩，高技术产业发展方兴未艾，前景广阔。但目前企业普遍反映缺乏需要的熟练工人、技术人员和管理人员。这在我们的 2012 年全国企业调查中占了 3 285 份有效问卷的 64%，说明缺乏可用的人力资源已经成为阻碍我国产业发展的一个重要因素。

近年来，我国在职业教育方面做了不少努力，职业教育比重逐年增加，2013 年中高级职业学校毕业生已经占到高中和高校毕业生总数的

47%，比 2005 年提高了 10 个百分点。但目前一个主要问题是，受到师资等条件的制约，职业教育整体素质不高，与企业需要结合不紧密。因此职业教育迫切需要提高素质，改善师资水平，并尽可能与企业的实际需要相结合，为企业输送急需的人力资源。解决这一问题，可从以下方面入手：

1. 鼓励中等和高等职业学校开门办学，与企业合作，共同培养企业需要的人才。

2. 打破教育垄断，多渠道开展职业教育，鼓励企业办学，鼓励民间资本和民间组织办学，不拘一格提供社会需要的人才。

3. 对教育者进行再教育，为职业教育者提供多种多样的师资培训，提高职业教育师资的业务水平和实践知识。

4. 教育要实行去行政化的改革，改变以管理行政机关的方式管理学校的传统做法，让教育能够与时俱进，对时代变化和市场需要作出灵敏及时的反应，并更新教育理念，发展多种多样的教育方式。

5. 政府和教育界应进行广泛宣传，着力改变社会、家长、学生重普通教育、轻职业教育，认为职业教育低人一等的传统观念，重塑关于职业教育的社会理念。

（六）改革金融市场，拓宽融资渠道，改善资源配置

产业结构合理化需要提高生产要素的流动性，实现资源有效配置。这就需要一个灵活高效的金融市场，能够随时随地为新的产业生长点提供资金供应，促进其发展壮大。

目前我国金融市场的一个缺陷是市场集中度偏高，大银行主导，地方性小型民间金融机构发育不良。截至 2013 年末，8 家大型国有控股银行（资产总额都在 3 万亿元以上）占了全国金融机构人民币贷款总额的 66%。其余 1/3 的市场份额中，大银行仍然占有较高比例，服务对象较多集中于大中型企业和政府投资项目。真正为小微企业服务的草根型金融机构所占市场份额微不足道。因此在目前的金融市场结构中，小微企业的融资空间是非常有限的。这是制约小微企业发展的一个重要因素。

在 2008 年后的国际金融危机期间，信贷大规模扩张，给地方政府融资平台至少投放了二十几万亿元贷款，用于各级政府的投资和房地产开发。这些中长期贷款甚至挤占了企业正常经营所需要的短期流动资金贷

款，导致一方面流动性泛滥；另一方面实体经济资金匮乏、小微企业正常经营受到影响的尴尬局面。一些有资格贷款，但并不需要资金的大企业还借此牟利，低息从银行贷款，再以高息转贷给小企业以赚取息差。过量的地方政府融资导致了投资过度、产能过剩和债务不良率攀升，凸显出金融市场集中度过高、竞争性不足、受权力干预过多带来的结构性缺陷。

一个健全的金融市场，应该由大、中、小不同规模、不同服务对象、所有制结构多元化的金融机构组成。我国的金融市场发育不全，突出的问题是小型、地方性、民间金融机构没有发展起来。而这恰恰制约了小企业的融资空间，抑制了小企业的发展，从而也抑制了就业的扩展和普通劳动者的收入增长。

针对金融市场的严重缺陷，未来金融改革除了利率市场化以外，一个重要内容应当是减少行政性准入限制，降低行业门槛，促进小型民间金融机构健康发展，形成一个公平竞争的金融市场。

减少准入限制并不意味着不要金融监管。要保持一个有序竞争、规范透明的金融市场，防范金融风险，金融监管是不可缺少的。但金融监管不应等同于准入限制。我国目前金融市场管理的问题恰恰是用事前的准入限制代替了事中事后的监管，限制了竞争机制，而金融市场运行本身规范性差、透明度低、垄断程度高、权力干预市场等问题始终没有很好地解决。因此，金融监管机构迫切需要转变职能，把工作重点从对市场准入的行政审批和利率控制，转向依法依规对金融主体进行实时监管，以保障市场运行合理有秩，公平竞争。

我国金融市场的另一个缺陷，是风险投资不足。风险投资是技术创新和产业发展的摇篮。没有风险投资，处在萌芽状态的新技术、新产品很难获得资金支持而发展起来。我国小微企业并不缺乏技术创新能力，但很多有潜在发展前景的新技术、新产品，常常因为资金缺乏而夭折。因此，培育风险投资机制，是加快技术进步和创新发展的重要条件。

（七）发展行业组织，改善政府服务，促进产业结构合理化

根据国际货币基金组织和国内有些学者的研究，中国制造业的产能利用率从2000年左右就降到了80%以下，以后持续走低，近年来更是低过了70%。2013年《国务院关于化解产能严重过剩矛盾的指导意见》基于

官方统计数据指出，我国传统制造业产能普遍过剩，一些主要行业的产能利用率都只略高于70%。

这期间，中国经济仍然连续10年保持了平均10.5%的增长率，仅最近几年才降到7%左右。在经济高速增长的情况下，十几年来产能过剩越来越严重，这在一个充分竞争的市场经济国家是很难想象的。如果竞争充分，市场信息能充分沟通，而且投资者和企业行为保持理性，那么产能过剩的信号必然传递给投资者，阻止他们继续向过剩产业投资，产能过剩的情况也会很快被经济增长吸收，而不至于愈演愈烈。而这种情况之所以发生，主要原因一是货币政策过松，二是地方政府投资行为缺乏理性，三是市场竞争机制受到干扰，四是与市场信息不充分有关。

谁应该向投资者及时提供市场信息？谁应该对已经发生的产能过剩发出警告，阻止相关行业的继续投资？在发达国家，这一职责主要是由行业协会或商会承担的。行业协会是业内企业的自组织，职责是为成员提供和交流信息，进行市场研究，并制定规则，进行行业自律。发达国家的经验说明，行业协会的发展有利于帮助企业沟通市场信息、应对市场变化，有利于维护市场均衡发展。我国出现长期持续投资过度、产能过剩的情况，而投资者没有做出正常的反应，说明行业组织发展严重欠缺，或者已有的官办行业协会没有尽到应尽的责任。这是影响产业结构合理化、不利于行业发展的一个因素。

基于这一教训，政府今后应当把促进行业组织的发展作为产业政策的一项重要内容。特别要鼓励行业的自组织，因为企业基于自身需要联合组织的这类机构，往往更有生命力，更有内在激励和责任感，也往往能够更好地为企业服务。

此外，政府也有责任为企业提供市场信息服务。政府拥有企业不具有或不完备的信息渠道和统计监测手段等资源，应该利用这些资源为企业提供更多的服务，包括建立信息发布平台，及时向社会提供各行业的国内和国际市场信息、投资信息及宏观经济信息，以帮助纠正结构失衡，保证产业协调发展。

（八）强化环境保护，促进节能减排，推动能源替代

产业政策在总体上应当是普惠性的、促进市场竞争的，但对于有正负

外部性的经济活动，产业政策应当是选择性和导向性的。原因是在存在外部性的条件下，自发的市场选择不导致最优结果，需要通过政策加以校正。

一个明显的例子就是化石能源消费和污染物排放。化石能源是不可再生能源，而且其消费带来大气污染和碳排放。我国在 2000~2013 年，化石能源消费从 13.6 亿吨标准煤猛增到 33.8 亿吨标准煤，短短十三年增长到原来的两倍半。这使我国成为世界最大的能源消费国、最大的石油和煤炭净进口国，同时带来了严重空气污染和巨量碳排放，使我国广大地区的空气质量急剧下降，边际社会成本显然超过了边际收益。化石能源消费的负外部影响由整个社会承受，不能自动促使能源使用者节能降污。因此国家必须强化环境监测和执法力度，对导致空气污染、水污染和固体污染物超标违规排放的企业，严格执法，予以惩罚，杜绝各地政府不认真执法，或罚款放行的做法。

除了环境执法，还应通过税收杠杆加大化石能源使用成本，促使减少能耗和排污，促进清洁能源替代。该项税收应主要用于环保和能源替代。建议十三五后期择机将石油和煤炭的资源税税率提高至 15%（少数资源条件较差的矿山和油田可适用 10% 税率）。对进口石油和煤炭，征收同等税率的资源税。鉴于天然气相对清洁，应鼓励使用，可保持现有税率不变。

化石能源具有负外部性，而清洁和可再生能源因为能替代化石能源，减少污染，具有正外部性，有必要通过鼓励政策促进发展。但在这方面，我国前一阶段走过一段弯路，由于政策鼓励主要集中于补贴供给方，而不是扩大需求，导致光伏、风能等产业产能迅速扩张，但需求不畅，造成严重的产能过剩。未来新能源政策的重点应放在鼓励需求方和消除市场瓶颈，包括解决风电和太阳能发电的上网问题和加强对消费者使用清洁能源的政策鼓励。

在清洁能源替代方面，核能开发在我国能源战略中应置于非常重要的位置。我国煤炭消费目前仍占全部能源消费的 66%，燃煤是碳排放和二氧化硫、氮氧化物、悬浮颗粒物等空气污染物排放的最大来源。在现有技术条件下，煤炭在短期内不可能被可再生能源大规模替代。因此发展安全核能具有重大的战略意义。

从现有资料来看，钍基熔盐堆具有安全性高、可控性强、成本低、核废料放射水平低、半衰期短、我国资源蕴藏丰富等优点，未来有希望成为替代化石能源的更安全、清洁、高效、廉价的能源，实现对煤炭的大规模替代。这可能带来一场能源革命。应考虑把推进钍基熔盐堆的研发攻关和未来的产业化应用，作为今后产业政策的一项重要内容，而且允许和鼓励企业参与这项工作，可能比单纯由政府组织更为有效。

（九）在少数市场失灵的关键技术领域由政府组织技术攻关

有些新兴产业的发展，有赖于关键技术的重大突破。而这不一定能够由企业自发地靠市场机制完成。政府有可能比企业获取更全面的信息，集中更雄厚的资金，调动更多人力物力开展研发，更快取得成果。在这种情况下，只要看得准，可以采取两弹一星或航天工程的研发方式，由政府投资，组织多部门协同作战，进行技术攻关。

不过无论国内和国外，在这方面都既有成功的经验，也有失败的教训，需要慎重从事。其中有几个原则应该遵循：

1. 在技术问题上，必须以专业人员的意见为决策主要依据，而不能凭领导人的主观意志拍板决策。

2. 对于技术上的不确定性和风险，必须多方听取意见，进行科学论证，不允许排斥不同意见，变成一派意见的论证。

3. 对于涉及多学科、多领域、有重大社会影响的技术问题，必须由多学科的技术专家及经济、环境、社会、法律方面的专家在广泛讨论的基础上进行全面的技术和经济论证，不能简单由少数专家作出判断和决定。

4. 对于意义重大，但经过广泛论证仍然有重大争议的技术问题，在充分考虑不同意见和不危及社会安全的前提下，政府可以提出方案提交人大决策，避免重大决策久拖不决，延误时机。同时应当建立重大决策的事后责任追究机制。责任追究不以项目成败为依据，而是以是否决策符合程序、有无违规行为为依据。

最后，技术突破必须落实于产业化。因此要更加注重新技术新成果的产业化应用。可以通过政府招标、技术转让、政企合作等多种方式进行推广，应当充分依赖市场竞争机制完成产业化过程，一般情况下不搞国有企业独享。对新生的幼稚产业可以采取一定的保护措施，但保护不能变成软预算约束，而且应有期限。

四、简短概括

本文认为我国十三五时期的产业政策应当适应新时期的需要进行转型，从选择性、特惠性和政府主导的产业政策，转向普惠性和促进市场竞争的产业政策。这有利于优化资源配置，实现结构平衡，促进科技创新。

具体政策，包括消除不必要的价格干预和政策差异、创造公平竞争的市场环境，以普惠式政策减轻企业负担，改善政府公共服务职能，促进技术创新和知识产权保护，改善人力资源供应，促进金融市场竞争、拓宽融资渠道，促进行业组织发育、提供政府信息服务，强化资源环境保护、限制污染排放、促进能源替代以及在少数市场失灵的关键领域由政府组织技术攻关、推进产业化发展。

（本文于 2015 年 6 月载于中国改革论坛网）

新时期产业政策理论创新和我国产业政策转型研究

黄汉权[*]

改革开放以来，产业政策对加快我国主导产业和重点产业发展、促进产业技术进步、推动产业集群化发展起到积极作用，但也存在问题和不足：政策数量多、管得过宽过细；以选择性产业政策为主，对功能性产业政策重视不够；政策变化随意性大；政策工具创新不足；政策从制定到退出全流程治理机制不完善。究其原因：一是指导产业政策实践的理论依据没有及时调整创新，特别是在如何正确处理政府和市场关系这一核心问题上还没有完全理清楚；二是基于转轨体制下的政策设计存在"路径依赖"；三是政府职能没有完全转变到位。党的十八大以来，我国发展进入新时期，产业运行的宏观环境、制度背景、要素条件都发生了深刻变化，迫切需要新的理论指导产业政策转型。要围绕发挥市场决定作用和更好发挥政府作用的要求，以弥补"市场失灵"和减少"政府失灵"为理论依据，构建"互补合作型"政府市场关系，建立"市场友好型"产业政策体系，从政策目标、政策模式、工具手段、治理机制四个方面推动产业政策转型，并针对新兴产业、传统主导产业、产能严重过剩行业、一般竞争性产业等行业特性和存在问题，明确产业政策的着力点。

一、我国产业政策实践评价与反思

改革开放以来，我国产业规模不断扩张，产业结构不断优化，产业国

---

[*] 黄汉权，国家发改委宏观院产业经济与技术经济研究所所长。

际竞争力不断增强,有力支撑了我国经济 30 多年高速增长。产业政策发挥了重要作用,但也存在诸多问题和弊端。

(一)产业政策对我国产业发展起到积极作用

1. 支持发展重点产业和主导产业,促进产业结构优化升级

改革开放初期,国家没有明确提出发展的主导产业,但针对"短板"产业实施支持性政策,大力发展农业、轻纺,调整重工业过重的畸形产业结构,具有明显"补课"特征。这些产业大多数属于劳动密集型类型,有助于我国发挥劳动力比较优势,是符合工业化规律的明智选择。在国家产业政策支持下,我国产业结构问题得到缓解。到 20 世纪 90 年代中后期,我国进入了重化工业加快发展的关键时期,国家适时提出发展机械电子、汽车、电子、建筑等作为支柱(主导)产业,并出台相关政策支持这些产业发展。产业政策加快相关产业发展,汽车、机械等(工业)支柱产业均以高于 GDP 增速实现较快增长①。在支柱(主导)产业的关联带动下,我国各产业特别是制造业快速增长,到 20 世纪末成为"世界制造业基地"。1992 年,《中共中央国务院关于加快发展第三产业的决定》提出,第三产业(服务业)是"衡量现代社会经济发达程度的重要标志",出台了加快第三产业(服务业)发展的政策。在国家政策引导下,加上其他因素的作用,第三产业保持高于 GDP 增速增长。1991~2014 年,GDP 平均增速 101%,第三产业平均增速为 10.3%,第三产业增速略高于 GDP 增速。2012 年,第三产业所占我国 GDP 比重 45.5%,首次超过第二产业,成为三次产业拉动国民经济增长的主要力量。国际金融危机以来,产业政策又转向重点支持战略性新兴产业,战略性新兴产业以远高于 GDP 增速快速发展,到"十二五"末期,其占 GDP 的比重接近 8%。

2. 加快推进产业技术进步,缩小了与发达国家差距

改革开放以来,国家制定了一系列促进产业技术进步的政策措施②。如《90 年代国家产业政策纲要》提出"多渠道、多形式地增加对科学技

---

① 根据《中国统计年鉴》计算,建筑业在 1991~1995 年,平均增速为 14.4%,比 GDP 增速 12.1% 快了 2.3 个百分点。在国家宏观调控下,在 1995 年后建筑业增长处于比较低迷的状态。1991~2000 年,建筑业平均增速为 10.3%,而 GDP 增速为 10.4%,低了 0.1 个百分点。

② 参见江小涓:《经济转轨时期的产业政策》,第 74 页,上海三联书店出版社 1996 年版。

术研究和发展的投入……，分行业制定并实施对产业发展有重大作用的关键技术研究和开发计划，支持和鼓励对引进先进技术的消化吸收和创新；……推进标准化、系列化的进程，提倡采用国际标准和国外先进标准以及更为严格的企业内部标准；……鼓励企业加强与科研机构和大专院校的联系，加快科技成果商品化的速度；以法规形式定期公布必须淘汰的落后生产工艺和设备。"21世纪以来，国家多次出台和修订的《产业结构调整指导目录》，对产业发展的技术方向作出了规定。通过政策引导，加大对核心和关键技术研究的支持力度，我国逐步缩小了与发达国家的产业技术差距，掌握了一批重大技术装备的核心技术和关键技术，在载人航天、探月工程、深海潜器、超级计算、北斗导航等战略性高技术领域取得重大突破，在高铁、4G移动通讯、核电、特高压输变电等领域处于和发达国家并跑甚至领跑地位。

3. 推动产业集群化发展，形成一批区域经济增长极

改革开放以来，我国先后设立经济技术开发区、高新技术产业园区、特色产业基地等，以园区为载体，集中力量发展相关产业。在一批国家级园区的带动下，全国各地设立省级（甚至市县级）产业园区来推动产业发展。除了新投资项目进入园区发展，散落在园区外的企业也被鼓励搬迁进入园区。"园区经济"推动了我国产业集群化发展，形成了集聚效应，大大抵消了地区产业"同构化"带来的消极效应。而且，各类园区在全国各地形成产业聚集发展的平台和载体，成为拉动全国和区域经济前行的增长点、增长极。

（二）我国产业政策实践的问题与反思

1. 我国产业政策实践存在的问题

（1）政策数量日益增多、管得过宽过细，影响产业政策的整体效果。主要表现为：一是政策数量过多。特别是近年来，为应对经济增速下行，我国在很多领域频繁出台了大量产业政策，政策出台密集度远高于改革开放以来甚至国际金融危机时期，往往是就产业发展的某一个方面问题就有一个政策出台，政策泛化、碎片化倾向明显。有些问题只是市场经济中的一种正常现象，实际上通过市场机制就可以自行消化。这导致政府政策制定部门的疲于奔命，而且效果不佳，甚至适得其反。据从中国政府网搜索的信息统计，过去五年来，以国务院或国务院办公厅名义出台的产业政策文件数不断增加，2011年仅为9个，2015年上升到21个，2016年上半年已达到18个，以各部委名义发布产业政策文件更是名目繁多。二是管得过宽过细。《90年代国家产业政策纲要》把第一、第二产业、第三产业都纳入了产业政策范围，政策内容侧重于原则性导向，没有具体到非常细化的行业发展方向。《产业结构调整指导目录》（2011年版，2013年修订）则把产业分为鼓励、限制、禁止等三大类，涉及数十个行业和数千种产品，而且罗列的领域具体到技术路线、工艺设计、具体产品等。2015年出台的《中国制造2025》，虽然只提出了10个重点突破产业领域和5个价值链向高端迈进的领域，但从文件内容看，几乎涵盖了制造业所有领域（还包括生产性服务业领域）和从产品研发、技术路线、质量品牌、零部件生产到售后服务各个环节，可以说产业链各环节都有产业政策干预的影子。政策范围过宽，造成的结果是"胡子眉毛一把抓"，有限的政策资源过于分散，重点不突出，"撒胡椒面"，需要加强的领域没有加强。政策涉及过细，如同给产业运行编织了一张巨大的管制之网①，严重约束了市场微观主体创新和发展的手脚。

（2）以选择性产业政策②为主，对功能性产业政策重视不够。改革开放以来，我国为快速推进工业化进程，实施了追赶和模仿战略，更多地采取选择性产业政策，对标发达国家在相同发展阶段的主导产业，在不同时期选择若干需要重点发展的产业，并运用财政补贴、贷款贴息、税收减免、低价供地、电价优惠等措施，推动资源要素流向重点产业和企业。在我国后发追赶的早期阶段，这种选择性政策确实起到了积极作用。随着我国进入工业化后期，可以对标的国家和模仿的产业越来越少，继续大规模实施选择性产业政策获得成功的概率也就越来越小了。从《产业结构调整指导目录》（2011版）③执行情况看，效果并不理想，政府想控制的产能过剩行业没有管住，要发展的新技术也没有发展起来。过度倚重选择性

---

① 卢锋：《当前产业政策反思》，北京大学国家发展研究院网站。
② 虽然我国引进产业政策概念比较晚，产业政策实践可以追溯到1949。当时国家为了"赶英超美"，实施重化工业化战略，资源向重化工业高度倾斜，实际上也是采用选择性产业政策模式，但由于体制机制背景是高度集中的计划体制，产业政策采取完全的行政手段，对于当前我国没有太大的参考意义。
③ 2013年，国家发改委在此基础上进行了一定修改，并颁布实施《国家发展改革委关于修改〈产业结构调整指导目录（2011年本）〉有关条款的决定》。

产业政策,对功能性政策重视不够,导致对创新活动、人力资源开发支持不足,对违反质量安全、知识产权、市场信用和环境污染等行为惩戒不力,问题越积越多。

(3) 政策变化随意性大,增加了市场的不确定性。长期以来,我国产业政策往往服从宏观调控的目标,导致其具有明显的短期性和波动性。以煤化工产业政策为例,2004年煤化工产业被列入我国《能源中长期发展规划纲要》并确定为我国能源中长期发展战略的重点任务,2005~2007年国家相继出台若干配套鼓励政策,煤炭企业投资煤化工的积极性空前高涨,大批项目陆续开工建设。但从2008年9月开始,煤化工产业政策突然转向,多项约束性、限制性政策陆续公布,审批权上收,进入门槛显著抬高,2009年9月出台的有关文件甚至明确提出未来3年内禁止现代煤化工新项目建设。在短短几年内,煤化工产业政策竟然经历了"鼓励—引导—控制—从严"的蜕变过程,很多煤炭企业面对多变的产业政策,难以理解、无所适从,造成了巨大的资源(投资)浪费。又如,2003年后钢铁、电解铝被产业政策作为抑制盲目投资的重点行业,而在金融危机爆发后,这两个行业又赫然跻身十大振兴产业之列,近年来,又把它们列为产能过剩的重点行业。

(4) 行政性手段偏多,政策工具创新不足。改革开放以来,尽管我国产业政策手段不断调整,从行政手段为主向以经济手段为主转变,但在很多领域和环节,行政手段仍然普遍运用,在部分领域甚至有强化的倾向,这与转变政府职能的要求不相适应。一是部分政策过度依赖行政性手段以求到达立竿见影的效果,造成了资源配置的扭曲和浪费。比如,在本轮钢铁、煤炭"去产能"政策中,虽然各方面都认识到市场化手段是"去产能"的优先选项,但为确保完成年度目标任务,在实际操作中仍然通过对各级地方层层下指标的方式强制淘汰产能,属于典型的行政化做法。二是偏重运用财政补贴、贷款优惠、要素倾斜等传统支持手段,如对新能源汽车的财政补贴政策,受到社会各界关于生产企业选择公平性的质疑,而且还带来腐败、"骗补"等问题[①]。三是当前我国贸易手段仍然是以传统出口补贴手段等为主,避开政治和其他原因不提,导致我国出口经

---

① 近年来国家试行推出的产业投资基金有所创新,但还有许多不成熟的地方,我们在调研中发现,企业对此存在一定疑虑。

常受到他国申诉，使我国在国际贸易争端中处于被动地位，不利于产能国际合作和产业走出去。

（5）政策的制定实施等治理机制不完善，透明度较低。虽然我国已经提出政务公开的要求，但目前产业政策制定和实施仍然存在诸多"黑箱"现象。具体表现为：一是"闭门造政策"的现象仍然突出。很多政策的制定只有政府官员和专家的参与，行业中介组织、地方政府、企业及其利益相关方参与程度低，导致政策内容科学性和可操作性差。二是政策制定部门化问题严重。产业政策实施需要财政、金融、外贸、土地等政策配合，但由于各部门都有自己的利益，导致一些产业政策与其他政策相互掣肘，另外一些政策即使获得其他部门同意也是利益妥协的结果，导致政策内容与初始设计发生了很大变化，效果大打折扣。三是审批过程不透明。一个项目能不能批、什么时候批，地方和企业无法预期，谁的关系好、工作力度大，就容易批，为寻租行为留下了空间，这也是长期以来产业政策受到批评的主要原因之一。四是重政策制定、轻监督评估，导致政策停留纸上，难以落地生效。五是地方和中央利益不一致影响产业政策效果。地方政府作为经济发展的利益主体，会根据本地需要有选择性地执行国家产业政策[①]，符合本地利益的政策就"放大"执行，不符合的就"打折"执行[②]。

2. 原因分析

（1）产业政策理论没有及时调整创新。一是我国经济体制处于不断改革深化中，如何正确处理政府和市场关系的理论仍在不断完善，对于如何厘清政府和市场作用的边界还在不断探索，从而对实施何种产业政策模式缺乏清晰的理论基础；二是选择性产业政策对重点产业选择的理论和依据没有及时修正。其结果是，一方面，政府（部门）抢了市场的"生意"，做了许多不该做的事。许多政府部门出于部门利益，强调本部门管

[①] 地方政府作为一方利益主体，为了发展地方经济而出现地方政策和国家产业政策不一致，这种现象持续到现在都没有消除。对于产能过剩的产业限制，地方政府不配合执行是主要原因之一，从而导致企业违规投资和发展。

[②] 我们在地方进行调研时发现，地方政府落实上级政府的有关政策采取了文件落实文件的方式。我们亲眼目睹了如何落实上级政策文件的全过程：B市下午收到A省下发的政策文件，第二天要向A省政府汇报落实方案。主管领导当场指示，将政策文件中的"A省"字样，用word替换公式，全部替换为"B市"，两分钟结束了落实工作，然后打印文稿上交省级部门。

理的产业的重要性,并出台相关产业政策。如农业部会强调农业重要,文化部会强调文化产业重要,旅游局则会认为旅游业重要,其他行业主管部的下属单位也同样会强调所管行业的重要。另一方面,由于对产业(行业)政策的边界缺乏清晰理论认识,从而认为政策制定越细化越好(如前面提到的《产业结构调整指导目录》和《中国制造2025》就是典型例子)。这导致政策制定部门疲于奔命、政策频出;市场主体不认账,抱怨政府干预过多的结果。

(2) 政策设计存在"路径依赖"。在转轨体制下,市场机制还不完善,行政手段是政府干预经济的主要方式,以传统体制机制为基础的产业政策设计,由此衍生的产业政策手段也是以行政干预为主,也确实起过立竿见影的效果,但严重扭曲了资源配置。当前虽然我国市场经济作用不断增强,但由于存在政策手段的"路径依赖",政府制定和执行产业政策时往往习惯采取行政手段。

(3) 政府职能没有完全转变到位。早期我国每个产业(行业)都有政府主管部门,随着我国经济体制改革和行政体制改革不断深入,行业主管部门绝大多数已经撤销。但是我国现有的经济管理部门的职能设计还没有转换到位,很大程度还没有适应充分发挥市场在资源配置中起决定性作用的要求。以机构设置为例,对于行业(产业)政策的制定和实施,有主管部委(如农业部、文化部、旅游局等等),有关部委有相应的行业主管司局,工信部下属拥有原材料司、消费品司、装备司,发改委司局下属还存在有关行业处。这些单位的职能还沿袭传统方式,没有真正转换,从而导致政策的治理机制不完善。

三、新时期产业政策的理论创新:建立"互补合作型"政府市场关系

基于产业政策存在的诸多问题和弊端,结合产业发展和政策运行的国际环境、宏观背景、制度基础发生了深刻变化,国家亟需重新审视既往产业政策的理论依据,构建符合新时期新形势和新要求的理论框架,指导产业政策转型。

（一）我国既往产业政策的理论依据需要修正

调整政府和市场关系一直是贯穿于我国改革开放进程中的重大课题。改革开放以来，我国不断加深对政府和市场关系的认识，相应作出了一系列历史性的重大决策。经过近40年的改革开放，我国社会主义市场经济体制已基本建立，政府和市场关系经过不断调整也发生了重大变化，由把市场经济作为经济管理方法到经济调节手段再到一种经济制度，由市场在资源配置中起"基础性"作用进而到起"决定性"作用[①]。这意味着我国产业发展的基本作用机制通过市场竞争来实现，市场能够做到的政府尽量不要干预。既往通过政府直接干预经济和产业发展的选择性产业政策模式，其理论依据需要调整修正。具体表现为：

1. 幼稚产业保护论需要调整范围

幼稚产业保护理论比较成体系的是在19世纪上半叶由弗里德里希·李斯特提出，主要针对经济落后国家参与国际分工和国际贸易，为了保护本国幼稚产业发展，需要政府采取国内生产扶植和国际贸易保护政策支持。正如弗里德里希·李斯特指出"如果任何一个国家，不幸在工业上、商业上还落后于别国，那么即使它具有发展这些事业的精神和物质手段，也必须首先加强它自己的力量，然后才能使它具备条件与比较先进各国进行自由竞争"[②]。根据弗里德里希·李斯特的思想，政府政策干预特定产业发展，尽管微观上损害市场经济的独立性，但从宏观上能够使得国家获利。我国在经济赶超初期的起步阶段，大量产业相比发达国家而言属于初创时期，属于幼稚产业。为加快建立国民经济的产业体系，保护国家利益，实施幼稚产业保护政策有其必要性。目前，我国已经建立了比较完整的产业体系，产业门类齐全，幼稚产业保护论的适应空间和范围需要收缩，从原来几乎涉及国民经济的主要行业缩小到农业、战略性新兴产业等领域。

2. 主导产业支持论需要调整创新

美国经济学家 W. W. 罗斯托（1962）根据各产业部门增长率不同，

---

① 魏礼群：《正确认识与处理政府和市场关系》，人民网理论频道，2014年5月28日。
② 弗里德里希·李斯特也承认，为保护幼稚产业而干预市场机制，会使得生产成本上升和利润损失，乃至损害消费者利益，但他也认为，这种干预"却能够使生产力有了增长，足以抵偿损失而有余，由此使国家不但在物质财富的量上获得无限增进，而且，一旦发生战争，可以保有工业的独立地位"。弗里德里希·李斯特：《政治经济学国民体系》，商务印书馆，1985年，第5页，128页。

将其划分为主导增长部门、辅助增长部门和派生增长部门,认为在任何时期,一个经济系统之所以能够具有或保持"前进的冲击力",是由于若干"主导增长部门"迅速扩张的结构。这些主导部门在自身扩张的同时,还对辅助增长部门和派生增长部门产生影响,最终带动整个经济发展。主导产业支持论是日韩等后发国家实施"赶超"战略、制定产业政策的主要依据。我国也是如此,经过改革开放之初到20世纪90年代初期"产业补课"后,在90年代即工业化前期制定了《九十年代产业政策纲要》,提出把"机械电子、汽车、建筑业"等作为支柱(主导)产业培育。如何选择主导产业,具有许多标准,但后发国家在实际操作上往往更多的是模仿发达国家成功产业的经验①。改革开放以来,我国作为后发追赶国家,主导产业选择有明确的对标产业作为参考。进入新时期,我国大多数领域如产品质量和产业分工等方面仍然处于"追赶"阶段,仍然需要选择重点产业加快"赶超"发展和"非对称"竞争,但部分领域已经和发达国家处于"并跑"状态,产业对标缩小,主导产业选择难度加大,传统的主导产业选择理论难以适应新时期产业发展要求,要尽可能充分发挥市场作用去发展产业,主导产业政策要尽量减少需要支持的重点产业,对重点支持产业也要进一步缩小政策的支持范围。

3. 国家产业安全论需要赋予新的内涵

产业安全的本质是,在利用外资和对外开放同时,对事关国家安全的基础性、命脉性或战略性产业进行控制,使民族产业得到持续生产和发展②。随着世界经济发展日益复杂,各国从自身角度出发,把产业安全看成和国防一样的公共物品。无论是后发国家还是发达国家,都强调保护国

---

① 主导产业选择基准包括:一是阿尔伯特·赫希曼连锁效应基准,指一种产业的发展通过投入产业对其他产业的发展产生的带动作用。连锁效应分为前向联系和后向联系,前者指一部门对其他部门的中间产品投入或是其他部门对本部门中间产品的需求,后者指一部门生产过程中其他部门中间产业的投入。二是 W. 罗斯托基准,是在借用阿尔伯特·赫希曼的前向、后向联系思想的同时,提出旁侧波及联系,从而形成一种新的联系更广泛的基准。三是筱原基准,包括收入弹性基准和生产率上升基准。这些标准还只是针对产业特性本身提出的,学术界对此的异议不大,但是如果把产业选择放在一个国家的经济发展阶段以及国际比较的视角,目前争论较多。许多学者根据大卫·李嘉图的比较优势理论,主张要立足于发挥本国比较优势选择主导产业,能够使得产业的资源配置达到最优或者是次优,充分发挥一国产业发展的资源禀赋。但是,越来越多的研究者研究发现,如果后发国家完全按照比较优势进行发展的话,将永远落后于先行发达国家,容易导致"比较陷阱",产业发展将长期陷入国际产业价值链分工的"低端锁定"。不少学者提出把"动态比较优势"作为产业选择的基准点,后发国家要立足动态比较优势来培育重点产业。

② 李孟刚:《产业安全理论研究》,经济科学出版社,2010年版。

家产业安全,只是保护手段各有不同罢了。这些被称为涉及国家安全的产业,因各国的情况不同而异,有的是资源型产业,有的是高技术产业,还有是普通的劳动密集型产业。国家产业安全论一定程度上是幼稚产业支持论、主导产业支持论、衰退产业援助论的综合。我国在制定相关产业政策时,都考虑了对本国产业的保护,例如,长期以来我国汽车产业政策强调关键零部件的国产化率。到目前为止,我国在金融、教育、文化、医疗等服务领域仍然存在产业安全保护。随着我国经济实力的不断增强和产业竞争力的持续提升,我国由过去以"引进来"为主向"引进来和走出去"并举转变,产业安全的范围和边界需要调整,从过去强调保护主导产业和幼稚产业,转为保护战略性领域和国防安全领域以及少数关系国计民生的行业。这些领域在成长过程中仅依靠市场机制和功能性产业政策发挥作用,需要经过漫长的摸索和试错,才能得到有效发展,这有可能错过发展最佳时机,被其他国家领先和摧垮,威胁到国家产业安全。

4. 衰退产业援助论在我国还有一定的现实意义

生命周期理论认为,产业发展往往经历孕育期→成长期→成熟期→衰退期的生命周期,只不过不同产业生命周期存在长短差异[①]。单一依靠市场机制的自动调节来实现衰退产业的自我收缩和资本的自动转移,并不能取得较好效果。市场信息的收集、传播有一个过程,会导致资本转移的时间"滞留"。同时市场信息的不充分性甚至扭曲性,会使资本转移发生波折和反复,导致资源的浪费。更为重要的是市场机制中出现的沉淀资本壁垒、劳动力转移壁垒、垄断壁垒、既得利益壁垒、体制性壁垒、生产要素在不同行业间转移壁垒等严重制约着衰退产业的有序收缩、退出和调整。国外发达国家大都把对衰退产业的调整作为产业政策的一个重要内容,帮助衰退产业有秩序地调整,有规则地收缩、退出。而且,衰退产业的调整是一项复杂的系统工程,需要包括法律支持、体制改革、直接补贴、人力

[①] 产业生命周期理论起源于产品生命周期理论。1957 年,美国的波兹(Booz)和阿伦(Allen)在《新产品管理》一书中提出了产品生命周期理论,他们根据产品销售情况将产品生命周期划分为投入期、成长期、成熟期和衰退期四个阶段。弗农(Vernon)的产品生命周期理论最具有代表性。1966 年弗农(Vernon)从国际化的视角,依据产业从发达国家到欠发达国家依次转移现象,将产品生产划分为导入期、成熟期和标准化期三个阶段。参见:张会恒《论产业生命周期理论》,载《财贸研究》2004 年第 6 期

资源开发等多方面支持援助，需要政府直接干预。[①] 衰退产业的政策援助原因是衰退产业难以通过市场机制自动恢复到正常发展的状况。尽管我国很少承认存在衰退产业[②]，但在20世纪末我国针对纺织工业的政策就具有明显的衰退产业援助特征。20世纪末我国纺织工业进入成熟乃至衰退期，纺织工业长期亏损严重，国家出台了一系列援助纺织工业退出和转产的政策。如，1998年国务院下发了《国务院关于纺织工业深化改革调整结构解困扭亏工作有关问题的通知》，劳动部和中国纺织总会联合下发了《关于做好纺织行业压锭减员分流安置工作的通知》（劳部发〔1998〕37号）。实践证明，我国当时的纺织产业援助政策还是有一定成效，到1999年底，纺织工业提前一年实现了"三年脱困目标"。当前我国煤炭、钢铁等产业存在严重产能过剩，具有衰退产业特性，需要国家产业政策援助。

（二）弥补"市场失灵"和减少"政府失灵"是新时期我国产业政策的主要理论依据

1. 新时期我国产业政策需要以弥补"市场失灵"为主要理论依据

随着我国市场经济体制不断完善，市场功能不断增强，市场在资源配置将发挥越来越大的作用。在绝大多数情况下，市场是配置资源最有效的方式。我国产业只有建立在充分竞争的基础之上，才具有竞争力和可持续发展能力。但是，在自然垄断、信息不对称、公共物品、研发创新、环境污染等诸多行业和领域，存在明显的市场失灵，产业发展要么普遍不足，要么严重过剩，需要以"市场失灵"理论作为依据来指导我国新时期产业政策的实践，实施以功能性产业政策为主的政策模式。弥补市场失灵也是市场经济发达国家实施产业政策的主要理论依据。古典经济学认为，作为资源配置最有效的方式，市场机制也存在失灵的地方，政府作用就是弥补市场失灵。虽然大多数市场经济国家都否认自己存在（选择性）产业

---

① 进入衰退期的产业往往存在以下退出障碍：一是资本障碍，主要是资本密集型衰退产业具有专用性的固定资产数量庞大，转产会带来巨大损失；二是技术壁垒，主要针对劳动密集型的衰退产业而言，主要困难在于其技术和设备的落后，已不具备市场竞争能力；三是社会压力和利益刚性。衰退产业的退出必然伴随着职工的失业和再就业问题；四是地方保护主义壁垒。

② 马洪（1996）认为，没有夕阳产业和朝阳产业区分，只存在夕阳技术和朝阳技术。参见马洪：《关于开发高新技术产业的若干问题》，载《中国工业经济》，1996年第11期。

政策，但是在产业领域市场失灵实施相应的弥补政策，几乎没有否认的声音。麻省理工学院的研究报告《美国制造：如何从渐次衰落到重振雄风》（迈克尔·德托佐，1998），高度评价弥补市场失灵型产业政策的作用功效，并将其推崇到极点。后发工业化国家在赶超阶段普遍实施选择性产业政策，但在工业化中后期，随着本国产业与发达国家差距的缩小，产业升级失去对标对象，开始重视发挥市场机制作用，逐步由选择性产业政策为主转向以弥补市场失灵为主的功能性产业政策为主转变。普遍认为，除了在自然垄断、信息不完全、外部性、公共物品（基础设施）等领域存在市场失灵外，以下领域也存在明显市场失灵：一是规模经济和不完全竞争领域。如果某个产业部门存在规模经济，这个产业中生产企业的数量就会相当有限（如汽车、飞机等制造业），通常在全球的厂商数量也是有限的。而一个国家的企业如果能够在规模经济产业部门存活下来，那么这个国家的收入水平会提高，经济也会得到有效发展。因此，政府要通过实施包括出口、研发补贴和贸易保护等措施，抑制他国竞争企业，保护本国企业进入规模经济产业部门（Brander 和 Spencer，1983，1985；Krugman，1984；Foray 等，1999；张鹏飞和徐朝阳，2007；金戈，2010；顾昕和张建君，2014）。二是产业创新活动"外部性"问题，市场不能自发协调以推动产业创新，需要政府支持给予解决。特别是金融危机以来，发达国家政府不仅没有减少反而加大对创新活动（包括平台）的支持，如美国奥巴马政府建设国家创新学院。三是产业投资"潮涌"现象。发展中国家普遍面临的是已经受到市场检验的成熟技术、产业发展规律和商业模式，企业会对有发展前景的产业投资产生共识，争相投资，从而出现投资"潮涌"现象，即在短期内众多企业过度投资某一行业和领域，极易造成严重的产能过剩，需要政府协调解决这种投资出现的"潮涌"现象（林毅夫，2007；金戈，2008；林毅夫、巫和懋和邢亦青，2010）。四是其他外部性强的领域。如新兴产业发展、环境治理以及人力资本要素质量提升等等，这是近年来发达国家关注比较多的公共外部性领域。

2. 我国产业政策还需要以减少"政府失灵"为主要理论依据

产业政策作为政府干预经济的一种重要工具，在弥补"市场失灵"

的同时存在"政府失灵"问题①。"政府失灵"一方面表现为政府的无效干预，即政府干预经济的范围和力度不足或方式选择失当，不能弥补市场失灵和维持市场机制正常运行的合理需求；另一方面表现为政府过度干预，即政府干预的范围和力度超过了弥补市场失灵和维持市场机制正常运行的合理需求，或干预的方向不对路，对各种政策工具选择及搭配不适当，过多地运用行政指令性手段干预市场内部运行秩序，结果非但不能纠正"市场失灵"，反而抑制了市场机制的正常运行。由于我国在某些领域还实施了选择性产业政策，相比其他发达国家，产业政策数量多，涉及范围广，"政府失灵"现象比发达国家更为普遍。因此，减少"政府失灵"也是我国实施产业政策的重要理论基础。

（三）建立"互补合作型"政府市场关系弥补"市场失灵"和减少"政府失灵"

传统经济学理论把政府与市场的关系理解为单向的互补关系。20世纪90年代后期以来，部分国际学者对此提出了不同观点。斯蒂格利茨（1998）从信息经济学视角分析不完备与非对称信息市场的基础上，对传统经济理论有关"政府失效"和"市场失灵"的论述进行了重新审视，提出政府与市场之间应形成一种新型"伙伴关系"。世界银行（1997）在《变革世界中的政府》中指出，市场与政府是相辅相成的，绝大多数成功范例都是政府和市场互补合作关系替代竞争关系的结果。青木昌彦等（1998）认为，政府与市场在实现资源配置方面并非"非此即彼"的相互替代关系，作为市场参与者的政府，并非凌驾于经济运行之外、解决市场失灵的中立机构，在相应的规则设置下，政府为民间机构搭建平台，通过提供"相机性租金"来激励市场主体，政府的参与实现了市场机制不完善情况下对市场机制的培育和促进。

我们认为，对于产业活动而言，政府和市场不是一种简单的替代关系，更不是绝然对立关系，要发挥市场决定作用和更好发挥政府的作用，就必须在承认和肯定市场、政府各自有效性和失灵的基础上，重视各自优势与长处，实现两者有效合作、形成合力，构建优势互补、协调配合的互

---

① 公共选择理论认为，同市场失灵一样，政府也会失灵。"政府失灵"是指政府在力图弥补市场缺陷的过程中，采取的立法、行政管理以及各种经济政策手段，最终导致政府干预经济的效率低下和社会福利损失。

补合作关系，简称"互补合作型"政府市场关系。简单地说，就是强调政府和市场关系的双向性，在承认存在"政府失灵"和"市场失灵"的前提下，发挥政府作用弥补"市场失灵"，加强市场作用减少"政府失灵"。政府和市场互动合作主要体现在以下几个方面：（1）明确政府和市场边界。哪些领域属于政府做的，哪些领域属于市场发挥主要作用，把市场应该做的事情交给市场，政府该做事情做得更好，这是二者互动合作的前提。（2）着力建设市场友好型政府。产业政策发挥作用要尊重市场，维护竞争，顺"市"而为，而不是逆"市"而行，避免影响市场机制发挥作用。政策对象要有针对性，手段要更加灵活。（3）加强政府与市场合作。一方面，政府要弥补"市场失灵"和"市场不足或市场残缺"，增进市场功能[①]；另一方面，在传统的政府发挥作用的领域引入市场机制，增加社会资本参与度，通过市场化改革缩小政府作用范围，减轻"政府失灵"（如通过建立产业投资基金方式进入）。（4）建立政府和市场的沟通反馈机制，政府在政策制定和实施中要掌握利益相关者信息，加强市场预期管理（可参考美联储的做法），根据产业发展情况及时调整政策内容甚至退出产业政策。（5）重视发挥第三方部门特别是商会和行业协会在市场和政府之间的桥梁和纽带作用。

三、新时期我国产业政策转型的主要方向：构建"市场友好型"产业政策体系

根据新时期我国经济社会发展宏观背景和制度条件的变化，以新的产业政策的理论为指导，按照"尊重市场，维护竞争；预期引导，有限支持；放宽准入，创新监管"的总体要求，从政策目标、政策模式、工具手段、治理机制等方面加快转型调整，充分发挥市场决定作用，构建以功能性产业政策为主的政策模式，建立与市场充分互动沟通的政策治理机制，创新引导市场的政策手段，推动形成"市场友好型"产业政策体系。

[①] 青木昌彦（1998）认为，对于发展中国家（包括转轨国家）的"市场不足或市场残缺"，政府必须提供市场赖以有效运转的制度框架，应当不断完善市场体制和拓展市场作用范围，并以此增进市场协调功能。

（一）产业政策目标和范围转型

既往产业政策的目标涉及产业（结构）优化升级、产业技术、产业组织、产业布局、产业国际竞争力等所有产业发展的内容，重点指向做大产业规模。新时期在市场机制起决定性作用的大背景下，产业政策的目标应相应进行调整，聚焦于产业提质增效和创新发展，缩小政府干预范围，有所为有所不为。

1. 在产业升级和技术创新方面强化政策作用

产业升级和技术创新二者关系密切，技术创新是产业升级的主要推动力。在这两个领域，存在创新不足、产品质量"劣币驱逐良币"等"市场失灵"问题，政府需要积极发挥作用，在制约产业升级和技术创新的核心环节取得突破。

2. 在衰退型行业推动产业组织结构优化

市场是一个优胜劣汰的动态竞争过程，只要不存在政府人为设置的进入壁垒与限制竞争，竞争过程中形成的市场结构应该是最优的。政府作用是维护公平的市场竞争环境，打破垄断（需要竞争政策介入）。以往片面强调市场结构和产业组织优化的产业政策存在理论误区。但针对"市场失灵"的特定行业如衰退型产业，产业组织优化需要产业政策介入。

3. 政策对象以行业领域为主，弱化对市场微观主体干预

长期以来，我国产业政策直接到企业，特别是对大中企业采取了倾斜式支持发展政策，这种针对重点企业挑"冠军"的方式，引起各界质疑，也是选择性产业政策受到诟病最多的地方。从理论上讲，一方面，大、中、小企业在创新发展中各有自身优势，也存在各自缺陷；另一方面，正如前面所分析的，任何一个产业都是从小到大的成长过程，由市场竞争形成市场结构更有效率。因此，产业政策具体到微观市场主体，往往会适得其反，应该以创造公平竞争环境为主，政府原则上不再制定一般竞争性行业规模和增速、产业集中度、技术条件、工艺路线、产品结构等微观目标。政策对象应重视产业中观层面干预，弱化对企业的微观选择和干预。

（二）推动产业政策模式由选择性为主向功能性为主转型

1. 因时调整产业政策模式是大多数国家的普遍做法

作为政府干预资源配置、影响产业发展的手段，世界各国都实施了不同程度、不同类型的产业政策。从国际经验看，没有哪个国家产业政策模式是一成不变的，很多国家在不同发展时期，都根据本国经济和产业发展情况变化，相机采取不同的政策模式。经济发达的先行国家市场经济体制比较完善，没有向其他国家可以学习和借鉴的经验，产业升级方向和技术进步主要是依靠市场自身探索，长期以来一直奉行功能性产业政策为主的政策模式。但自国际金融危机以来，发达国家大力推进"再工业化"，大力发展新兴产业以抢占战略制高点，也开始注重采用选择性产业政策支持部分传统制造业（如汽车等）和新兴产业发展。后发工业化国家在赶超阶段普遍实施以"选择性产业政策"为主的政策模式，通过资源等倾斜式配置支持重点产业发展，但在工业化中后期，随着本国产业与发达国家差距的缩小，产业升级失去对标对象，开始重视发挥市场机制作用，逐步由选择性产业政策为主转向功能性产业政策为主。以日本为例，进入20世纪的70年代开始，日本将产业政策的重点从单一产业发展本身转向产业发展的经济社会环境营造，政策措施从针对具体产业的政策干预和市场保护措施转向最大限度地利用市场机制，对市场失灵的领域提供基础设施和公共服务扶持（见表1）。当前我国进入了工业化后期，和日本20世纪70年代中后期阶段非常类似，我们也应借鉴日本等国家的做法，积极推动产业政策转型。

表1　　　　　　　　日本产业政策调整转型过程

时期	经济复兴时期（1945~1960年）	高速增长时期（1960~1973年）	稳定增长时期（1973~1985年）	经济结构调整时期（1985~1990年）	20世纪90年代以后
主要政策	《机械工业振兴临时措施法》《企业合理化促进法》和钢铁、煤炭、造船等工业合理化计划	《关于产业结构的长期展望》《中小企业基本法》《石油工业法》《电气事业法》等	《七十年代展望》《产业结构的长期展望》《八十年代通产政策展望》《特定萧条产业稳定临时措施法》等	《80年代通商产业政策展望》《面向21世纪产业社会长期设想》	《面向21世纪的日本经济结构改革思路》《经济结构改革行动计划》《产业再生法》

续表

时期	经济复兴时期（1945~1960年）	高速增长时期（1960~1973年）	稳定增长时期（1973~1985年）	经济结构调整时期（1985~1990年）	20世纪90年代以后
产业政策重点	注重制造业整体的生产合理化以及钢铁、化学、电力等重化工业发展	应对贸易和资本自由化、确立能源综合对策、强化国际产业竞争力	产业政策开始转型，充分利用市场机制，提出衰退产业扶持、控制公害、中小企业扶持政策	重视对经济和能源安全的保障，走技术立国之路，提高生活品质与产业相互依存等方面	更加注重知识技术密集型产业发展，着力培育新的经济增长点
实施手段	倾斜生产，政府直接在原材料、金融贷款、补助金、进口物资等方面进行分配	通过"官民协调"等方式推进企业兼并重组等产业政策实施	实施手段开始转型，由资源集中分配给基干产业转为技术研发补贴和特定产业税收、金融优惠措施，展望手段等	以产业发展展望、立法等手段为主	以信息指导为主

资料来源：课题组整理。

2. 建立以功能性产业政策为主的产业政策模式

我国既往产业政策模式是以政府主导的选择性产业政策为主。新时期推动政策模式转型，要建立以功能性产业政策为主的政策模式，在自然垄断、信息不完全、外部性、公共物品（基础设施）等存在市场失灵领域，要加强功能性产业政策的运用。要优化调整选择性产业政策，一是要缩小选择性产业政策的范围，从一般竞争性领域退出；二是对于选择性产业政策实施的领域，如战略性产业、衰退型产业等，在立足于确定好重点产业的基础上，实施功能性政策和选择性产业政策有机组合。可以借鉴波特（2002）的"钻石"模型，围绕"市场失灵"领域实施产业政策，主要围绕生产要素、需求条件、相关支持性产业、企业所属产业组织结构调整四个方面来实施有关政策[1]（见图1）。由于不同类型产业的特性存在差

---

[1] 分析迈克尔·波特的"钻石"模型，政府（产业政策）因素相当于功能性产业政策的着力点，不过该模型是针对某一特定产业而言。根据波特的"钻石"模型，政策着力点具体集中在以下几个方面：在生产要素方面，增强基础教育、基础研究、关键技术的研究力度，提升产业的技术含量、知识含量，建立有利于产业生产要素改善和提升的发展环境。在需求方面，要充分发挥产业政策的消费引导功能，建立和规范产业的技术标准、质量标准，利用政府采购政策选择具有竞争力的产品。在相关产业与支持性产业的政策效应方面，要促进城市化、区域化的产业集群发展，鼓励优势产业横向、纵向兼并重组，促进配套性支持性产业发展。"钻石"模型为选择性产业政策和功能性产业政策的有机结合提供了切入点。如果能够确定好某一产业，然后按照"钻石"模型，根据产业特性，构建不同类型产业的政策着力点，就能够把选择性产业政策和功能性产业政策有机结合。

异,"市场失灵"的重心也应该有所不同,从而其功能性政策着力点也应该体现出差异化特征。

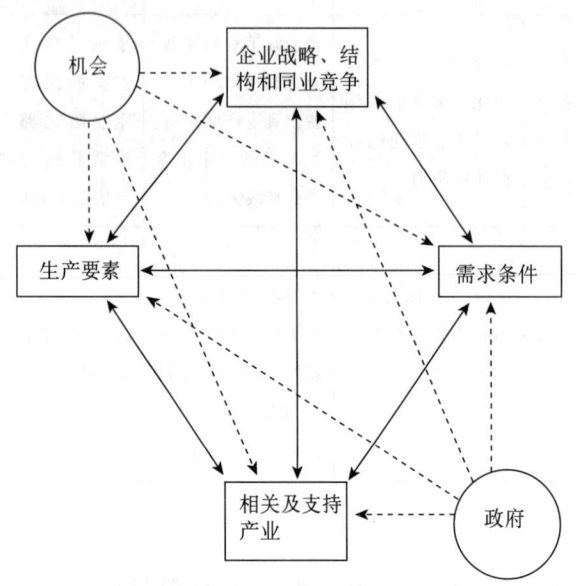

图1 迈克尔.波特的钻石模型

(三) 完善和创新政策工具手段

产业政策实施工具手段包括了行政手段、法律手段、经济手段,还有软性的信息引导和窗口指导等。市场经济体制不断完善,要求建立"市场友好型"产业政策的工具和手段。

1. 完善和创新产业政策工具手段

行政干预型手段应限于在限制发展的产业领域使用。政府应弱化受到各界质疑的财政补贴政策,采取更加科学的标准选择支持的企业主体;对于新兴产业发展应强化普惠性税收优惠政策;对特定行业(如产能过剩行业)应采取征收高税收、附加费等经济手段以引导和淘汰不达标准的企业;完善产业投资基金等资本市场的政策工具,针对不同产业(企业)发展阶段决定投资基金的使用方式来引导产业发展;综合利用公共支出、政府采购以及消费补贴等手段为特定行业创造需求规模,引导企业的生产活动和投资行为。

2. 强化标准管理在产业政策手段中的突出作用

产业标准水平的高低，反映了一个国家产业核心竞争力的强弱。政府要更好发挥标准在产业转型升级、迈向中高端的引领作用，建立政府主导制定的标准与市场自主制定的标准协同发展、协调配套的新型标准体系，强化能耗、环保、质量、安全等标准在产业准入和项目审批的约束力，限制或淘汰不合标准的项目；采用如技术、质量标准保护国内重点产业的安全，应对国际贸易保护主义，推动重点产业国际合作和走出去；以立法形式保障标准在产业政策中的权威性。

3. 灵活运用信息沟通和窗口指导的软性手段

信息传递和窗口指导的软性手段，需要区分常规性和长期性引导手段。在当前市场日益复杂的情况下，信息传统和窗口指导有时候比硬性政策手段更加能够给企业带来商机。政府加强和行业协会合作和分工，建立行业信息发布服务制度，定期、及时、详尽地收集和发布这些信息，既能引导投资者进行正确的投资，又能降低企业的信息搜寻成本。由于政府能够动用资源对部分产业的信息进行全局性掌握，政府主要负责对重点行业的长期发展作出规划引导。一般性行业规划由行业协会负责发布，给产业政策"瘦身"。常规性的产业信息，政府可以给行业协会提出若干指标要求，行业协会负责信息的传递和发布。

（四）构建全流程的产业政策治理机制

为了保证产业政策制定的科学性，并实施有效，政府首先要规范产业政策制定的实施过程，设计好政策执行的传导和反馈机制，要由过去的重视制定轻视执行，向产业政策全流程的治理机制转变，形成"政策制定→实施→督察→评估→政策反馈→修改完善→退出"的产业政策治理机制，特别是要在政策制定、督察评估、退出等重点环节进一步完善有关机制。

1. 建立各归其位、多元共治的产业政策制定机制

政府应建立产业政策审议会制度，构建由中央政府（部门）、地方政府、行业协会、学术机构和企业等共同参与的产业政策制定机制，推动由中央政府和产业部门之间的单线政策意见交换向"中央政府—地方政府—产业部门——行业协会——学术机构"等多维度政策交换转变，使产业政策制定能充分反映利益相关者的诉求,避免政策"不接地气"造成空转。审议会委员主要由产业界、学术界、研究机构、行业协会和政府部门代表人物或知名人士担任。

2. 建立健全产业政策的督察评估机制

政府应引入第三方机构对产业政策实施效果进行独立评估,根据评估结果进行动态调整,以提高产业政策实施的精准性;充分发挥各级人民代表大会的政策监督能力,进一步强化人大政策在法律、工作等层面的督察职责;加强政府的政策监督,对付诸实施的产业政策及相关部门的行为进行监督和控制,以实现政策目标、提高政策绩效;加快构建行之有效的督察机制,推行政策执行的奖励和问责机制,对不认真履职或者政策执行不力的相关领导及工作人员进行相应处理,确保政策有效实施。

3. 建立产业政策实施的适时调整机制

政府应把握产业生命周期和发展变化,适时对产业政策进行调整,择机退出。例如,鼓励发展新兴产业的政策要根据产业规模相机退出;衰退型产业政策要根据产业效益恢复、就业状况等适时退出。政府还应全面清理现行各类产业政策,对不符合要求的,坚决进行废止或调整;对保留和调整后继续实行的产业政策,要及时对外公布。

四、实现产业政策转型的配套措施

(一)深化行政管理体制改革,建设服务型政府

政府应进一步转变职能,实现政企分开,减少和规范行政审批,减少对微观经济运行的干预;加强对行业事中事后监管,为各类市场主体提供优质高效的服务,要加强对自身行为的监管,约束政府行为,要加快推进政府部门职能调整和机构改革,建设服务型政府。

(二)深入推动重点领域改革

政府要深化推进国资管理体制改革,给国企更大的自主权力,按照《关于深化国有企业改革的指导意见》,全面推进国企改革,大力发展混合所有制经济,积极推垄断行业、资源控制类行业改革开放,为社会资本

进入行业发展、提供多样化产品和服务提供公平发展与竞争机会,放宽出租车、养老、医疗和教育服务等服务业领域准入,激发各类市场主体落实产业政策的创造力和活力,深化资源性产品价格改革,理顺资源类产品价格关系,完善反映市场供求关系、资源稀缺程度、环境损害成本的资源价格形成机制,为发展先进产能、淘汰落后产能及各类市场主体公平竞争创造条件。

(三)完善产业技术创新体制机制

厘清科学研究和技术创新边界,科学研究实行科研院所主导,技术创新由企业主导。基础科学研究以政府资助为主。少数关系到国家安全和战略利益、国外严密封锁、暂时不具备开放竞争的领域必须由政府直接组织实施,多数领域可以由科研院所主导。政府要逐步加大对基础研究机构运行费和科研业务费的保障力度。减少政府和科研单位内部行政干预学术的现象,充分尊重科学家学术管理自主权。进一步完善研发创新成果转化的利益引导机制,提高科研人员成果转化收益比例,研究税收抵扣、奖励等方式支持高水平人才建设。完善知识产权保护制度,提升创新动力。

(四)健全产业政策的中央与地方政府上下联动治理机制

中央政府是产业政策的主体,在政策实践中具有主导地位,地方政府在产业政策属于具体实施地位,是从属地位,但要保障产业政策有效实施,需要中央政府和地方政府建立产业政策的协同治理机制。

1. 理顺中央和地方政府对产业调控的职责

中央政府主要负责制定市场监管、维护公平竞争的制度规则,针对市场失灵组织实施相应的激励约束政策和必要的选择性政策,统筹维护产业安全。中央政府进一步下放产业投资项目审批备案权限,完善核准工作流程,编制业务指南,加强对地方政府的业务指导,协调不同部门行政审批、核准权同步下放。地方政府主要负责落实和执行中央的调控政策,加强对企业的服务,减少对市场微观事务干预①;地方政府加强培育产业联

---

① 地方补贴是造成我国产能过剩的重要原因。地方政府减少对市场微观事务干预,首先就要清理对重大项目的补贴政策。

盟、中介组织等方式强化产业链上下游企业合作，完善人才和金融等市场环境，营造良好产业生态系统，引导产业集聚发展。

2. 建立中央政府和地方政府在产业政策治理中的联动关系

注重发挥地方政府在产业政策制定和实施过程中的积极性，贯彻落实国务院关于推进中央与地方财政事权和支出责任划分改革的指导意见（国发〔2016〕49号），着眼于产业利益在不同地区实现合理分享，建立起中央对地方的利益补偿机制和利益分享机制。深化税制改革，进一步合理划分中央和地方的税收来源。加快制定《产业政策法》，把中央与地方的经济利益关系纳入法制化的轨道，树立中央政府在产业政策实施过程中的权威。建立健全产业政策信息传递保障机制，消除中央与地方之间的信息不对称，避免出现"上有政策，下有对策"的行为。建立财政转移支付制度，体现中央对地区产业发展激励和限制。

3. 完善地方政府政绩考核评价指标体系，发挥激励约束的双重效果

在地方政府工作各项考核中，重视经济、政治、文化、社会、生态文明等各方面建设的实际成效；对于不同地区、不同部门、不同层级，干部考核要设置各有侧重、各有特色的考核指标，把有质量、有效益、可持续的经济发展和民生改善、社会和谐、文化建设、生态文明等作为考核评价的重要内容。

（五）支持行业协会等中介组织分担"准产业政策"职能

"简政放权"是我国行政体制改革的先手棋，重新理顺政府与社会的关系是简政放权的重要内容。"还权于民"，"政"、"社"必须分开，政府应把原来大包大揽的社会事务，托付给社会组织。一是赋予行业协会应有的职能，如制定一般性产业的质量、技术标准，并负责实施和监管；协助政府做好行业人才培训，提升产业人员的整体素质和技能；引导行业企业扩大国际交流，帮助企业开拓国际市场，协调解决国际贸易摩擦与纠纷等。二是充分让行业协会参与产业政策的制定和实施、监管，行业协会积极向政府及其部门反映行业、会员诉求，提出意见建议。三是发挥行业协会在产业政策传达中的重要作用，鼓励行业协会承担一般的产业发展趋势、常规性的产业信息等。行业协会作为介入政府和企业之间的社会组织，应充分发挥联系政府和企业的桥梁和纽带，积极承担政府下放的

"准产业政策"职能。

(六)统筹产业政策和其他经济政策的协同配合关系

1. 处理好产业政策和竞争政策的关系

产业政策和竞争政策作为国家经济政策体系的重要组成部分,二者的有机结合,对于实现经济平稳较快发展和产业向中高端迈进,具有重要意义。国家产业政策鼓励发展的产业和领域,需要引入竞争机制,鼓励各种所有制企业平等进入、相互竞争、相互促进、共同提高,增强产业发展的动力和活力。政府要通过不断完善法律手段、经济手段以及必要的行政手段,为各类所有制企业平等竞争创造良好的市场环境和竞争秩序。要参照国际惯例,逐步建立竞争政策和产业政策的事前协商制度。研究建立产业、贸易、土地、价格等政策的公平性、竞争性审查机制,由经济综合部门牵头,成立政策竞争性审查委员会,负责制定竞争性政策审查的相关工作机制和实施细则。

2. 推动产业政策和其他经济政策的协调配合

产业政策作为我国经济政策的重要组成部分,和其他经济政策一样,都是为了更好地促进我国经济健康快速发展。但不同的经济政策,也有自身的阶段性目标。产业发展是国民经济发展的核心,为此,从根本上看,其他经济政策应该围绕产业政策来展开。过去我国产业政策在实施过程中,存在和其他经济政策不协调的现象,从而出现政策效果不佳的结果。在新时期,各项经济政策的制定,需要充分考虑产业政策的目标。更为科学的产业政策,应明确产业发展重点和方向,为财政、信贷、价格、贸易、区域等政策的制定实施提供指引。

(本文摘编自国家发改委宏观经济研究院2016年重大课题研究成果)

中国产业政策的特点、评估与政策调整建议

项安波　张文魁[*]

20世纪80年代后期以来，产业政策在中国备受重视，政府出台了大量产业政策，形成了庞大复杂、比较完整的产业政策体系，使其成为世界上运用产业政策最多的国家之一。但产业政策时间上的阶段性、空间上的差异性、主体上的层次性、成效测度上的模糊性，使如何看待及未来如何调整中国的产业政策，多年来一直存在较大争议。

一、中国产业政策的特点

相较于其他国家，中国产业政策体系复杂性的体现之一是其制定主体的多元化和表现形式的多样化，除政策文件以外，还有法令、条例、措施、规划、计划、纲要、指南、目录、管理办法和通知等形式。其中比较重要或比较有中国特色的是：中央政府发布的正式政策（与此相当甚至层级更高的产业政策表现方式还有法律和党的工作报告；这两种国家意志的体现有时也非常具体，对涉及的产业影响巨大）、中央部门发布的正式政策、地方政府和政府部门发布的正式政策、部门决议、会议决议、领导书面批示与口头指示及专项检查、专项整顿等七种，具有"政策边界模糊、覆盖面过广"、"行为方式不规范，直接干预市场"、"选择性明显"等特征。

---

[*] 本文作者均为国务院发展研究中心企业研究所研究员。

（一）规模化导向

中国产业政策的主要特征之一是重视支持大企业发展，主要表现为保护和扶持在位的大型企业（尤其是国有企业）。如1993年国家提出对国企进行战略性结构调整，主要措施包括兼并破产、组建大型企业集团、实行大公司战略等；1997年"十五大"提出"抓大放小"改革战略，一些地方和部门出于发展大型企业集团的考虑，出现了行政力量主导、推动国企强强联合或以强带弱。21世纪以来，"推动企业兼并重组、实施重点产业部门大企业集团战略、提高中国工业产业国际竞争力"成为中国产业政策的主要内容。实施这类政策的理由往往是"充分利用规模经济，打造具有国际竞争力的大型企业集团"和"提高市场集中度，避免过度竞争"等。其理论依据一般是"市场失灵"、"经济发展、赶超需要"等。相关政策部门往往在制定行业发展规划和确定项目审批或核准条件时，偏向于在位大型企业，对新进入中小企业发展进行限制。虽然一些行业的产业集中度、企业平均规模及专业化协作水平因此而取得了一定进展，但总的来说，并未改变产业组织结构不合理的状况。主要原因在于产业政策和竞争政策的不协调。如中国的产业组织政策一直将实现规模经济和专业化协作作为主要目标，而忽视了产业组织政策的核心作用在于"协调竞争秩序与规模经济的关系，实现资源的优化配置"。

（二）抑制部分产业产能过剩和防止过度竞争

20世纪80年代，虽然当时的经济工作重点还是促进供不应求产业发展，但中国产业政策同时也在控制或限制一些产业的发展。如1981年"十二个不准"，限制纺织、汽车、电视机等12个"重复建设行业"发展，1983年提出"适当控制重工业的增速"等。进入21世纪以来，抑制部分产业产能过剩成为中国产业政策的主要目标之一。2004年以来，抑制产能过剩一直是宏观调控的重要内容。对被列入产能过剩行列的行业，原则上不再批准扩大产能的项目；对不符合产业政策要求、不按规定程序审批或核准的项目，一律不得通过企业债、IPO等方式进行融资等。

(三)鼓励企业兼并重组、提高产业集中度

鉴于中国绝大部分产业的集中度很低,产业政策鼓励企业兼并重组、鼓励提高集中度。"十一五"期间,政府大力推进企业组织结构调整和兼并重组,支持优势企业并购落后企业和困难企业。近年来,从"十大产业调整振兴规划"到"十二五规划纲要",都毫无例外地提出了要"引导企业兼并重组,提高产业集中度"。在这种政策环境及其导向下,一些地方政府以《国务院关于促进企业兼并重组的意见》等纲领性文件及一些部门性产业政策作为促进所辖区域企业兼并重组的政策依据,以"优化资源配置,产业优化升级和企业组织优化整合"为目标,大力推进企业兼并重组、提高产业集中度,导致一些地区部分行业格局出现重大改变,争议颇大。特别是在企业兼并重组过程中的一些不尊重企业独立法人主体地位、不尊重产权、不尊重企业意愿等一些不规范的做法,引起诸多批评。

(四)鼓励技术进步和创新

中国的产业技术政策既是产业政策的组成部分,又是技术政策的组成部分,几乎涉及所有产业,因此也可看做是整个国家的技术政策,其重点随产业发展及环境变化而动态调整。虽然不同阶段的关注重点有所不同,但推进产业技术进步、创造有利于技术进步的环境、完善促进产业技术进步的法律法规体系,鼓励创新、建设以企业为主体的国家技术创新体系,始终是中国产业技术政策的主要内容。

(五)多部门联合行动及综合性行政干预措施

中国产业政策的实施手段以行政性直接干预措施为主,且这些行政性干预措施往往是综合性的,相关行业管理部门有时与质量管理、投资管理、环保、国土、金融甚至公检法等部门采取联合行动。这种"综合运用法律、经济、技术、标准以及必要的行政手段"(实际上往往是以行政手段为主),往往配以问责制,能较好调动多个相关部门,综合应用产业、金融、土地和环保政策,因而确实能形成强大合力,对相关行业的产业结构、布局、市场格局乃至一些企业命运产生重大影响。

（六）常常对微观经济进行直接行政干预

中国的产业政策也强调利用市场机制，但计划经济的强大惯性、国家干预主义的影响、部门利益和寻租动机等，使其具有过于强烈直接干预市场的特征。具体表现为产业政策几乎覆盖国民经济全部大类行业，针对单个行业的产业政策数量显著增加，政策内容更细化、政策措施更具体；市场准入、项目审批、供地审批、贷款的行政核准、目录指导、强制性淘汰落后产能等行政性直接干预措施进一步被强化。如产业结构政策或其实施细则依然会采用价格管制、强制命令等行政手段将资源配置（抽离）到政府指定优先（限制）发展的产业部门；产业组织政策以行政手段为主，以"关停并转"等强制性行政措施作为产业组织结构调整的手段；产业技术政策很具体地对特定技术、工艺进行选择性扶持等。广泛地直接干预市场、以政府选择代替市场机制和限制竞争，导致产业结构、重点企业、技术路线等有时并非由市场主体自身行为决定，而是政府主导形成。

（七）产业政策体系的多层级性

中国产业政策在体系上是多层级的，中央政府及地方政府（在其辖域）均可制定、实施影响产业发展的相关政策。产业政策制定主体关系上的层级属性并不意味着产业政策一定统一。实际上，不同主体的层次性、利益和目标上的不一致性，常常导致产业政策的扭曲或选择性解读。产业政策体系的多层级和产业政策多主体的性质，使产业政策的制定和实施，受到中央政府、地方政府和企业等多个行为主体的影响与制约，利益关系复杂。这往往也导致政策效果难如人意，甚至事与愿违。

二、中国产业政策的效果评估

在对中国产业政策效果的评价中，大多数研究结果都倾向于认为中国的产业政策的作用和效果有限，只有部分产业政策在特定时期和阶段起到了较大的作用，许多产业政策的制定和实施反而带来了较大的负面影响，甚至阻碍了产业结构升级和创新能力的增强。

（一）结构政策和组织政策常常难以实现预定目标

在实践中，中国的产业结构政策以确定"某一时期需要大力扶持的重点产业或支柱产业，或者引导退出的衰落产业"为重点工作。实际上，政府过去基本上没能成功预测和规划重点产业和支柱产业，或预测时点发生重大偏差，如20世纪90年代确定的四大支柱产业至今也难以说已发挥支柱作用；而在21世纪初被确认为支柱产业的房产地业，发展过程中出现的问题引发广泛关注，且因该行业本身的复杂属性使政府左右为难、进退失据。而相较于"主导产业的扶植和培育"及"衰退产业的援助和调整"，产业结构政策在"幼稚产业的保护和扶植"方面尤显不足。产业组织政策既未能有效支持优势企业尽快做大做强、形成国际竞争力，又未能有效鼓励中小企业发展，以保持经济活力和满足就业需求。可以说，产业组织政策的两个重要目标都未达到。此外，对政府高度关注的产能过剩问题，也存在诸多争议。治理产能过剩政策对一些部门长期存在严重产能过剩的判断有待商榷，对超越环保等功能性监管之外限制投资、强制退出是否合理也存在诸多不同看法。

政府判断常被市场所证伪以及上述一些明显的缺陷或问题，导致学界和业界对中国产业政策普遍认为"产业政策效果不佳""产业组织政策常常是错误的""产业结构政策只收到局部和阶段性成效"。

（二）对产业和对企业的扶持措施效果不佳

中国产业政策覆盖范围之广、内容之细致、体系之完整，干预力度之大、程度之深、手段之直接，在全球范围内也属罕见。但多年实践下来，成效却难如人意。以早在"七五"计划就被确立为"重要支柱产业"并一直以来备受产业政策持续关注的汽车产业为例，曾经获得"三大三小"等政策扶持的一些企业已经衰落，而一些被抑制的新企业却发展起来了。可以说，中国汽车产业发展偏离了当时的政策设计，产业组织政策基本失败（"多散低乱"问题依然存在）、产业技术政策收效甚微（被认为是"市场换技术"政策最失败的案例）、产业保护政策利小于弊（未能建立自生能力，没有带来应有经济效应，没有达到预期目的）。类似的情况也出现在其他一些备受产业政策关注的行业，如多年以来困扰钢铁企业的创新能力弱、缺乏战略供应链管理能力等问题至今未得到有效解决。

(三) 扶大抑小导致资源配置扭曲

中国产业政策显性的规模化导向加上隐性的所有制歧视，导致资源过多地流向效率并不具优势的国有大企业；而中小企业特别是民营中小企业不仅难以得到支持，反而受到诸多制约。

资源配置的低效率和扭曲导致产业组织结构的不合理与扭曲。由于集中资源支持大企业，使一些企业出现"虚胖"等大企业病症状和浮华行为。中小企业和新进入企业，特别是很具活力的民营中小企业常面临所谓的"次国民待遇"。产业政策的规模化导向另一个后果是带来了企业战略的规模化导向：中国企业一般倾向于外延式扩张快速做大以获得更多政策支持，而相对忽视内涵式做强，对技术进步和效率提高等方面的关注和投入相对不足等，加剧了经济效率受损和创新动力弱化等问题。

规模经济应该是竞争的结果，集中过程应该在市场竞争中形成。我们的产业政策不仅很难纠正资源配置中的市场缺陷，反而加剧了扭曲；不仅未能协调好竞争秩序与规模经济的关系，反而往往加剧了市场结构的失衡和市场行为的失范。

(四) 未能避免因集中度低和过度竞争导致的资源浪费

中国产业政策的主要目标之一是"提高集中度，避免过度竞争"，但实际上很难避免政府非常在意的由于集中度太低和过度竞争导致的资源浪费。如强调"提高集中度"的钢铁和汽车等产业政策最后都难以达到预设目标。"追求规模经济、限制新企业进入以减少资源浪费"的做法成效不佳，并导致了企业创新能力和自主开发能力的弱化。由于直接干预，产业政策抑制了市场竞争学习机制和筛选机制发挥作用，不仅难以避免因集中度低和过度竞争导致的资源浪费，反而可能带来更大的效率损失。此外，地方和部门利益是影响产业政策实施和效果的重要因素。中国"地方政府主导下的市场竞争"的经济发展模式使地方政府之间存在"竞争"关系。各地、各级政府都可以根据自身需要选择性解读乃至扭曲中央政府的产业政策，或通过制定地方产业政策来实现自己的意图。条块分割、地方利益、信息不完全、不对称和利益集团干预等，使产业政策难以实现目的。

（五）经常性的行政干预导致企业缺乏稳定预期和长期行为

中国正处于经济社会的加速转型期，而产业政策又常常导致行业性整顿、企业兼并重组甚至关闭。中国的企业家不得不经常面对市场和政策的双重不确定性，企业经营决策面临更加复杂的局面，没有安全感、对未来缺乏信心，缺乏稳定预期和长期行为。一些企业家当中出现的移民浪潮和投机行为，是这种心态的具体体现。

不确定性只是利于机会导向型企业的发展，鼓励"短平快"式经营。而有长期规划、长远愿景的企业要获得更规范的规模化发展，需要稳定和可预期的政策环境。中国产业政策及其经常性的直接行政干预已严重影响了企业创新、升级和转型等长期行为。

三、关于中国产业政策的基本结论和相关调整建议

总体而言，改革开放30多年以来，随着计划经济体制的逐步消亡，政府对产业发展的行政指挥作用和直接安排能力显著地降低了。但是一方面，作为后起的工业化国家，政府希望行政力量能够在促进产业快速发展方面发挥重要的推动作用；另一方面，政府部门的权力意识和利益冲动仍然强烈存在，并往往借助于产业政策的形式来表达权力和实现利益。以各种形式存在的中国产业政策形成了一个复杂体系。尽管对这个体系进行精确评估十分困难，但根据上述分析，我们认为，在过去30多年里，中国产业政策负面结果多于正面成效。

首先，从整体上看，计划经济思想的惯性、认识上的误区、利益集团的干预、各层级政府之间的相互竞争，使中国产业政策很多时候难以达到目的和实现良好意愿，更多时候反而劣化了资源配置，扭曲了市场机制。其次，中国的产业政策很难找到切实的理论依据，"市场失灵""经济赶超需要"等理论依据或不充分或本身就存在问题；以政府意志代替市场竞争性集中过程和优胜劣汰机制，使竞争的学习机制和筛选机制失去作用，阻碍了创新与效率。第三，中国产业政策对微观经济的直接行政干预、多部门的联合行动及综合性行政干预措施、执行时的刚性强制，导致

诸多抵触和批评，影响了其作用发挥，使实际情况往往偏离了产业政策预设目标。最后，从结果来看，中国产业政策的成效不佳，前文已多处论及，不再赘述。

我们建议，中国应该极大地简化产业政策，尽量减少各种形式的产业政策，更多地让市场发挥决定性作用，而不是依靠政府的产业政策来选择和培育支柱产业、规定和控制产业规模、设定和提高产业集中度，因为事实已经证明，产业政策很难发挥预想的作用。中国的产业政策需要更加妥善处理好政府与市场的关系，需要更加重视体现"探索知识、积累经验"，作为必要过程的市场竞争，尽可能避免用政府的判断和选择来代替市场机制。

当然，政府并不是无所作为。未来的产业政策首先应定位于致力创造"促进公平竞争、鼓励创新"的市场环境。其次，产业政策应该强化社会性规制，在控制产业发展对环境的影响、降低资源消耗和能源消耗、提高安全生产标准等方面发挥更大的作用。再次，政府应该充分发挥政府组织的重要工程和重大项目对一些产业发展的带动作用，从需求侧来促进产业技术水平的提高和产业竞争力的增强。

（本文原刊于《中国发展观察》2013年第12期）

中国产业政策变革

"十三五"时期中国产业发展新动向

赵昌文[*]

"十二五"时期，中国经济由过去三十多年的高速发展步入中高速的发展阶段，发展模式也开始有了新的转变，经济发展整体上进入新常态。认识新常态、适应新常态、引领新常态，是"十三五"时期中国经济发展的大逻辑，如何在新常态约束条件下保持经济增长则是"十三五"时期需要面临的关键问题。"十三五"规划和产业政策的制定应当充分考虑当前中国经济的发展阶段和全球正在进入新一轮产业革命的大背景。在改革开放初期，中国与国际技术、经济前沿的差距非常大，在制定产业政策和产业规划时，可以依靠后发优势，借鉴国际经验，技术信息、市场信息相对充分。但是，在经济发展整体进入到中高收入国家行列、工业化进入到后期阶段以及在新一轮产业革命的背景下，信息的不充分性为产业政策的制定增加了难度。新一轮产业革命的标志是新业态、新产品、新技术和新商业模式，这些特征成为产业发展中具有不确定性的外部条件。基于此，"十三五"时期，中国的产业发展要适应全球产业变革和技术创新的方向，立足现有产业基础和比较优势，实现产业结构的优化升级，实现关键技术和共性技术瓶颈的突破，实现从价值链中低端向中高端的转移，实现国际竞争力的全面提升，为"十三五"时期经济社会高效、包容和可持续发展提供强大的动力。

---

[*] 赵昌文，国务院发展研究中心产业经济部部长。

一、全球新一轮产业革命的孕育与影响

对"十三五"时期中国产业发展新动向的分析,首先需要对新一轮产业革命进行清晰的判断。当前,人们对新一轮产业革命的认识和描述还处于探索阶段。里夫金[①]认为,新一轮产业革命是互联网与可再生能源的结合。Markillie[②]提出,新一轮产业革命的重要特征是数字化、智能化制造。Marsh[③]提出,新工业革命的重要特点是大规模制造的终结,个性化制造的兴起。安德森[④]认为,新工业革命的重要特征是数字化制造使得人成为创客,能够利用互联网将自己的各种创意转变为实际产品。布莱恩约弗森和麦卡菲[⑤]认为,人类将进入第二次机器革命时代,其特征是随着数字化技术的进步,数不胜数的智慧机器和数十亿互联互通的智慧大脑结合在一起,将彻底颠覆之前的世界。德国产业界则提出了"工业4.0"计划,强调信息网络世界与物理世界的结合将引发第四次工业革命。

以上的认识和描述既有共同性,又强调了不同的视角或层面,甚至涉及了不同的名词。其中,我们认为,最重要的概念有三个,即科学革命、技术革命和产业革命。一般认为,科技革命是产业革命的前提,而科技革命是科学革命和技术革命的合称。科学革命指的是科学理论、方法和知识等方面的巨大进步,是技术革命的准备和先导;技术革命是技术形态、范式、方法和工具等方面的深刻变革,是科学革命的结果和基础;产业革命建立在产业结构、产业组织变革的基础上,主要取决于技术革命是否会导致产生一系列新发明、新产品、新模式、新业态和新行业。科学革命是技术革命的准备和先导,技术革命是产业革命的直接诱因。新一轮科技和产业革命的核心是现代信息技术与制造业的深度融合,并将带动整个产业形态、制造模式和组织方式等的深刻变革。

---

① 杰里米·里夫金著;张体伟,孙豫宁译:《第三次工业革命:新经济模式如何改变世界》,中信出版社2012年版。

② Markillie, P. A Third Industrial Revolution: Manufacturing and Innovation (Special Report) [R]. The Economist, 2012.

③ Marsh, P. The New Industrial Revolution : Consumers, Globalization and the End of Mass Production [M]. Connecticut: Yale University Press, 2013.

④ 克里斯·安德森著;萧潇译:《创客:新工业革命》,中信出版社2012年版。

⑤ 埃里克·布莱恩约弗森,安德鲁·麦卡菲著;蒋永军译:《第二次机器革命》,中信出版社2014年版。

（一）新一轮产业革命

新一轮产业革命的内涵可以形象地概括为"一主多翼"。所谓"一主"，是指数字化、网络化和智能化技术的创新发展和广泛深度应用。所谓"多翼"，是指能源技术、材料技术和生物技术的创新发展、融合交叉及应用。"一主多翼"的产业革命带来了包括生产方式、分工方式、商业模式和产业组织方式的深刻变革。从生产方式看，新一轮产业革命将使制造业呈现出数字化、网络化、智能化、个性化、本地化和绿色化等特征；从分工方式看，将呈现出专业化、制造业服务化、产品链一体化和产业链分工细化等特征，特别是数字技术推动大数据产业的发展，改变了传统产业链、价值链对分工的限制，不仅进一步降低了信息不对称程度，而且其特有的"信息及时性"前所未有地降低了交易成本[①]；从商业模式看，将从传统工业时代以大规模、标准化生产为中心转向以消费者需求为中心，从以产品为中心转向以服务为中心。产品和服务的开发应用速度空前加快，如个人电脑将市场渗透率从10%扩大到40%用了大约15年，互联网用了5年，智能手机只用不到3年的时间[②]。借助工业互联网，产业组织方式将展开三方面的互联：一是上下游企业之间的垂直互联；二是一定范围内企业之间的水平互联；三是生产者与消费者之间端到端的互联。

新一轮产业革命的核心是信息技术、互联网技术的发展及其对能源领域、材料领域和生物科技领域的渗透。当前，国家之间的竞争在很大程度上也取决于如何在新一轮产业革命的机遇下促进信息技术和互联网技术的发展以及在对其他产业渗透的竞争中取得优势。信息技术的发展已经进入稳步爬升的扩展期，信息网络技术深度应用模式逐步形成[③]。新一代信息技术加快发展，正在向实质生产高峰期过渡，信息网络技术将广泛深度地渗透到实体经济中。信息技术与传统产业相结合，会形成新的产业模式，例如，智能制造、智能交通和物联网等。

"十二五"时期，中国在多个领域已经取得突破性进展。能源技术领域，风力发电、太阳能发电、智能电网和能源互联网等进入规模应用阶

---

① Salvador, A. B., Ikeda, A. A. Big Data Usage in the Marketing Information System [J]. Journal of Data Analysis and Information Processing, 2014, 2 (3): 77-85.
② Reeves, M. 双元性创新——复杂环境中企业的做强艺术 [A]. 波士顿咨询公司. 变革中求生 [C]. 北京：波士顿咨询公司，2014. 14.
③ 国务院发展研究中心内部研究报告 [R]. 2013.

段；电动汽车等已经开始突破市场化初期瓶颈，进入快速发展阶段。材料技术领域，在开发新型功能材料、高性能结构材料和先进复合材料方面取得显著进展。生物技术领域，在基因技术、干细胞组织工程技术和快速测量技术等基础技术领域取得重大突破，并在生物育种、生物医药和生命健康领域不断得到应用。"十三五"时期，如何继续延续新兴产业的良好发展势头，抓住新一轮产业革命的历史机遇，是中国产业发展的核心问题。

（二）新一轮产业革命对国家竞争力的影响

信息技术和互联网技术的发展及对其他产业的渗透，在未来相当长的一段时期内将决定着一个国家的竞争力。在此过程中，发达国家凭借资本和技术优势以及在全球产业分工体系中处于价值链高端和系统集成者的位势，国家竞争力将得到大幅提升，并对发展中国家产生巨大挤压。对发展中国家而言，在新一轮产业革命中首先要面临传统竞争优势逐渐消失的压力。生产方式数字化、网络化和智能化的变革将使发展中国家的要素成本优势进一步削弱。根据波士顿咨询公司的报告预测，到2020年，美国在中国制造的出口产品可能会有30%改在美国国内生产。新一轮产业革命还将带来国际产业结构的深刻调整，传统产业改造升级加速，新兴产业加快兴起。欧美等国家在金融危机后提出的"再工业化""重返制造业"战略，正是利用新技术对传统产业的改造升级，结合本国的核心技术优势，重新构建工业体系，争夺新产业结构的优先话语权。从实践中看，发达国家纷纷将发展重点集结在新兴技术领域[①]，对新兴产业进行重点支持。根据麦肯锡的报告，到2025年，移动互联网、高级机器人、无人驾驶汽车、下一代基因组学、能源存储、3D打印、新材料、先进油气勘探和开采技术、可再生能源等颠覆性技术有望对全球经济产生14万亿~33万亿美元的影响。

由此可见，虽然少数发展中国家过去依赖要素成本优势已经在工业化进程中取得了长足的进步，甚至成功地实现了追赶，人均GDP水平不断提高，部分国家进入到了中高收入甚至高收入国家的行列。但是，新一轮产业革命使得绝大多数新兴经济体在赶超发展的道路上遇到了前所未有的

---

① 郑雄伟："新兴产业或成为全球经济复苏的起点"，[DB/OL]．http://opinion.hexun.com/2012-02-03/137732050.html，2012-02-03。

压力,当然,也会有"弯道超车"的机会。从中国的情况看,改革开放三十多年的发展史,其实也就是工业化不断推进的历史。发达国家约在50年前、100年前甚至200年前就开始推进工业化,而中国的工业化进程才只有短短的三十多年。中国抓住了全球自由贸易、技术进步和产业转移的历史机遇,利用比较优势成功地实现了"加速发展"。最近,有一种观点认为,中国可能是最后一个依靠工业化从贫困走向富裕的国家,即在低成本的劳动力和要素价格优势的基础上逐渐从价值链的低端向中高端转移,尽管这个过程还没有完成,仍然任重而道远。但是,在新一轮产业革命中,中国的优势要远远大于其他发展中国家,包括印度等尚未开始大规模工业化的国家。这些国家虽然也有低成本劳动力和人口红利,但因为这些国家所处的工业化时代和中国不一样,低成本和人口红利的优势将不再那么明显,而与此同时,已经完成工业化的国家其竞争力反而会更强。中国现在的情况介乎于两者之间,一方面低成本劳动力、低要素价格的优势在衰减;另一方面高端制造业、服务业的竞争优势还没有形成。在未来中国产业的发展中,机遇和挑战并存。

二、构建"产业新体系"应对新一轮全球竞争

"十三五"时期,实体经济部门特别是制造业部门需探索如何在新常态下实现更好发展的同时提升国际竞争力。当前,中国制造业面临着前所未有的机遇和挑战。在新一轮产业革命和技术进步的浪潮中,如何抓住机遇,实现产业转型升级,尤其是利用信息技术和互联网技术,提升中国制造业的发展质量、水平和竞争力是中国制造业亟待突破的问题。《中国制造2025》的目标是在未来10~20年左右的时期内,实现中国制造业的进一步发展和提升。《中共中央关于制定国民经济和社会发展第十三个五年规划的建议》更是明确地提出了构建"产业新体系"的任务。加快构建"产业新体系"作为"十三五"规划的重要内容,是保持经济中高速增长、实现产业迈向中高端水平的迫切需要,是主动应对新一轮国际产业竞争的战略选择,是实现中华民族伟大复兴的重大举措[①]。

---

① 马凯:"构建产业新体系",[DB/OL]. http://www.gov.cn/guowuyuan/2015-11/10/content_2963175.htm,2015-11-10。

（一）"产业新体系"的内涵

"产业新体系"这一概念可以追溯到党的十七大提出的"现代产业体系"。十七大报告中提出，"发展现代产业体系，大力推进信息化与工业化融合，促进工业由大变强，振兴装备制造业，淘汰落后生产能力"[①]。"产业新体系"是中国语境下的专有概念，如果把"产业新体系"作为一个目标，从理论上可以表述为：能够适应新一轮全球产业革命和技术进步，充分发挥现阶段中国的比较优势，结构合理、层次明确，具有较强国际竞争力的现代产业体系。"新"是相对而言，在"十三五"时期，要把产业革命这一大背景作为既定环境。"产业新体系"的概念着重强调技术进步，是因为产业革命这一概念所涵盖的范围太大，需要构建能够与中国所处工业化阶段相适应的产业体系。更加重要的是，这样一个产业体系必须建立在能够充分发挥现阶段中国比较优势的基础上，既要有追求、高目标，但也不能好高骛远。对此，邓小平同志曾有过如下论述，"我赞成劲可鼓不可泄。但是要强调一点，我们需要的是鼓实劲，不是鼓虚劲"。在未来的五年中，中国低成本优势将会越来越衰减，如果新的竞争优势不能迅速建立，那么在全球视角下获得国际竞争力的产业发展目标将会难以实现。

（二）"产业新体系"与产业结构调整

"十三五"时期，国家要通过构建"产业新体系"，继续推动中国的工业化进程，其中，首要任务是要调整产业结构，尤其要处理好制造业与服务业的关系。2014年，中国第三产业增加值占GDP的比重达到48.1%，比2013年提高了1.2个百分点。比第二产业比重高5.4个百分点。这是继2012年以来第三产业比重连续第三年超过第二产业。根据陈佳贵等[②]的《中国工业化进程报告（1995~2010）》所采用的标准，中国目前大致处于整体上刚刚进入工业化后期的阶段。

从国际经验看，人均GDP在1万国际元（1990年不变价）左右时，

[①] 胡锦涛：《高举中国特色社会主义伟大旗帜，为夺取全面建设小康社会新胜利而奋斗》，人民出版社，2007年版。
[②] 陈佳贵、黄群慧、吕铁等：《中国工业化进程报告（1995~2010）》，社会科学文献出版社，2012年版。

第二产业比重处于开始下降的阶段，工业化后期一般需经过十年左右的时间。中国2014年人均GDP已经超过1万国际元，2012年第二产业首次低于服务业，如果再算上十年，那么到2025年前后就会进入后工业化阶段。这与党的十八大提出的，到2020年中国要基本实现工业化的目标是一致的。

在工业化推进过程中，各行业比重达到峰值的先后顺序与技术和资金密集度相关。以纺织业、食品工业等为代表的劳动和资源密集型产业占制造业比重回落时点最早，人均GDP大致在8 000~9 000国际元时就要回落。以钢铁行业为代表的资本密集型重化工业比重达到峰值时所对应的人均GDP大约在11 000国际元。以金属制品、电器制造和交通运输设备制造等为代表的资本和技术密集型产业占制造业比重持续上升，大约在人均GDP达到15 000国际元时趋于稳定，且没有明显回落。不管是大国还是小国，虽然会有一些特殊性，但背后的经济规律是一致的。这就充分说明，中国在构建"产业新体系"的进程中，必须正视工业化阶段，在此基础上考虑新的产业发展战略。

中国工业化进入到后期与中国经济发展进入新常态在时间点上是基本一致的，因此，"十三五"时期，在继续推进工业化的进程中，需要处理好制造业与服务业之间的关系。2015年，服务业增加值占比估计会超过52%。工业化进入后期之后，工业对国家经济增长的拉动力将减弱，实际上意味着传统的投资驱动模式已经难以为继。中国经济进入新常态所需应对的已经不是简单的投资需求缺口问题，而是工业化发展阶段的问题。当然，中国工业化进入后期是就整体而论，而作为一个大经济体，地区之间发展不平衡的问题非常突出，东部沿海地区与中西部地区之间在发展阶段上也有显著的差距。由此看来，产业结构调整既不能像过去一样，一味地强调工业、制造业的重要性，也不能简单地认为，工业、制造业就不再重要了。正确的态度应该是顺应工业化进入后期阶段的事实，改变过去规模扩张的战略，努力提升工业、制造业部门的技术水平、质量效益和产业竞争力。此外，也要注意到，在新一轮产业革命方兴未艾的背景下，工业化的一个显著特点是制造业和服务业的融合。发展现代服务业是处理好制造业与服务业关系的重要途径。

(三) 构建新型制造业体系

构建"产业新体系"需以制造业为中心建立关联网络，辐射其他产业。金融危机以后，制造业再次成为各国竞争的焦点，一些欧美发达国家在总结和反思金融危机的教训后，纷纷实施"再工业化"和"制造业回归"战略，部分高端制造业出现"逆转移"，给中国相对先进的制造业在技术进步与产品出口等方面带来新挑战，制造业向价值链高端提升的难度加大。此外，印度、越南等工业化水平较低的发展中国家开始以更低的成本优势加速推进工业化。中国制造业处在一个"中间位置"，面临发达国家与发展中国家的前后夹击，一方面要千方百计维护好既有的竞争优势，另一方面要努力形成以技术创新为核心能力的竞争新优势。

"十三五"时期，制造业发展将面临趋势性和转折性变化，要求中国制造业必须实现从传统生产方式向现代生产方式的转变，增强对全球产业链、创新链和需求链的整合能力。近年来，中国制造业竞争力水平有很大提升，2012年，在全球制造业产值中所占比重上升到19.8%，超过美国（19.4%）成为世界制造业第一大国；2013年，装备制造业产值规模突破20万亿元，是2008年的2.2倍，年均增长17.5%，占全球装备制造业的比重超过1/3，居世界首位。当前，中国制造业主要有两大发展趋势：一是制造业对GDP的贡献将进一步下滑，增速总体持续放缓的趋势很难改变。二是制造业内部不断分化，劳动密集型产业和资源密集型重化工业比重将不断下降，而资本和技术密集型产业比重将持续上升。为应对新形势，"十三五"时期，中国制造业转型升级的基本方向是从主要依靠低成本要素的发展模式向主要依靠创新和知识资本等高级要素的发展模式转型。

1. 发挥传统产业与新兴产业的联动作用

通过适应信息化、智能化和网络化的技术发展方向，加快工业化和信息化的深度融合，着力推动传统制造业部门的改造和战略性新兴产业发展。中国大量的制造业部门是传统工业部门，设备更新、改造和技术创新的空间很大，这也是制造业部门转型升级的主战场。新技术变革引领下的产业革命并不意味着新兴产业与传统产业的完全分离与排斥，很多新兴产业都不是从一个完全新的、空白的领域中产生的，在传统产业领域中孕育着巨大的新兴产业机会，构建"产业新体系"不能把传统产业的改造和新兴产业对立起来。中国发展"产业新体系"的路径和目标与发达国家不完全相同，更需要关注解决产业结构的升级问题，因而尤其需要发挥传统产业与新兴产业的联动作用。目前，中国制造业总体上仍然处于全球价值链的中低端，虽然生产了占全球30%的商品，却只能得到其价值的1/6，制造业的增加值一直低于世界平均水平。其中，最主要的问题是中国制造业缺乏竞争力持续提升的基础能力，主要表现为：一是缺乏核心技术和关键技术；二是产业共性技术的供给存在"制度空洞"；三是中国制造业传统竞争优势在不断削弱的同时，新的竞争优势还没有确立。所以，发挥传统产业与新兴产业的联动作用，有利于新技术在传统产业中的运用和渗透，帮助传统产业突破技术瓶颈，在充分利用中国大市场优势的条件下，最终培育出能够适应全球竞争环境的高端制造业和新兴产业。

2. 促进服务业与制造业的融合

制造业与服务业的融合进一步加深、制造过程是服务过程这一理念的转变已经成为当前新一轮产业革命的一个重要特点。为提高制造业部门的附加值和竞争力，需要将服务业与制造业融合，延伸制造业的产业链和价值链。制造业和服务业的创新联动，可以更好地优化制造业生产过程，改善制造业的商业模式，降低制造业的成本水平。无论是德国的"工业4.0"还是《中国制造2025》，其核心都是要解决制造业的转型升级问题。中国经济转型的根本不单单是提高服务业的比重，关键是要把制造业从价值链的中低端提升到中高端。因为只有制造业实现了中高端的发展，服务业才能有更好的发展，最终国家经济转型才可能成功。在未来一段时期内，包括德国"工业4.0"在内的全球制造业的发展战略可能会对整个世界制造业的格局带来新变化。中国在关注制造业尖端技术领域的同时，也需要重视制造业基础技术和通用技术领域。发达国家的制造业，有非常扎实的基础和丰富经验，但即便是德国也并非是所有的制造业都达到4.0标准，而中国制造业尤其需要面对多层次的问题，制造业大多数仍处于2.0标准，少数达到3.0标准，达到4.0标准的微乎其微。因此，需要把国际上好的理念、经验和中国制造业的实践结合起来，使制造业部门有更好的发展空间和发展生态。

3. 发展战略性新兴产业

促进制造业部门生产要素的战略性转换，提升无形资产和非物质要素投资在制造业投资中的比重，发挥品牌效应，构建制造业长期可持续的竞争优势。"十二五"时期，中国战略性新兴产业发展展现出良好的态势，产生了不少未来可能形成"燎原之势"的"星星之火"。从技术看，一些关键技术领域和环节实现了重大突破。根据2015年3月波士顿咨询公司的报告《移动革命：移动技术带来万亿美元影响》，移动技术对中国经济的影响高达3 650亿美元，占国内生产总值的3.7%。中国移动技术国内生产总值目前位居全球第二，到2020年占GDP的比重有望达到4.8%。此外，北斗卫星导航系统及其上下游产品产业化步伐进一步加快；由中国主导的4G标准TD-LTE（增强型时分同步长期演进）产业化进入实质性阶段；液晶面板实现了关键技术的整体突破，初步缓解了一些行业"缺芯少屏"的发展瓶颈；超材料、抗体药物、基因测序等领域也取得了重大进展；互联网金融、移动互联、大数据等领域也已进入快速发展阶段。战略性新兴产业发展态势良好，已成为转方式、调结构、稳增长的重要力量。

中国战略性新兴产业发展也存在很多突出问题，如仍然采用传统的招商引资和投资驱动的发展模式，各地方产业同构现象较为明显，低水平重复建设严重等。促进战略性新兴产业发展，核心是处理好政府与市场的关系。十八届三中全会提出，"使市场在资源配置中起决定性作用和更好发挥政府作用"，这一表述是在原有政府与市场关系问题上的一次重大理论创新和突破。在战略性新兴产业发展中，要全面地看待政府与市场之间的关系，要跳出大政府与小政府之争的误区，不能只是简单地关注政府职能范围，将政府与市场关系的处理简单理解为"放"与"补"是远远不够的。实际上，政府与市场之间的关系除了范围外，还有另一个重要，甚至更加重要的维度，即有效性。一味地强调取消审批、下放权力等，则可能会导致政府职能有效性的降低，并不能带来治理能力的提高和现代化。因此，需要进一步认识战略性新兴产业发展中政府的作用范围和作用方式。

三、"十三五"时期中国产业政策的方向

如前所述，"十三五"时期，中国产业发展面临着在"夹缝"中求生

存与发展的问题,上端是高端技术的"天花板",下端是生产要素的"地板",亟需在两者的"夹缝"中寻求突破。此外,中国既需要与发达国家抢占新一轮经济发展制高点,也需要与发展中国家展开在新兴市场的竞争。改革开放之初,由于平均技术水平与发达国家相比存在极大差距,中国具有技术引进和技术模仿的巨大空间。经过三十多年的发展,中国与国际技术前沿的差距迅速缩小,同时由于发达国家高技术保护政策限制,传统技术进步方式已不能为继,未来突破技术"天花板"问题只能依靠自主创新。金融危机之后,发达国家借助高水平服务业的优势开始了"再工业化"和"重返制造业"进程。在服务业比重已经占到70%以上甚至更高的条件下,美国、英国和德国等发达国家将发展高技术制造业上升为国家战略,使中国冲破技术"天花板"所面临的国际竞争压力加剧。生产要素的"地板"问题主要是指近年来中国各类生产要素成本上升,制造业的传统竞争优势逐渐削弱。全球产业竞争压力与国内经济发展新常态将会倒逼产业结构的深度变革与深刻调整,构建新的产业体系是必然选择。为此,要充分发挥市场的主导作用和企业的主体作用,也要更好发挥政府的促进作用。具体讲,"十三五"时期的产业政策要注意处理好以下四个方面的关系:

(一)政府职责与产业特征相匹配

新一轮产业革命催生了很多区别于传统产业的新兴产业,对于不同的产业而言,虽然政府的职责同样是创造一个好的发展环境,但在传统产业和新兴产业发展上的作用应有所不同。一般来说,政府的职责主要是保护各种所有制经济产权和合法利益,保证各种所有制经济依法平等使用生产要素、公平参与市场竞争、同等受到法律保护,从而营造一个良好的发展环境。良好环境的营造,可以大大降低企业进入的初始成本,促进生产要素自由流动,激发企业的积极性和创造性。如深圳出现了华为、中兴通讯、腾讯、华大基因和光启研究院,浙江出现了阿里巴巴等创新型企业。

但对传统产业和新兴产业,政府的作用应当有所不同。传统产业是基于以往的比较优势发展而来,在新时期,这种比较优势会逐渐衰减,政府的主要任务是不断改造提升这种优势,不是直接介入传统产业的具体经营过程,而是通过转变政府职能,降低企业交易成本,培育新优势、新动力。而对新兴产业,由于新兴产业自我成长能力薄弱,政府前期的适度扶持有利于其发育成长,如可以通过制定战略、规划和政策,加强金融财税支持,激发市场需求,降低新兴产业发展的整体性风险。当然,也应严格界定政府扶持的范围和条件,防止过多过宽,防止政策叠加,政府不能大包大揽。"十二五"时期,各地政府曾大力支持光伏产业的发展,尽管有部分企业从事的是高耗能、高污染环节,但由于与光伏产业相关,纳入战略性新兴产业,仍然得到政府大量的资金补贴和银行的巨额贷款,甚至一些企业借口发展光伏产业存在明显的套利行为[1]。

(二)公共政策与市场机制相结合

产业政策作为弥补市场失灵的制度安排在产业发展中有重要作用,但要充分体现公共政策与市场机制的有机结合。中国是实行产业政策较多的国家,但产业政策的效果一直是一个有争议的话题。产业政策与市场机制都是资源配置的手段,产业政策作为弥补市场失灵的一种制度安排,必不可少,特别是当一个国家正处于经济转型的阶段时,产业政策对于推动产业发展至关重要。但是,如果产业政策脱离了实施范围和条件,则其效果就会大打折扣甚至成为阻碍产业发展的桎梏。当前,随着中国工业化整体上已经进入到后期阶段,中国产业发展中资源、能源和环境的约束越来越强,提升全球竞争力越来越成为中国经济的重要战略目标。中国的产业政策应主动适应从要素驱动向创新驱动阶段转换的要求,防止重点产业扶持过多过滥的政策倾向,防止产业组织过度追求规模化的倾向,防止产业政策制定、实施的部门化倾向,而应该转向公开、公平和公正的竞争政策,以智慧、绿色、包容式发展的产业政策推进产业结构升级。

在新一轮产业革命日益兴起的背景下,政府应该而且必须增强对技术创新和产业发展的预见性,但绝不能代替企业制定具体的技术路线。政府的作用范围、作用方式要适应新一轮产业革命的特点。由于新兴技术的创新速度非常快,而且经常会有颠覆性的技术和商业模式创新,所以,在鼓励和支持新兴产业发展时,政府可以制定宏观的发展战略规划,但绝不应该通过制定具体的技术规划甚至直接安排项目的方式指导企业的行为。此

---

[1] 肖兴志,李少林:"光伏发电产业的激励方式、他国观照与机制重构",《改革》2014年第7期。

外，要推进公共资源配置的市场化，使土地、财政资金等稀缺的公共资源成为产业转型升级和新兴产业发展的杠杆，而不能继续成为"套利"的工具。

（三）财政政策与金融政策相补充

财政政策与金融政策是产业发展中非常重要的宏观政策手段。政府要不断创新财政的支持方式，推动财政资金金融化。财政资金的金融化改革是近年来出现的一个新尝试，其本质是将财政资金支持创新的从以前的"项目拨付"方式改革为现在的"基金投资"方式，从而可以在一定程度上解决"点对点"、"项目到项目"的方式没有杠杆效应且容易出现寻租行为的问题。如2014年设立的1 200亿元的集成电路投资基金，2015年国务院常务会通过设立400亿元的战略性新兴产业投资基金。这种方式最大的优势在于可以把政府的货币资本与社会的人力资本、民间资本有效结合起来，把公共政策的效应与市场化机制有机结合起来。

银行体系应进一步深化改革，加快发展中小金融机构。由于中国金融体系的特殊性，以银行业为主的间接金融在企业融资结构中占有更加重要的地位。近年来，政府在引导银行业加大对产业升级、化解过剩产能和科技创新等信贷支持方面已经有不少探索，如支持科技型中小企业贷款专营机构的试点与发展，为科技贷款提供风险补偿、信用担保等。继续探索一些新的商业模式，如美国的硅谷银行系统有效地执行与风险投资机构紧密合作的策略，通过一系列创新逐步实现商业银行业务与风险投资的深度融合。

把多层次资本市场的发展提到更加重要的议事日程中，加大资本市场与传统产业转型升级的关联度，增强资本市场对新兴产业的可及性。虽然经典金融学理论中对于银行体系和资本市场在创新中的作用孰优孰劣尚无一致的意见，但美国等发达国家的实践表明，资本市场在推动技术创新、促进创新型企业和新兴产业的发展方面发挥了更加重要的作用。当前金融体系服务实体经济效率之所以不高，关键原因之一便在于金融体系的竞争不足。发展多层次资本市场可以通过引导大企业或大客户"金融脱媒"，增强银行体系与资本市场之间的竞争，进而增强银行体系之间的竞争。若辅之以适当的审慎性监管，将可以引导银行体系主动进行风险可控的

"客户下沉",市场化地解决金融服务实体经济效率不高的问题。

(四)产业政策与创新政策相适应

尽快实现从传统产业政策向创新政策的升级。传统产业政策是与要素驱动的工业化快速推进阶段和技术、产业模仿跟进阶段相适应的发展政策。进入新的发展阶段后,传统产业政策客观上需要实现升级。首先,传统产业政策成为产能过剩的重要根源,削弱了经济增长的质量和效益。其次,传统产业政策制约了企业的创新活力,甚至成为一些企业无风险套利的工具,导致一批寻租型企业的产生,削弱了全社会创新的动力。最后,传统产业政策还带来了其他严重弊端,不利于打造"中国经济升级版",不利于提高经济增长的普惠性。以创新政策为核心的政策体系既与新的发展阶段相适应,又有利于从根本上解决传统产业产能过剩、创新能力不足以及新兴产业当前面临的各种突出问题。因此,有关政府决策部门在研究制定长期经济政策时,出发点需要尽快实现从传统产业政策到创新政策的转变。创新政策的立足点在于努力创造良好的环境,推动各种创新要素的升级和优化配置。

(本文原刊于《财经问题研究》2016年第3期)

中国产业政策变革

当前中国产业政策转型的基本逻辑

江飞涛　李晓萍[*]

20世纪80年代中期，政府主导的市场经济模式（即所谓东亚模式）在国内得到较为普遍的认同，其以政府为主导的选择性产业政策模式颇受推崇，以这种产业政策模式来主导产业发展乃至经济发展，既保留了政府对经济发展的大量干预，同时也能够引进市场机制。因而，产业政策作为当时各方都能接受的政策模式和政策工具，成为中国政府推动计划经济向市场经济渐进式转变的重要方式。直到21世纪初，从整体上看政府通过产业政策的实施不断减少了对于微观经济的计划管理或干预；并且由于产业政策不像计划管理那样具有很强的约束性，不当的产业政策干预相对容易被突破和调整。在这一期间，产业政策因其灵活性与不断释放微观经济活力，在很大程度上促进了产业发展及产业结构调整。

但是，政府仍通过产业政策保留了大量对微观经济的干预，由此带来的不良效应也不断显现出来。江小涓（1999）进一步指出，这些政府干预的效果总体上不理想，许多行业高速发展的过程，就是不断突破有关部门预测、脱离其规划、摆脱其干预的过程。如果政府的干预大部分得以实现，这些行业的发展就会被进一步延迟。进入21世纪以后，特别是2003年以来，中国政府加强了对微观经济的干预（吴敬琏，2009），进一步强化了选择性产业政策的运用，政策几乎涵盖所有产业，不仅表现为对特定重点产业的扶持，更多地表现为对产业内特定企业、特定技术、特定产品的选择性扶持以及对产业组织形态的人为调控；从政策措施来看，目录指导、市场准入、项目审批与核准、供地审批、贷款的行政核准、强制性清

---

[*] 江飞涛，中国社会科学院工业经济研究所副研究员；李晓萍，中南大学商学院副教授。

理（淘汰落后产能）等行政性直接干预措施进一步被强化，对微观经济的干预更为广泛、细致和直接，从而体现出强烈的直接干预市场、限制市场竞争和以政府选择代替市场机制的管制性特征和浓厚的计划经济色彩。这些产业政策大多效果不佳，由此带来的不良政策效应却日趋突出。

当前，中国经济进入新常态，新一轮科技革命和产业变革正在孕育兴起，中国产业发展面临新的形势与前所未有的挑战，而现行的产业政策模式非常不利于产业转型发展与国际竞争力提升，更不能适应新的形势与应对新的挑战。中国迫切需要调整当前产业政策模式，摒弃原有效果不佳的产业政策，转为制定和实施更为合意、更为有效的产业政策。

一、现阶段中国产业政策的特征与缺陷

现阶段中国的产业政策具有强烈的管制性特征和浓厚的计划经济色彩，是典型的选择性产业政策，政府与市场的关系主要表现为政府直接干预市场与替代市场。

中国的产业政策一直以来就具有强烈的干预市场特征，对于微观市场的直接干预措施是产业政策最为重要的手段。2003年以来，随着政府对企业微观经济活动的行政干预，在"宏观调控"的名义下明显加强，"宏观调控要以行政调控为主"成为正式的指导方针（吴敬琏，2010），而这些行政调控多是以产业政策的形式实施。目录指导、市场准入、项目审批与核准、供地审批、贷款的行政核准、强制性清理等直接干预市场型的政策措施，是中国产业政策主要的政策工具选择。中国产业政策直接干预市场的特征还表现在对于市场竞争的限制方面，即保护和扶持在位的大型企业（尤其是中央企业、地方大型国有企业），限制中小企业对在位大企业市场地位的挑战和竞争。

中国产业政策试图以政府的判断、选择来代替市场机制。中国产业政策中的这种选择性并不只是表现为对具体产业的选择和扶持，而是更多表现为对各产业内特定技术、产品和工艺的选择和扶持。中国的各种指导目录不止详细规定了政府重点支持的产品、技术、工艺或产业，还详细规定了被限制或者被强制淘汰的产品、技术、工艺与产业。由于这类指导目录、指南或者规划是政府制定投资审批与管理、财税、信贷、土地等政策的依据，它在很大程度上选择了投资的方向，这实际上是以政府对于产

品、技术和工艺的选择，来替代市场竞争过程对于产品、技术和工艺的选择。以政府选择代替市场机制，还表现在对特定行业市场结构、生产企业及企业规模的选择上，也表现在产能过剩治理政策的制定过程中，以政府对市场供需状况的判断以及对未来供需形势变化的预测来判断某个行业是否存在盲目投资或者产能过剩，以政府的判断和预测为依据制定相应的行业产能及产能投资控制措施、控制目标，并试图控制市场供需的平衡。

以直接干预微观经济为特征的选择性产业政策，实施效果多不理想，并且由于扭曲了市场机制，带来许多不良的政策效应以及较为严重的寻租问题，在很大程度上阻碍了结构调整与经济转型。具体来说，主要问题有以下几个方面：第一，采取广泛干预微观经济的产业政策，带来较为严重的寻租和腐败行为，加剧收入分配的不平衡，诱导企业家将更多的精力配置于寻租活动，相应地减少了适应市场、降低成本、提高产品质量、开发新产品等方面的努力，并降低了整体经济体系的活力。第二，投资审批、核准政策及市场准入等管制政策，由于限制和扭曲了市场竞争，对一些重要行业的效率提升产生了显著的负面影响，不必要的投资审批和核准还阻碍了企业对市场需求增长和结构变动作出迅速反应，给企业经营以及产品结构调整带来困难。第三，目录指导政策常常超越我国经济发展阶段而片面追求发展高新技术产品和工艺，同时把本来具有市场需求的产能看做落后产能并加以淘汰。第四，片面强调市场集中度、市场规模，导致企业脱离自身需求和能力片面寻求扩大规模，并导致大量低效率的兼并重组。第五，以直接干预微观市场的方式治理产能过剩，不但不能从根本上治理产能过剩，反而阻碍了市场自发协调供需与产能内在机制的充分发挥，加剧了市场波动，甚至进一步加剧了产能过剩的程度。第六，发展战略性新兴产业政策实施中，过于注重补贴生产企业，导致部分新兴产业过度投资，并频繁遭遇国外反补贴调查和制裁。

二、当前中国产业政策转型的必要性和迫切性

1. 新工业革命与经济新常态背景下中国不具备实施选择性产业政策的基本前提

选择性产业政策行之有效的基本前提，是政府能在各个时点上正确挑

选出未来一段时期"应该"发展的产业、产品、技术与工艺。如果说改革开放以来的前三十年，由于我国工业整体技术水平与发达国家存在很大差距，无论是在产业结构的演变、技术、工艺路线还是在产品设计、商业模式等方面都有发达国家的经验可供借鉴模仿，还存在某些有利于实施选择性产业政策的条件（尽管由于发展环境与条件的巨大差异，很难根据这些经验确定在某一具体时间应该扶持何种具体产业、技术、工艺与产品），那么在经济新常态与新工业革命背景下，则不具备实施选择性产业政策的前提条件。

从消费需求来看，模仿型排浪式消费阶段基本结束，个性化、多样化消费渐成主流，政策部门更难选择应该培育什么消费产品、不应该培育什么消费产品。而从投资需求来看，传统产业投资相对饱和，新技术、新产品、新业态、新商业模式的投资机会大量涌现，但是新的投资机会也意味着面临更大的不确定性，政策部门更难确知哪些新产品、新业态、新商业模式会成功并成为市场的主导。而从技术与供给层面看，随着整体技术水平向技术前沿逼近，在新兴技术和产业领域已经没有可供借鉴的发达国家成熟经验，面临着与发达国家同样的高度不确定性。新工业革命则会给未来产业和经济发展在新产业、技术、市场、业态、生产方式与组织方式等方面进一步带来高度的不确定性，这使得基于传统产业发展经验的选择性产业政策完全失去了存在的基本前提，同时也使得激励创新与为企业提供更为有利于创新的制度与市场环境，必须成为整个产业政策的核心。在经济新常态与新工业革命背景下，政府部门更不可能"正确"选择"应当"扶持的产业、产品、技术与工艺，选择性的产业政策在很大程度上也不利于构筑激励与促进创新的制度环境和市场环境。

2. 新工业革命与经济新常态背景下中国迫切需要加快产业政策的转型

经济新常态与新一轮工业革命背景下，我国经济的发展迫切需要全面提升创新能力，迫切需要创新成为驱动经济发展的新引擎，迫切需要通过发挥市场机制作用来探索未来产业发展方向与新的经济增长点，并以此加快实现经济增长方式从规模速度型粗放增长向质量效率型集约增长的转变，国民经济向更高级、分工更复杂、结构更合理的阶段演进。而这些都迫切需要推动产业政策的转型，迫切需要放弃"扶大限小"、选择特定企业、特定技术、特定产品等进行扶持的产业政策模式，转为采取"放松管制与维护公平竞争"的产业政策模式。迄今，市场机制是淘汰落后产能、协调供需平衡化解过剩产能、激励企业不断提升效率与积极创新、不断揭示未来产业发展方向，进而推动经济结构调整与转型发展最为有效的机制。经济新常态和新工业革命背景下，中国迫切需要充分发挥市场机制的决定性作用，而公平竞争的市场环境是市场机制充分发挥其作用的基本前提。然而，现阶段我国在构建公平竞争的市场环境方面存在诸多不足，主要体现在以下几个方面。

第一，当前实施选择性的产业政策，破坏公平竞争，阻碍优胜劣汰，同时使得企业热衷于寻求政府政策支持，而在研发、创新方面缺乏足够动力和压力，极不利于制造业及制造业企业的创新发展与核心竞争力提升。

第二，生产要素市场化程度不高，地方政府往往低价提供土地、资源、能源等要素，招商引资及扶持本地企业，这严重破坏公平竞争的市场秩序，并导致严重的产能过剩问题、企业创新与提升效率的动力不足，严重影响经济效率。

第三，由于相应市场制度不健全，对于不公平竞争、不正当竞争行为缺乏有效制约。由于《中华人民共和国反不正当竞争法》《中华人民共和国知识产权法》《中华人民共和国商标法》《中华人民共和国消费者权益保护法》《产品质量法》等法律及执行体系不健全、不完善，对于侵犯知识产权与商标权、虚假广告、假冒伪劣及其他损害消费者权益等不正当竞争、不公平竞争行为惩处力度不够，对这些行为难以形成有效制约。由于《中华人民共和国劳动者权益保护法》《中华人民共和国环境保护法》等法律及其执行体制的缺陷，部分地区以纵容本地企业损害劳动者合法权益、违法违规排放污染物，导致守法企业面临违法企业的不正当、不公平竞争，极不利于市场的优胜劣汰和经济效率的提升。

现阶段，迫切需要将产业政策的重点放在加快建立健全有利于促进技术创新及新技术扩散创造良好的市场环境。经济新常态和新工业革命背景下，结构调整与经济转型比之前任何时候都更依赖于技术创新及创新驱动。激励、支持技术创新与技术扩散也一直是发达国家产业政策最为重要的组成部分。成功追赶型国家（日本、韩国等）在工业化中后期亦将产业政策的重点转移到鼓励技术创新，特别是构建有利于技术创新的市场环境和创新体系方面。较长一段时间以来，我国的产业（技术与创新）政策着重于主导创新资源配置，疏于构筑有利于技术创新的市场环境与科技公共服务体系。这种政府的越位与缺位、政府与市场关系的错位，正是我国创新投入产出（有效产出）效率低下、科技成果转化率低等突出问题的根源，是实施创新驱动战略的主要障碍。

市场基础制度仍不健全，不利于激励创新。第一，要素市场扭曲会严重降低和抑制企业通过创新活动来获得企业利润的动力。政府控制土地、资本、劳动力等关键要素的定价权，使得企业可以通过寻租获取超额利润，大量寻租机会的存在会明显降低企业进行创新活动的动力。第二，知识产权制度和执行机制中的根本缺陷依然存在，对于知识产权保护的力度不够，企业进行创新活动无法得到正常收益回报，从而降低了企业创新的动力。第三，科研机构、高校的科研人员职务创新成果利益分享方面，仍缺乏明确、完善的法律制度，不利于激励科研人员应用性创新及创新成果的产业化。第四，金融体制改革滞后，金融体系发育不足，多元化、多层次的投融资机制尚未形成，缺乏风险投资的生成机制与退出机制，创新融资困难，进一步影响了市场主体创新和创业的意愿。第五，市场经济基础法律制度（如公司法、合同法等）及执行机制仍存在不小的缺陷，使得企业之间、企业与研究机构（或高校）之间进行合作研发或多方组成技术创新战略联盟共同研发过程中以及科研成果转化和转移过程中，面临非常高的谈判成本与契约执行成本，严重影响合作创新的深度和广度，妨碍技术创新成果的转化和转移，并降低创新主体的创新意愿（李平等，2014）。

政府主导技术创新方向和创新资源配置，扭曲企业技术研发行为，并严重影响创新体系的效率。政策部门主导创新资源配置的模式，一方面使得企业等创新主体更多按照政策部门的选择而不是根据自身对未来市场与技术发展趋势的判断，来选择具体创新方向与创新路线，这在很大程度上造成技术创新与市场脱节，甚至还导致许多企业为获得产业政策支持在指定的技术路线上进行低水平、重复性的研发活动；另一方面这种政策模式还会诱使企业为获取国家给予的研发经费与补贴，释放虚假信息申报各种政府资助，甚至还诱发了政策部门的创租与经济主体的寻租行为，降低整个社会的创新效率。

有利于创新及技术转移的公共服务支撑体系不完善。科技信息交流与共享平台、科技成果转化与转移平台、科技成果评估与交易平台、产学研合作创新平台等科技服务公共平台建设滞后，且这些平台大多功能单一，提供公共服务的能力及服务的质量与开放程度都亟待增强。此外，信息基础设施、科技基础设施及其开放性都亟待加强。这些问题的存在，在一定程度上影响了我国技术创新、创新成果转化、新技术转移与应用效率。

三、产业政策中的市场与政府关系的再考察

产业政策，从市场与政府的关系的角度来划分，可以分成两种不同的类型，即选择性产业政策和功能型产业政策。选择性产业政策是以"政府对微观经济运行的广泛干预，以挑选赢家、扭曲价格等途径主导资源配置"为特征。在选择性产业政策中，政府居于主导地位，政府"驾驭"市场、干预市场与替代市场。功能型产业政策则是"市场友好型"的产业政策，它是以"完善市场制度、补充市场不足"为特征。在功能型产业政策中，市场居于主导地位，政府的作用是增进市场机能、扩展市场作用范围并在公共领域补充市场的不足，让市场机制充分发挥其决定性作用。

选择性产业政策的倡导者认为后发国家可以借鉴先行国家的经验，发挥"后发优势"，通过政府实施产业政策来积极干预，主动推动产业结构的调整和升级。选择性产业政策行之有效的基本前提是政府能在各个时点上正确挑选出未来一段时期"应该"发展的产业、产品、技术与工艺，而这需要政府对于消费者需求及其变化趋势、生产者成本与技术能力及其变化趋势、新产品与新技术研发及其未来发展方面具有完全、即时与正确的信息和知识，然而这些信息只能通过市场交易行为与价格机制、经济主体分散试错与市场竞争选择机制及整个市场过程才能揭示出来。后发国家借鉴发达国家的经验并不能有效解决政府实施选择性产业政策时面临的信息严重不足问题。所谓的产业结构的演变规律是根据发达国家历史经验的总结，后发国家面临的发展环境和条件与之存在巨大差异，后发国家很难照搬发达国家的产业结构变化。这些演变规律的研究是粗线条的，产业的划分非常笼统，各发达国家在产业结构及制造业内部结构的演进上也存在比较大的差异，很难据此确定在什么具体时间应扶持何种具体产业、技

术、工艺与产品。在实际的经济运行中，政府在制定选择性产业政策时，往往还会因为受自身的利益与偏好的影响，或者被利益集团所裹挟，选择"错误"的产业、产品或技术路线进行扶持，产业政策也相应成为设租与寻租、为特定利益集团提供利益与庇护的工具。因而，政府实际上是无法正确选择"应该"发展和"不应发展"的产业、"应该"开发或者不应该开发的技术，这些只能通过市场主体的试错与市场竞争过程去发现（江小涓，1996，1999；Lall，2001）。迈克尔·波特（2000）、竹内高宏（2002）的研究就表明日本成功的产业大多没有产业政策的支持，而失败的产业恰恰是产业政策支持或管制约束较多的行业。

Aiginger 和 Sieber（2005）指出，"（功能型）产业政策在本质上是横向（即针对所有产业的）的，旨在保护有利于提高产业竞争力的框架性条件（即市场制度与市场环境）。产业政策的工具是旨在为企业和企业家捕捉盈利机会、实现他们的理念、从事经济活动提供框架条件的政策。与此同时，这些政策需要考虑到各个部门的具体需求和特点，因此需要根据特定的部门采用不同的政策。例如，许多产品，如医药、化工、汽车，其具体的行业的法规取决于这些行业的固有特征。因此，产业政策不可避免地是横向基础和行业应用基础的结合。"这种类型的产业政策又被 Aiginger 和 Sieber（2005）称为矩阵产业政策。

在功能型产业政策的倡导者和践行者看来，市场机制是配置资源、激励创新、推动效率提升与产业转型升级最为有效的机制，但是市场机制能否充分发挥作用取决于市场制度（或市场体系）的完善程度，并且市场机制在教育、基础科学与技术研究、环境保护等公共领域存在不足。因而，产业政策的重点应该放在为市场机制充分发挥其决定性作用提供完善的制度基础，强化保持市场良好运转的各项制度，建立开放、公平竞争的市场体系，培养人力资本以适应产业结构演进与经济发展对于高技能劳动力的需求，支持科学研究与技术创新等方面。功能型产业政策尤为注重促进企业创新与能力建设，特别强调通过完善有利于创新的市场制度与市场环境，构建科技信息交流与共享平台、技术转移平台、科技成果评估与交易平台、产学研合作创新平台等科技服务公共平台，对于创新活动的普遍性支持，来促进企业、产业乃至整个国民经济的创新能力和竞争能力。对于发达国家而言，功能型产业政策还有一层重要含义。新兴产业的发展往往还会带来商业模式、组织模式、创新模式的巨大改变,而原有的某些制度安排常常会阻碍这种改变,从而会阻碍新兴产业的发展,这时需要政府根据市场经济的基本准则调整相应制度安排,扩展市场的作用范围,顺应新兴产业发展的要求。

在选择性产业政策及其实施效果受到日趋广泛、严重质疑的同时,越来越多的产业政策研究者以及世界银行等重要国际机构倡导功能型产业政策。美国、英国、战后德国主要实施的是功能型产业政策;日本、韩国在战后的二三十年里实施的产业政策则是选择性产业政策与功能型产业政策的混合体(更侧重选择性产业政策)。日本在20世纪70年代、韩国在20世纪80年代以后放弃了选择性产业政策模式,转为实施以功能型产业政策为主体的产业政策模式。不少研究指出,日、韩高速增长时期的经济发展主要得益于功能型产业政策(建立和完善市场制度,政府积极推动人力资本的提升,维护宏观经济稳定、汇率稳定,实行开放与推动出口),而这一时期政府推行的选择性产业政策不仅没有成功且毫无价值(Ito,1994;小宫隆太郎等,1988;Heo 和 Kim,2000;竹内高宏,2002;Wolf,2007)。功能型产业政策已经成为大多数发达国家实施产业政策的主要模式。

2008年,国际金融危机以来,发达国家在制造业领域强化了产业政策的运用,但是从这些政策及主要措施来看,具有非常鲜明的功能型产业政策特征。其政策的重点主要放在通过构筑可持续的政策框架和服务体系为先进制造企业发展营造有利的商业环境,加强科技基础设施和公共服务建设,全方位优化创新、创业环境等方面(中国社会科学院工业经济研究所课题组,2014)。

四、产业政策转型的方向应是构建功能型产业政策体系

(一)当前中国转为实施功能型产业政策具有重要的现实意义

对于当前的中国而言,在经济新常态与新工业革命的背景下,摒弃选择性产业政策的政策模式,转为实施功能型产业政策具有重要现实意义。

第一,中国经济已进入新常态,同时面临新工业革命带来的机遇、挑

战及随之而来的高度不确定性，中国已经不具备实施选择性产业政策的前提条件。同时，粗放式规模扩张的产业发展方式也越来越难以为继，在国际市场上传统的低成本竞争优势正在逐渐消失；发达国家正在制定实施相应战略与产业政策，试图占领未来产业发展的制高点，强化其制造业竞争优势，重塑其在全球制造业的领先地位，这为中国产业的转型升级将带来前所未有的压力。而当前扭曲资源配置、限制竞争、大量干预微观经济的选择性产业政策模式，既会阻碍经济效率提升又不利于激励创新，极不利于中国制造业应对挑战、实现转型升级。中国迫切需要调整当前产业政策模式，依靠实施功能型产业政策，通过完善市场制度、构筑良好的市场环境与创新环境来促进产业结构调整与转型升级。

第二，当前中国产业结构调整与转型升级迫切需要实施功能型产业政策。当前中国的市场体系仍不健全，计划经济思维影响仍然存在，产业结构调整与转型升级中面临的诸多障碍（例如产能过剩、创新动力不足等），看似是"市场失灵"，实则是市场制度不健全和政府广泛干预微观经济的结果。试图通过政府对微观经济更为广泛和细致的管束来治理这种所谓的"市场失灵"只能是南辕北辙，会进一步抑制市场的活力，导致制度缺陷或"政府失灵"。面对这种所谓的"市场失灵"，产业政策要做的不是管制和替代市场，而是应当矫正与完善市场制度，促进市场主体之间自发协调机制的发展，通过市场主体持续试错、反复试验与创新实践，寻求有效的结构调整与转型升级路径。产业政策作为政府促进产业结构调整与转型升级的重要举措，不应当是政府替代市场的工具，而应当是政府增进市场功能与扩展市场作用范围的手段。

第三，全面深化改革迫切需要产业政策转型。"十八届三中全会"《中共中央关于全面深化改革若干重大问题的决定》明确指出，"经济体制改革是全面深化改革的重点，核心问题是处理好政府和市场的关系，使市场在资源配置中起决定性作用和更好发挥政府作用。市场决定资源配置是市场经济的一般规律，健全社会主义市场经济体制必须遵循这条规律，着力解决市场体系不完善、政府干预过多和监管不到位问题。"而当前，中国实施的产业政策具有比较强烈的干预市场、管制市场与替代市场的特征。这些产业政策大多效果不佳，由此带来的不良政策效应却日趋突出，且不符合"十八届三中全会"全面深化改革的战略部署。而功能型产业政策与深化经济体制改革的方向是高度一致的,并可作为深化经济体制改革的重要手段。

(二)构建功能型产业政策体系

构建功能型产业政策的关键在于理顺市场与政府关系。中国经济进入新常态后,随着工业发展水平向技术前沿逼近,消费需求呈现越来越显著的个性化、多样化特征,工业发展面临技术路线、产品、市场、商业模式等方面的高度不确定性,任何机构和个人(包括政府和单个企业)都不可能准确预测何种产品、何种技术路线、哪家企业最后会成功,只有依靠众多企业的"分散试错"与市场的优胜劣汰的竞争选择过程才能产生最后的成功者。产业结构调整与转型升级,必须充分发挥市场机制的决定性作用,无论是在技术路线选择、新产品的开发、产业化、商业化模式选择,还是产业升级的方向、工业发展新的增长点都应该如此。而市场机制能否充分发挥其决定性作用,取决于政府是否能为之提供良好的市场经济制度框架。对于当前中国而言,构建功能型产业政策,就是要从政府替代市场、干预市场的政策模式,转到增进与扩展市场、弥补市场不足的政策模式上来。这一方面迫切需要政府简政放权,大幅度减少对于微观经济活动的干预;另一方面迫切需要政府全面深化经济体制改革,构建完善市场经济制度体系与创造良好的市场环境,并在"市场失灵"与外部性领域积极作为弥补市场的不足。这包括构建完善的市场制度体系、创造公平竞争的市场环境、提供公共服务、建设和完善基础设施、支持基础科学研究、促进技术创新与机制转移、加强节能减排与安全生产监管。

构建和实施功能型产业政策,应主要包括三个方面的内容:第一,放松政府管制,退出选择性产业政策,清除(除生态环境、生产安全领域以外)所有政府对微观经济不必要的直接干预,放弃政府试图主导产业发展与资源配置方向的做法;第二,建立健全市场制度,构建统一开放、公平竞争的现代市场体系,强化保持市场良好运转的各项制度,以此约束企业不正当竞争、不公平竞争及其他不当行为,充分发挥市场的优胜劣汰机制,激励企业提升效率、根据消费者需要改进质量与功能以及企业的创新行为;第三,创新、环保等市场机制存在不足的领域,在尊重市场机制、不扭曲市场机制、不扭曲市场主体行为的基础上积极作为,补充市场机制的不足，而不是代替市场去主导资源配置。

　　构筑和实施功能型产业政策，应尤为重视激励与促进创新。创新是产业发展的原动力，是产业结构调整与转型升级的关键所在，也是应对新一轮科技革命与产业变革所带来挑战的关键所在。必须加快构建有利于创新发展的市场制度体系，加快推进要素市场化改革，为新兴产业发展创造公平的竞争环境，建立健全知识产权制度，完善知识产权执法体制，为科技服务机构发展提供良好的环境与政策。在促进创新时，政府还应补充市场机制的不足，积极支持科学研究与通用技术研究，并提高公共科技投入的效率；加强国家共性技术公共研究平台、科技公共服务平台与技术转移中心的建设，构建多层次的创新人才与产业技术人才的培养体系。

（本文原刊于《南京大学学报》2015 年第 3 期）

产业政策决策如何迎面"深度不确定性"

陈 玲[*]

一、导言

产业政策自诞生起就从未停止过争议,最近又掀起了新的大辩论。绝大部分争论都是从经济学的视角,围绕产业政策与经济发展效果、政府职能定位等展开的,为决策者和公众提供了详实的信息、知识和理念。在中国经济面临"新常态"、转变经济增长方式的转型期,这样大规模的公共辩论对廓清迷雾、凝聚共识无疑有着巨大的促进作用。本文拟从公共管理和政策过程的视角来讨论产业政策,同襄共举,助力改革。公共管理学的话语体系和方法论跟经济学特别是产业经济学和发展经济学有较大差异,经济学强调资源最优配置的一元目标(Samuelson,1969),而公共管理则考虑效率、公平、自由等多元目标(Lasswell,1951)以及为了实现上述目标所做的妥协、决策和执行(Lindbrom,1973)。认识各种超越产业政策范畴的配套政策、政策组合、全周期干预的弊端,有助于当前产业政策讨论的深化。

本文的出发点是制度的一致性、互补性和包容性。产业政策是发展型国家制度体系中的组成部分,与其他的制度安排,包括政治体制、经济结构、社会规范等,都具有内在的一致性和互补性(Gerschenkron,1962)。对产业政策的讨论,特别是政府与市场的相互关系问题,离不开国家与社会的整体性制度安排及其历史演变轨迹的影响(North,1991;道宾,

---

[*] 陈玲,清华大学公共管理学院副教授、清华大学产业发展与环境治理研究中心(CIDEG)副主任。

2008；Acemoglu 和 Robinson，2015）。其次，产业政策自身作为一种回应产业发展问题的制度安排，在政策问题与政策目标之间、政策目标与政策工具之间、政策工具与政策过程之间，也应具有相对一致的、至少是相互包容的制度逻辑（Aoki，2001；世界银行，2008）。

  基于上述出发点，本文认为，当前产业政策发端于赶超经济体的历史经验，形成于计划经济向市场经济转轨的制度权宜时期，经过数十年的实施与演化，已经与中国发展模式和政府治理体制深度互嵌，具有很大的制度惯性。然而，随着经济发展阶段向高推移，产业创新驱动发展出现了一些新形势、新问题，产业发展和制度演化本都具有深度不确定性，既有的产业政策，其政策目标、工具和过程恐不能与之适应，进而导致政策溃败。如何在深度不确定性的环境中进行稳健和有效的产业政策决策，是本文尝试回答的问题。

  本文余下部分内容安排如下。第二部分简短回顾了产业政策的由来、演变和逻辑。由于相关论述汗牛充栋，本文着重指出赶超型经济体和权威政府在实施产业政策时的信息条件，即相对明确的产业发展前沿、国际市场和政府能力。确定性，本质上是产业政策弥补"市场失灵"的信息基础。第三部分讨论了当前政策问题、政策目标和政策工具之间的不一致性，即产业创新条件下的信息不确定性，进而导致政策目标精准定位的先天困难。第四部分分析政策实施与政府体制的不一致性。第五部分，我们重点讨论在不确定性下政府应该如何制定产业政策。我们将考察政府官员、技术专家、企业家等分别具有哪些独特的信息条件，进而应当如何整合到政策过程中。最后是本文的结论。

二、产业政策的信息基础

  产业政策是在问题、目标和技术前沿比较清晰的情况下，政府为了扶持特定产业的发展，通过扭曲价格将资源配置到特定产业上的政策措施。上述定义包含两个方面的确定性。一是政策问题的相关信息是相对明确的，如特定产业的发展差距、比较优势和劣势、成本、产业技术前沿等，作为赶超经济体的政府基于对上述现状和问题，才能够制定明确的政策目标和发展策略，促进特定产业的发展。19 世纪德国、意大利等国赶超英国等先行工业化国家（Gerschenkron，1962）以及20世纪后半叶日本、韩国、台湾等东亚经济体赶超欧美，都已经有明确的赶超对象和产业技术前沿（Johnson 1982，Ameden，1992）。二是市场规则也是相对明确的。波兰尼（1957，中译本2013）描述的欧洲19世纪的"百年和平"正是大航海和殖民主义缔造的第一轮全球化时期，金本位的金融体系和国际贸易体系初步建立并发挥作用。而"东亚奇迹"也是在二战后新的全球秩序特别是关贸总协定、世界银行、国际货币组织等市场规则建立并发挥作用的时期。市场规则的核心是保护产权、公平交易，从而塑造人们对未来交易的明确预期。产业政策只有在市场经济条件下才能发挥作用，政府通过关税、补贴、信贷、政府采购等方式扭曲特定产业的资源价格和成本，提高特定产业在国内国际市场上的竞争力，进而促进产业发展。这也是产业政策与计划经济的本质区别。倘若政府的产业政策并非着力于产业和企业的竞争力，而是与市场规则背道而驰，那无疑就成为"披着马甲的计划经济"了（张维迎）。后者改变了市场规则的预期，使得未来交易能否发生、如何发生，具有很大的不确定性。

很多研究考察了政府与市场的关系，回答"何种条件下产业政策能够成功"的问题。尽管多数研究都把"市场失灵"作为政府干预的理由，我们强调了与信息有关的部分：协调失灵和信息外部性。协调失灵是指市场上的企业由于信息不对称而造成行动不一致，政府的主要政策工具就是提供信息交流，如产业发展目录、技术路线图、产业标准、区域规划等，协调企业的投资行为，使之具有投资互补性（Okuno Fujiwara，1988，Rodrik，1996）；信息外部性则是由于技术和商业模式的创新具有正外部性，导致创新激励不足，因而政府给予补贴（Rodrik，1996）。创新就是厂商试错的"自我发现"过程（Schumpeter，1926）。一般认为，威权国家或强势政府在解决第一类"协调失灵"或"信息不对称"问题上较有优势，能够快速制定国家产业发展计划并付诸实施；但政府在解决第二类"信息外部性"问题则有局限性，[①] 因此创新理论往往建议政府作用于前端的基础研究、人力资本投资或共性技术基础设施部分。直接挑选赢家并给予

---

① 因为创新是厂商试错的"自我发现"过程，在成功的创新被实现以前，有关创新及其效果的信息是不可知的。反过来，如果只奖励那些成功者，那么政策也是不必要的，因为成功者在没有政策的情况下已然成功了。

持续扶持的产业政策，则常因破坏市场规则、寻租和腐败等造成巨大的社会成本。也有些研究指出，有些政府因"嵌入自主性"或者"中性政府"的属性，能够在实施产业政策的过程中同时免于被捕获（Johnson，1982；姚洋，2009）。"追赶假说"Abramoitz（1986）的观点更具有一般性，认为技术落后但社会相对进步的国家才具有经济高速增长潜力。这说明只有那些能够严格约束政府行为、具有制度互补性的体制才能够成功运用高度干预的产业政策。

产业政策的信息基础是已知的信息和明确的规则，理解这两点对如何改进产业政策十分重要。产业发展到技术前沿后，面对的是未知的技术和市场。尽管很多国家致力于技术预测、战略规划等前瞻性工作，但制定合理的产业政策仍缺乏充足的参照信息。因此，产业政策必须向竞争政策和创新政策转型（吴敬琏，2017），从选择性产业政策转向功能型产业政策（江飞涛，李晓萍，2010）。但由于路径依赖和互补性制度的存在，上述转型往往不能自发地产生。转型期可被视为制度演变的关键时刻（critical juncture），旧的制度均衡被打破，放松了部分的制度约束，原先形成的规则或潜规则处于"流变"的状态（Capoccia 和 Kelemen，2007）。对产业政策来说，来自产业发展和制度环境的不确定性程度都在增加，产业政策的信息基础逐步瓦解，产业政策的负面效果开始显现。

三、政策问题、目标和工具的一致性问题

产业政策出现的问题具有深刻的两面性，一是在过去的发展模式指导下，上游产业垄断、低效、产能过剩的问题，旧体制"尾大不掉"；另外一面则是新兴产业发展时不我待，你追我赶的时期，新体制生机勃发、甚至野蛮生长的问题。这两个问题又不是割裂的：资金从旧产业转向新产业、人才从旧部门流向新部门、产业的地区转移、升级等等，是系统性的、成千上万个企业家、就业者和决策者的分散决策。不同的决策个体对自身所处的境地有着自己的判断、并且也应该是最准确的判断。公共政策的决策者需要释放相对一致性的信号，作为成千上万的决策之间的"协调"。一般来说，这个信号就是市场价格和利率。产业政策也起到信号协调作用。但这些信号具有时滞性：出现问题、问题显现并恶化直至被察

觉、提出应对方案并予以讨论和决策、传达和解释政策并实施政策；政策效果显现并反馈给决策者。在这个过程中，决策肯定都是基于"确定的信息"，因而无法解决不确定的部分，如预期之外的目标和效果。更重要的是，不确定性。因此，公共政策无法试图唤起一致性的行为。

以"三去、一降、一补"为例，现行产业政策的问题与历史上产业政策解决的问题已经有了很大差异。产业政策历史上是为了解决资源稀缺的问题，进而通过扭曲要素价格（如利息、资源品、人才政策）等加大对特定产业的投入；然而，现行产业政策则试图解决产能过剩、库存过剩的问题。从稀缺到过剩，政策问题发生了180度的翻转，但政策工具仍然以"奖补"这样的价格扭曲机制为主。此外，产业政策以往重点解决传统产业、已知技术前沿的产业，而如今则用于刺激创新型产业发展，如"补短板""双创""战略性新兴产业发展"等。已有的实证研究表明，政府对企业的研发资助的确刺激了企业的研发活动，使企业加大了自有研发投入的规模，但研发效率并未提高（陈玲，杨文辉，2016）。

政策问题已经"翻转"，但政策目标和工具仍然没有改变。产业政策的实际运行过程出现了一系列新的现象和问题。如在钢铁和煤炭行业"去产能"中出现用虚假或报废产能代替关闭产能，并领取巨额"奖补"；在新能源汽车产业，出现企业相互勾结"骗补"的丑闻。其问题是信息不对称造成的：直接干预市场的产业政策需要满足较高的信息条件，但政府并不具备。

四、政策和政府（能力和问责）的一致性

决策科学的一个基本出发点是，决策者需要相应的信息和能力做决策，而执行者和社会需要相应的信息和激励做出行为选择。超出信息水平和决策能力的决策具有"先天不足"，而缺乏信息和激励机制的政策执行则"后天不利"。因此，本文不去争论"应不应该实施产业政策"这样的价值判断，而是着重分析"能不能够制定和实施好的产业政策"这样的工具理性问题。

1. 决策主体：政府与市场

一般市场经济国家谈产业政策色变。这里的产业政策主要指的是纵向

的、选择性的产业政策，特别是由政府直接挑选特定的产业、技术、甚至厂商进行资助或其他优待的政策。由于对信息水平和政府能力的要求高于现实，此类政策往往造成政策预期之外的市场扭曲。尽管政策制定者承认，有的市场扭曲是在政策预期之内、甚至实乃政策目标所向，如用"市场换技术"来引进外国技术，以"弯道超车"发展新能源汽车产业等，但也出现了大量预期之外的副作用。如"市场换技术"不但没有得到核心技术，还损失了原有的研发队伍和技术能力。

横向的产业政策，即功能性产业政策，一般不直接由政府来挑选产业和技术，更不直接由政府来选择厂商，而是面向不特定的产业和企业。最终的技术选择决定由企业和市场做出。从政策实施的预期和结果来说，必然也只有部分产业、部分技术、部分厂商受益，即横向的产业政策依旧具有选择机制和再分配功能。关键在于，横向的产业政策不需要政府有太大的裁量权，换而言之，对政府的信息和能力的要求相对低一些，决策不容易出错。

2. 决策的边界：有限责任与无限责任

绝大部分经济学视角的讨论注意到了政府与市场的边界，警惕政府不要取代企业做决定，而是让市场在资源配置上发挥决定性作用。公共管理意义上的决策边界有更广的涵义：行政部门各司其责、责权清晰，这也是韦伯意义上的官僚制本质。然而，我国政府素来有全能主义情结。本文特别强调的是：越强大的政府和决策者，越需要恪守决策边界、承担有限责任。

首先，现行产业政策超越了产业部门的职权边界。其典型表现就是"政策配套"。现阶段我国政府的决策能力提升很快，各类政策咨询机构也蓬勃发展，因此面面俱到的政策极为普遍。一个产业政策出台，后面往往跟着十几个"配套措施"，要求财税、海关、质检、技监、外专、人才、国土等部门配合。这样做到底好不好呢？很多支持"中国模式"的学者都觉得好，认为体现了我国政府的治理能力。很多普通企业也觉得好，说明政府重视了。但我觉得不好。一来，政出多门，协调成本非常高，增大了政策执行的难度。很多政策根本无法落地，就是因为牵扯面太广、难度太大。二来，对各个行政职能部门来说，特殊条款太多、例外情况太多，行政成本极高。一遇到"例外"，窗口单位就得请示上级。上级部门裁量权大了、寻租空间也大了、继而又加大了巡视组、督察组的工作量,极大耗费了政府力量。第三,对企业和公众来说,要一下子"读懂"产业政策、获知自己的权利和政策优惠,也绝非容易的事。

其次,现行产业政策承担了无限责任。典型的表现是"组合拳"和"连环腿"。政策工具的"组合拳"表现为针对同一个政策目标,同时施行多种政策工具。例如为了纠正研发投入不足的市场失灵,政府实行从研发资助、产学研合作、研发加计扣除、专利奖励、人才引进配套资金等一系列政策工具。企业怎么着都能来钱,于是企业要么申请科研补贴、要么增大研发账面支出(通常是大量购进研发设备或加速折旧)、要么拼命申请专利或引进人才(一些小型高新技术企业甚至通过卖户口挣钱)。这么多门道可以挣钱,企业为什么还要傻里傻气地搞研发?产业政策的"连环腿"表现为覆盖产业发展全周期的政府干预。从实验室技术、产品开发、市场培育、一直到产能过剩、就业安置、破产保护,都有产业政策。这样的例子太多了,如光伏发电、新能源汽车等都是如此。政府想得太多、用力过猛,剥夺了市场主体的能动性,于是市场主体也不再是市场主体了。

无限权力意味着无限责任。上述产业政策职权泛化、无限责任的根源,就是缺乏决策边界。有学者称产业政策"权力明确、责任模糊",即各个部门都有权力来指手画脚地管一管,但没有哪个部门真正承担责任。实际上是产业发展部门的职权过度扩张,最终总归需要政府来兜一个大大的底。

3. 决策的原则:实质(问题)导向与程序导向

任何公共政策都是面向未来,具有历时性特征。产业政策就是向市场释放了特定的政策预期。从政策预期到市场主体做出反应、到显现出结果,毫无疑问需要一定的时间。特别是涉及固定资产投资、技术方向抉择、人力资本培育等耗时的行动选择,所需时间将会长达数年。如果政府总是问题导向、相机决策,政策方向缺乏一致性,那么市场将无法建立稳定预期,无法进行长期投资,特别是技术创新方面的投资。这是显而易见的道理。因此,产业政策的决策就应该更多地遵循稳健的决策机制、程序和规则,实行程序导向的决策,而较少采取快速高效的、针对特定问题和技术的解决方案,避免问题导向的决策。

五、面向不确定性的产业发展决策

本文基于两个维度对产业政策的决策进行重新梳理。一个维度是决策结果是问题导向还是程序导向的；第二个维度是与决策相关的制度安排，特别是决策者按照明确的规则来判断还是自由裁量。我们把政府（行政官员和政治家）、技术专家、市场（企业家和消费者）等不同的决策者所拥有的信息优势，分别放到下表中合适的位置（见表1）。

表1　不确定性下产业政策决策的四种模式、决策主体和信息条件

决策结果 \ 决策依据	规　则	自由裁量权
实质（问题）导向	●渐进调适型产业政策 行政官员主导 ——需要充分、准确、清晰的专门信息； ——对传统产业部门的边际调整，如成本、技术标准修订等。	●理性设计型产业政策 技术专家主导 ——需要专业知识以及综合参照或互补的信息 ——未来产业或科技发展的技术预测、技术路线图等。
程序导向	●市场协作型产业政策 企业家及市场主体主导 ——需要体现价值和规范的集合信息； ——对融资条件、市场环境、行业协会、竞争和反垄断等的相关决策。	●国家战略型产业政策 政治领袖主导 ——需要体现价值规范的集合信息以及长远的战略设计； ——重大科学工程或技术基础设施决策。

（一）渐进调适型产业政策：行政官员的参与和问责方式

第一种渐进调试型产业政策，适合行政官员主导、依据既有规则、目标在于调整实质性结果的公共决策。如前所述，由于其决策内容属于经常性的、技术性的实质性内容，已有的决策机构、组织和行政官员具备较为完备的制度、例行做法或经验，他们已经具备了相关的信息积累，仅仅需要针对新情况和新问题进行政策调整。随着新信息在边际上的增加，决策者适时地调整技术性标准等政策内容，以解决新问题。例如，政府根据汽车技术水平和保有量调整排放标准，由于仅仅是边际上的调整，所以可以称之为渐进调适性决策。行政主管部门具有相关的信息优势，因此渐进调

适型产业政策应由政府部门及其行政官员来主导决策，专家和公众的意见作为决策的参考信息。

事实上，政府部门所制定的绝大多数政策属于这一类型。例如调整利率、货币投放量、税率、最低工资水平、对某类产品的补贴或限额，调整成品油的价格，等等。只要是在政府部门的既定职能范围之内、有清楚的规则指引、对政策结果进行边际调整的政策，均应由行政部门作出。行政部门依据规则作出此类政策，不必担心政府失信于民，因为此类决策具有可信性，且具有普遍的、非特定性的有效性。

（二）理性设计型产业政策：技术专家的参与和问责的方式

第二种理性设计型产业政策，适合由技术专家主导、依据专家的自由裁量权、目标在于调整实质性结果的决策模式。在处理一些既定规则范围之外的、尚无先例的实质性问题时，就需要运用专家的自由裁量权，即技术判断。通常应由政府邀请并组建专家团队，委托专家进行设计和评估全新的政策方案。在此类决策中，专家的专业判断是最核心的自由裁量权，也是政策成功的关键因素。此外，决策者还应扫描所有可能得到的信息，包括技术性信息、综合性信息和参照性信息，以便设计出尽可能高质量的政策方案。例如，与转基因食品相关的监管政策，我国不论在农业部、科技部或食品安全监管总局等尚不存在专门的转基因食品监管部门，政策制定应以科学家和技术专家为主导，通过理论研究、科学预测和参照别国做法等信息工作，研究并设计出政策方案。由于政府部门事实上无法确定受托的专家团队是否作出最理性的决策，甚至科学本身尚存在不确定性，政府最好的做法是公开决策过程、让科学群体进行充分辩论、允许公众表达意见。这也是产生并收集各类信息、提高政策稳健性和可接受度的有效途径。

事实上，处在转型期的中国每天都面临着层出不穷的新问题、新挑战，专家群体的介入是有效决策的必需因素。例如第三代核电技术的选择、新能源汽车发展战略的技术路线设定，等等。这些问题有一些共同点：涉及整个产业、国家或社会的整体利益，需要公共政策的介入；其次，这些问题又有一定的技术性和专业性，对传统行政部门而言又属于突发的、一次性的新情况，无法运用既有的知识和经验加以边际调整。理性设计型决策中的专家带来新的专业信息,专家依据其专业知识来行使自由裁量权。对专家而言,"知识就是权力"[1]。然而,任何权力都应当有边界、有规则,专家对其自由裁量权力的滥用造成了社会对专家群体的普遍不信任、对专家建言的政策的不信任、甚至形成社会的反智浪潮。那么,专家应当如何行使自由裁量权呢?专家是否可被问责、如何被问责?

我们知道,专家参与决策的必要性已经从技术理性的角度得到充分论证。专家相对于决策者具有专业知识的相对优势,因而被邀请参与到政策制定中[2][3]。专家对决策的影响力,与决策者自身的知识和经验积累程度有关[4][5]。知识复杂性越高的政策,决策者对专业知识的缺乏(或需求)程度越高,专家对决策的影响力越强[6]。同时,上述技术理性暗含着这样一个不言自明的规则,即专家应当中立地、仅在自己专业领域内作出负责任的判断。然而可以肯定的是,现代科技哲学已经不再认为科学家能够完全价值中立。那种认为科学家能够把科学和政治分开、纯粹处理科学或技术问题的想法,完全是不可能的[7]。然而我们也不能把所有政策制定都理解为技术性活动,否则就成为"技术统治论"了[8]。显然,我们遭遇到一个悖论:专家既不可能是完全价值中立的,也不应当掌控所有的政策制定,那么专家究竟该如何参与决策呢?

现实中,专家以个人或委员会的形式参与公共决策。如前所述,对于三种不同的自由裁量权(技术判断、政策规划和例外管理),需要不同类型的信息。信息越充分,越有利于专家作出综合性、稳妥的决定。作为个体的专家通常在技术判断的层面上独立行使自由裁量权。但由于专业知识越来越破碎化、片面化,专家以个人方式参与决策的情形越来越少见,取

---

[1] 福柯. 规训与惩罚:监狱的诞生 [M],刘北成,杨远婴译,北京:三联书店,2007。
[2] 王锡锌、章永乐. 专家、大众与知识的运用——行政规则制定过程中的一个分析框架 [J],中国社会科学 2003 年,第 2 期。
[3] Kingdon, John 1995, *Agendas, Alternatives, and Public Polices*. New York, NY: Harper Collins. Drucker, Peter F. 1985, *The Discipline of Innovation*. Harvard Business Review 63 (3).
[4] Drucker, Peter F. 1985, "The Discipline of Innovation." *Harvard Business Review* 63 (3).
[5] Barker, Anthony & B. Guy Peters (eds.) 1993, *The Politics of Expert Advice: Creating, Using and Manipulating Scientific Knowledge for Public Policy*. Pittsburgh, PA: University of Pittsburgh Press.
[6] 朱旭峰. 中国社会政策变迁中的专家参与模式研究 [J]. 社会学研究,2011 年第 2 期,第 1 - 27 页。
[7] Jasanoff, Sheila S. 1990. *The Fifth Branch: Science Advisors as Policy - makers*. Cambridge, MA: Harvard University Press, p249.
[8] Weingart P.: *Scientific Expertise and Political Accountability: Paradoxes of Science in Politics*, Science and Public Policy, 1999, 26 (3): 151 - 161.

而代之的是专家委员会的制度。在委员会决策中，需要明确自由裁量权的规则，也就是说，应当以正式制度的方式对专家委员会的决策事项、程序、投票规则等作出明确规定，但专家个人仍是独立地作出判断，并共同对最终决定负责。

如转基因这样具备科学上的不确定性的情形下，专家个人或委员会都无法避免"未知"领域的决策失误。专家只有片面的、当前已知的知识，科学的权威逐渐削弱，而社会的理性决策个体却在增多。因此，公开透明的广场式争论是形成共识最好的过程[1]。要避免错误，就需要有一个沟通交流机制，一个观点说服另一个观点的同时就是科学家集体性的胜利[2]。此外，将科学界的争论公之于众，不仅有助于增强公众对科学家群体的信任度，而且也是对公众进行风险沟通和科学教育的最佳机会。

对专家决策失误的问责，很大程度上依赖于科学共同体的建设。科学家群体通过一套共同体规范相互挑战、支持并存在下去，同时保持一定的质量水准。科学共同体的规范包括同行评审、引证、学会组织等。科学家群体参与公共决策的动机和风险在于社会声誉，对于一个无意的、失败的决策而言，最有效的问责就是丧失科学家在其共同体和社会上的专业声誉；而对于一个有意造成的损害公共利益的决策，科学家将受到科学伦理的约束和惩戒，甚至剥夺其从业资质。

（三）市场协作型产业政策：企业家及市场主体主导的方式

市场协作性产业政策旨在改进融资条件、市场环境、行业协会运作、竞争和反垄断等市场性的"公共物品"，适合由企业家及市场主体，依据规则、对程序规范进行决策的模式。通过既定的规则来调整规范性、程序性的公共政策，其决策内容通常是调整利益、权利和价值的格局，而不是社会利益、权利或价值的总量；决策内容是有关于利益格局调整的方式和程序，而不是对具体的个体事项的处置。例如股东大会通过会议投票来决定年度红利的分配方案，等等，都是此类决策。由于此类决策既有受益者也有受损者，受益或受损的信息实际上分散在不同的个体或群体中，分散的个体和群体具有信息优势，因此不同个体或群体之间的民主协商就成为

---

[1] 诺沃提尼等著；冷民译：《反思科学：不确定性时代的知识与公众》，上海交通大学出版社2011年版。
[2] 同上，第252页。

了决策的要件。

市场协作型产业政策的关键是让市场主体特别是企业家承担决策的风险和收益。对于不特定的市场主体,"知情"本身就是一种参与决策的方式。从知情、征求意见到平等协商,参与程度越高,越需要市场主体提供专门知识和信息,同时市场主体(及其联合体如行业协会等)承担的责任也越高。政府在市场协作型政策中应注意政企界限,避免对市场承担无限责任。

对于企业、消费者、社会公众等不特定的参与主体,其问责的主要依据是利润、商誉或社会信任。公众不恰当的行为将直接影响参与者在社区中的信任度,从而被其他公众排除在后续决策外。另外,一些过激的、甚至非法的干预决策的行为,则直接由司法部门来进行"问责"。例如在一些邻避事件中,部分抗议民众试图通过打砸抢来阻止项目实施,就会触犯法律,应该由司法部门进行干预。

(四)国家战略型产业政策:政治家和高层行政官员主导

最后一类是国家战略型产业政策,适合由政治家或高层行政官员依据自由裁量权,针对程序、规范和价值进行决策。由于此类决策往往是针对全新的问题情境,针对加总后的社会整体利益、国家战略或价值判断,一般由政治家或高层行政官员作出。需要注意的是,政治家在特定情境下作出的军事、外交或政治性决策,并不一定是公共政策的决策。公共政策一般不针对偶发的、冲突性或危机性的个体事件。例如古巴导弹危机中赫鲁晓夫作出运送导弹到古巴的决策以及肯尼迪总统作出拦截导弹的对策,均不属于公共政策的决策。政治家参与的公共政策的决策,一般都涉及公共政策的重大变化。例如全面深化改革的决策、设立国家863计划、设立科学基金,设立国家重大科技专项,等等,均属于此类政治决断型决策。不仅政治家,一些地方或部门层面的高层行政官员,也在面临改革突破中大量政治决断型的决策,例如原铁道部官员关于高速铁路发展规划的决策,等等。

那么,政治家或高层行政官员如何行使自由裁量权?本文强调,政治家应当仅就公共政策的程序、规范或价值进行决策,而应当竭力避免对公共政策的直接结果进行干预。政治家试图对公共政策的结果进行普遍的、直接的干预，将会导致严重的权力滥用和信用危机。这是因为，政治家或高层行政官员在政治决断型决策中所运用的自由裁量权通常是最高层级的自由裁量权，即政治协调和例外管理的自由裁量权。

那么，对政治家和高层官员应当如何问责？2009年我国公开发布了《关于实行党政领导干部问责的暂行规定》，规定"对决策严重失误造成重大损失或者恶劣影响的，对群体性、突发性事件处置失当，导致事态恶化，造成恶劣影响的"等七种情形，将对党政领导干部实行问责[①]。事实上，我国现有的官员问责大多直接由危机事件推动，属于对事故或政策结果的问责。笔者认为，对官员问责应该区分决策类型：对于国家战略型产业政策，应该对决策产生的制度、规范和价值进行问责，而不应该单纯对结果进行问责。例如原铁道部部长决策的高铁发展规划，结果是在基础建设和技术发展高歌猛进的同时，既带来民族自豪感和出行便利，也留下上万亿债务。真正应该问责的是如此大规模决策的流程和规范，例如政治官员直接决策车型、车速和技术路线是否合理？怎样的决策流程才能更加稳妥、更加可靠？本文一再指出，在政治决断型决策中，决策者应当关注价值目标和规范、仅仅针对程序型问题进行决策。只要程序和规范决策对了，那么由此产生的一系列结果都是可信的、可接受的。例如中共十八届三中全会作出了全面深化改革的目标抉择，并作出成立全面深化改革领导小组的程序型决策，但对每个领域如何推进改革的具体行动则应留给各领域的相关部门和专家。这样才是一个相对稳妥的决策。

六、结论

尽管产业政策的讨论甚嚣尘上，但关于决策机制的讨论却很大程度上被忽视了。产业政策的研究者和决策者并非置身事外，产业政策是否有效，不仅与政策内容有关，更与决策机制不无关系。本文粗略考察了产业政策决策机制中存在的问题，特别是决策主体、决策边界和决策原则的不同取向。制定好的产业政策，需要让市场成为决策主体、政府恪守行政职能边界，遵循稳健的程序型决策。当前，产业发展的目标从赶超转向创新

---

① 新华网. 授权发布：中共中央办公厅 国务院办公厅印发〈关于实行党政领导干部问责的暂行规定〉[N], 2009年07月12日, 见http://news.xinhuanet.com/politics/2 009-07/12/content_ 11696805. htm.

驱动,决策目标和前景具有巨大的不确定性。为了克服不确定性,应当使不同的决策参与主体根据其拥有的信息优势,分别针对不同类型的产业政策进行决策。决策者有各自的问责方式。如此,才能形成良性的制度改进,逐渐夯实市场和创新的制度性基础设施。

(本文原刊于《探索与争鸣》,2017年第2期,70~76页)

第三篇

产能过剩化解之道

　　2008年国际金融危机之后我国开始进入新一轮产能过剩高峰，除了周期性和结构性因素的影响外，体制性因素也不容忽视，甚至应该是转型时期我国产能过剩愈演愈烈和久治不愈的最重要原因。可以说，政府干预对市场机制的扭曲是我国产能过剩问题的根本原因所在。产能过剩问题是市场经济的伴生产物，市场竞争机制导致企业优胜劣汰，产能最终也能在一定条件下达到市场均衡。在国外发达市场经济国家，产能主要依靠市场机制自发调节。而在我国，由于社会主义市场经济体制仍不成熟，产能过剩问题与政府的市场干预行为有着千丝万缕的联系。

第二篇

下世紀東亞之道

向市场化去产能转型

陈清泰

当前的去产能应当放到转变增长方式这个大背景下来部署,争取实现两个目标,一个是深化改革,消除产能持续超常规过剩的原因;另一个是建立依托市场和依法依规实现产业和企业市场退出的长效机制。这是增长方式转型必须完善的基础设施。

一、创新驱动必将加速生产要素的流动

进入创新驱动发展阶段的经济增长,是高效率企业、产业的兴起和扩张,抵消低效企业和产业的萎缩与关闭后的增量。此时,产业发展将进入一种新的常态,其中一个重要表现就是企业、产业和就业岗位新旧替代的周期迅速缩短。例如,进入新世纪,平板显示在不到5年之内全面替代彩色显像管;数码摄影不到十年全面替代彩色胶卷;智能手机发力之时使诺基亚、摩托罗拉、爱立信等传统手机巨头顿时倒下,却给华为、小米提供了机会;电子商务的崛起导致每年上百万商业门店关闭;光伏、风电等清洁能源正较快地蚕食化石能源的份额;新能源、智能汽车正在挑战传统燃油汽车,如此等等。因此,新事物不断地迅速崛起、旧事物不断地快速退出将是新常态。但是,这需要相应环境条件的支撑。

因此,增长方式转型,就是以竞争倒逼既有企业的技术进步、激励创新企业的产生和扩张;同时,加速丧失竞争力企业的退出。目的是使其占有的有效资源,包括人力、资本和土地等流向高效率的部门,确保全社会生产要素的平均效率始终处于上升之中。去产能如此之难本质是生产要素

流动性不足。当前的短期措施必须与建立"生得顺利、退得顺畅"的长效机制相衔接。近年来,市场"进入"的状况有了改善,但"退出"的问题还有待破题。

二、挖掘产能"超常规过剩"的原因,防止再发生

竞争会带来阶段性过度投资和产能过剩,但竞争性市场会自动修复。中国的过度投资和产能过剩到了刹不住车的程度,很大程度上受制于两个因素:一个是政府行政力量的助推。20世纪90年代中期以来,政府一波又一波地压缩"过剩产能",但落后产能却一轮又一轮增长。一些地方以经济增长为目标,并不特别在意国务院"抑制新增产能"的指令。他们以廉价土地、各种税费减免和承诺协调银行贷款等手段,实行区域市场分割,保护当地企业;用"以投资换市场"为说辞,逼迫企业"来销售,先投资",都是过剩的促进因素。另外,地方政府还担心本地被划作"金融高风险区"、担心社会稳定,在问题出现时往往想"挺过去",缺乏修复机制。一些案例显示,在矛盾爆发前是"政府鼓动了企业",矛盾爆发后则"企业绑架了政府"。带来的结果是在过剩的泥潭里越陷越深。

另一个原因是企业改革不到位,治理结构失灵。一般说来,企业作为承担风险的投资主体是理性的,即便产生失误,也会自行修正,不会"一条道走到黑"。但是,一些国企尚未走出"财务软约束、行政强干预"的状况。以规模扩张为导向的高管考评、对资产规模的考核与排序以及各种行政审批等因素,使企业投资决策缺乏独立性,在市场环境变化时又缺乏应对调整机制。

当前,在去产能事到临头时,一些地方的官员不愿意在自己的任期出现破产企业,银行高管不愿在自己的任上出现较大坏账,国企高管也不愿在自己手里使企业关闭,国有职工更不愿意下岗失业。各个相关者似乎都缺乏正视竞争性市场的勇气和及时调整应对策略的动力,玩起了"击鼓传花"的游戏。

市场有很强的去过剩功能,这是不容置疑的。但是,市场发挥作用的条件是利益相关者是受到强财务约束的市场主体。特别是投资者、债权人和企业应有足够的动力本能地追求收益、规避风险。这正是需要通过改革

解决的体制机制问题。

三、用行政办法压缩过剩产能很难奏效

2014年是中央政府十年来第五次调控过剩产能。早在2003年12月，国务院下发"103号文"，把钢铁、电解铝、水泥列入产能过剩名单、给各地分配压缩指标，国务院与各省市分别签订"责任状"，行政推进的力度不可谓不大。两年后，2006年3月，国务院再发通知，将钢铁、电解铝、电力、纺织等10个行业列入产能过剩或潜在过剩行业，要求压缩。2009年，国务院批转抑制部分行业产能过剩的"38号文"，2010年4月国务院下发"2010（7）号文"，再次要求"加快淘汰落后产能"。2013年，国务院又一次下发化解产能过剩矛盾的指导意见。就在政府一波又一波下达压缩指令的十年间，钢产量增长了2.7倍，电解铝增长了7.8倍，水泥增长了1.9倍。值得反思的是，为什么用行政的办法收效甚微，甚至去产能的进度赶不上增产能的速度？这次去产能能不能走出新的路子？

对产能"过剩"尽管可以有各种指标界定，但是，各个主体却有不同的感受、不同的对策。目前的问题是，政府十分着急，但去产能的最大的利害相关者，即企业、投资者和债权人，他们似乎却没有那么着急。

四、用行政办法去产能的弊端

一是投资主体多元化的局面已经形成，政府对依法依规生产经营的产能强制压缩、关闭缺乏法律依据。被"去"的每一部分产能，都包含涉及数额不菲、十分复杂的利害关系，用行政的力量难以摆平，勉强操作会有后遗症。

二是地方与中央、企业与政府的利益诉求并不完全一致。企业、投资者和债权人作为最大的利害相关者也各有各的考虑。中央要地方、政府要企业去产能，造成角色错位，实践中往往上有政策、下有对策，效果受限。

三是去产能针对的是总量失衡，政府很难判断哪个地区该淘汰多少，哪一家企业应当关闭。由政府层层分解指标，有违市场公平，会带来顾此

失彼、"劣币驱逐良币",最终伤害产业。

四是企业的情况千差万别,面对过剩,对这家企业是灾难、对那家企业可能是机会,但是,政府很难甄别。由政府分摊指标,违背竞争力标准,难以实现结构升级的目标。

五是政府主导就要出台政策,例如,这次针对钢铁去产能的"奖补",财税、金融、社保等八个方面的专项政策。企业则会等政府、更加依赖政府、与政府讨价还价,增加了社会成本,出现了政府比企业和银行还着急的怪现象。

六是当前的去产能政策应尽量减少短期救济性措施,防止按下葫芦浮起瓢。尽量与建立依托市场、依法依规的企业和产业退出长效机制相衔接。

五、向市场化法治化去产能转型

淘汰过剩产能是市场的基本功能。当过剩超过市场可接受的程度时,竞争将更加惨烈,企业的差距由利润率的高与低,转化为盈利或亏损,甚至威胁企业的生与死。为避免资产损失,企业不会坐以待毙。它们将对过剩的程度和产业前景作出各自的判断和选择。此时,公平、有效的竞争将促使部分企业转让有效资产,及早退出;有的会选准目标企业开展并购重组;有的关闭生产线,加速创新、另寻出路;也有的选择进入破产程序,实现重整,或和解,或清算。银行作为主要债权人也会作出理性的选择。这一过程将持续到产能回归到市场可接受的程度、恢复供给与需求的再平衡。经过这一轮结构重组,优势企业将脱颖而出,技术进步加速、集中度上升,实现结构升级。

为此,这次去产能,应当理清政府与市场、与企业的关系,由行政性去产能向市场化、法治化去产能转型。"增产能"是市场行为,"去产能"也是市场行为,政府都不要替代。市场提供去产能的动力、决定去产能的"度",是结构重组的平台,并能依据法规调整利益关系;投资者、债权人和企业则自主决策,自担风险;政府应责无旁贷地创造产能退出的环境条件,如完善相关法律法规、完善社会保障底线,必要时救助失业员工。

我国从20世纪90年代中期就开始了去产能法律环境和体制环境的建

设，职工养老保险、失业保险、最低生活保障已经建立；劳动合同法对辞退员工的补偿有了明确规定；2006年修订发布的破产法在清算之外已经扩展到和解、重整，较好地适应了当前的形势；企业并购的相关规定已大体完善。总体上看，利用市场平台、依法依规实现市场出清的条件已经基本具备。这次去产能首先应当利用已有的法律、法规和社会保障体制，对不足之处可在实践中进一步完善，包括必要时政府资金的支持，不得已的选项才是短期行政性工具。政府应以较大的精力研究新的破产法，特别是如何用好"和解"和"重整"工具；借鉴20世纪90年代建立再就业中心、开展再就业培训、多种途径下岗分流的经验；加快完善"随人走"的社保和基本公共服务，增强员工的可流动性，支持异地就业，确保社会稳定。

六、淘汰"落后"与压缩"过剩"不应混为一谈

产能落后是技术性判断。产品的功能、品质是否落后要由用户说了算，市场会淘汰，不需政府干预，如磁带录像机、彩色胶卷，已基本上被新技术无情淘汰。政府关注的"落后"是产品和生产过程中涉及能耗、环境、安全、卫生等外部性的那些落后。淘汰这类"落后"，一是由政府制定的强制性标准加以界定；二是通过严格监管，在全国统一、无例外地执行：产品不达标不准入市；生产过程不达标必须停产。

产能过剩是个市场判断。应当通过公平、有效地竞争倒逼企业关停并转，恢复供需的再平衡。

因此，淘汰落后与压缩过剩是两个不同的范畴。当然，两者也有一定相关性。我们要把"去过剩"作为产业升级的机会。去产能，首先应当去掉落后的产能。当前应修订并发布水平相对较高的质量、能耗、环保、安全、卫生等具有外部性的强制性标准，限期实行。企业则可以通过技术改造达到标准，继续生产，实现结构升级；也可以关闭生产线，实现去产能。

（本文原刊于《中国改革》2017年第2期）

"去产能"的核心问题是加快推进结构性改革

刘尚希[*]

产能过剩主要表现在微观领域，但成因却是跨领域的。这需要打破部门分别改革的传统格局，抓住一些基础性制度问题，从国家治理结构整体来考虑，加快推进结构性改革，财政金融政策也要在结构性改革的背景下加以完善。以整体观推进去产能，就是要去掉针对单个行业、企业的扶持政策，去掉对国有企业的隐性担保和扶持政策，去掉各部门单兵突击的管控思维。建立以整体观为核心，多层次、多角度、多方面形成合力的政策体系是化解产能过剩的根本途径。

当前理论和政策层面对产能过剩的测度、成因、机理及化解路径等方面，产生了诸多分歧。从宏观视角，产能过剩受到哪些因素的影响、影响程度如何？产能过剩与当前经济下行孰为因、孰为果？"去产能"是供给侧的问题，还是需求侧的问题，抑或两者兼有？"去产能"是政府干预，还是市场主导，在此背景下如何建立和完善企业退出的政策体系？诸如此类的理论与政策研究都有待深入。化解产能过剩的核心问题是加快结构性改革，并把握好"去产能"中政府与市场的关系。

一、产能过剩的实质是供给与需求的结构性扭曲

供给与需求在时空上是可以脱节的。从短期来看，供需脱节总是存在

---

[*] 刘尚希，财政部财政科学研究院院长。

的,可以通过库存、存货来调节;但从长期来看,供需脱节不能持久,如果持续脱节,就会出现经济下行,甚至导致危机。我国当前面临的情况就是供需出现结构性脱节的状况。这种状况不仅在微观层面,而且在宏观层面表现得越来越明显,这是经济下行的直接因素,也是当前这个阶段多方面问题的集中表现。

从我国当前经济运行来观察,面临的主要问题不是总量性矛盾,而是供给与需求之间不匹配。需求结构发生了很大变化,尤其是消费结构快速升级。而我国的供给结构却没能"与时俱进",供给过剩与供给不足并存。一方面,若干行业的生产出现了严重的产能过剩,如钢铁、水泥、平板玻璃、有色金属等;另一方面,与消费相关的生产却是平庸凝滞,自主创新不足、附加值较低,大量消费外流。当前消费外流规模达到1万亿人民币,若考虑教育消费、医疗服务消费、保健消费,则消费外流规模更为惊人。

调研中发现,体制性原因导致的供需不匹配现象仍然非常突出。如当前我国的发电价以及各厂发电量主要由发改委制定,相当于仍是一种计划经济。而这样的一种价格机制下,发电端厂商没法根据市场自行确定最优价格和最优发电量,部分电厂产能利用率不足50%;而用电企业被高电价压得喘不过气来,没有市场选择权。一些地区直购电或电价补贴政策的不明确、不连续,影响了企业正常的生产经营决策。这说明经济运行中的供求关系出现严重的结构性扭曲。

对于这种结构性扭曲,靠"打针吃药"的常规宏观调控手段解决不了,而且有的就是政府自身造成的,如与投资相关的投资品产能过剩,需要的是"伤筋动骨"的结构性改革。可惜的是,政府由于一直把重心放在短期刺激政策方面,而对基于整体的结构性改革认识不到位。当前经济中的扭曲,只是一个病症,病因在政府与市场的关系、政府与社会的关系、中央与地方的关系没有理顺。结构性改革就是要搭建一个新的国家治理框架,这个框架搭起来以后,其他问题就会迎刃而解。

二、"去产能"的核心问题是加快推进结构性改革

我国产能过剩顽疾的成因主要可以归结为以下几个方面:

第一，部分关系"国计民生"的竞争性行业市场化进程滞后，国有经济退出机制不健全。一方面，政府希望国有经济在这类产业中保持一定的"较强影响力"，政府在这类行业中保留了大量管制性、干预性的产业政策、金融政策，倾向于支持国有大型企业的发展；另一方面，这类大型国有企业资本规模大、人员多，政府不希望大企业破产退出造成经济下滑、失业加剧、财政收入锐减，故而一些落后的国有企业难以退出市场。如提供重要公共产品和服务的产业（包括发电、民航等），重要自然资源开发产业（包括天然气、煤炭、黄金、盐业等），管制性产业政策影响力过大。一些支柱产业的重要骨干企业（冶金、技术装备、汽车等）和科技产业，国有企业直接运营仍占一定比例。

第二，中央、地方对产能过剩行业共同施加有缺陷的产能管制政策，造成产能无序扩张。采用行政管制手段治理产能过剩，政策部门必须对未来供需形势、未来市场需求规模与需求结构进行准确预测，但是这种误判恰恰成为政府失灵的重要根源。

第三，资源和要素价格扭曲是体制性产能过剩的重要原因。无论是土地、资本，还是水、电、气等，要素资源配置的权利仍有很大部分掌控在政府手中，价格双轨制、产权模糊不清等现状降低了资源配置效率。

第四，许多化解产能过剩的政策有可能进一步扭曲产能过剩问题，导致市场机制失灵。根据调研，企业自身虽也有压减产能的意愿，但又担心全国缺乏统一部署，其他企业不压减，造成"谁先动谁被动"的局面，陷入典型的"囚徒困境"，市场调节机制失灵。

地方政府出于对财政收入、就业以及经济总量的考虑，倾向于保护规模大、高产能的企业。扩大规模和产能仍然是企业的主要选择。针对产能的财政补贴加快了行业产能的爆发式增长，造成了行业产能的过剩以及企业之间的过度竞争和价格战。这使得本应获得政府大力支持的研发环节得不到足够的资金支持，难以突破核心技术。这种逻辑促使产能不断扩大，陷入产能过剩顽疾的政策怪圈。

2006年以来，国务院、发改委、财政部、工信部等出台了百余个产能过剩的制度文件，产能过剩的界定和认识模糊，政府干预目标和力度变化频繁，影响了政策的权威性。企业生产投资决策在宏观调控的"松""紧"转换中摇摆不定。每一轮宏观刺激之后，被总量膨胀所掩盖的结构性问题就浮出水面，掣肘了经济转型的升级。

可以说，产能过剩问题主要表现在微观领域，但成因却是跨领域的。这需要打破部门分别改革的传统格局，抓住一些基础性制度问题，从国家治理结构整体来考虑，加快推进结构性改革，财政金融政策也要在结构性改革的背景下加以完善。

三、以整体观实施"去产能"的财政金融政策

从经济增长到全面发展，新时期的结构变迁已经不局限于经济领域，发展也不只是经济建设，而是"五位一体"。这需要提升整体思维，超越经济思维，树立治理思维。

政策制订中的一大困惑就是，无法明确僵尸企业认定标准，难以分解各地区去产能的具体任务。事实上，去产能的政策不可能落到一个个企业上去，因为政府无法替企业进行市场判断，即使非要干预，也只能是对国企适用；对民营企业来说，去产能是个伪命题。以整体观推进去产能，就是要去掉针对单个行业、企业的扶持政策，去掉对国有企业的隐性担保和扶持政策，去掉各部门单兵突击的管控思维，否则，治理机制必然失灵。建立以整体观为核心，多层次、多角度、多方面形成合力的政策体系是化解产能过剩的根本途径。

（一）"去产能"要发挥政府与市场的合力

毋庸置疑，"去产能"需解决"钱从哪里来、人往哪里去、资产如何核销、债务如何处理"等突出问题。这些问题如不妥善解决，将导致地方去产能过程延迟，甚至出现反复。但这些问题的解决主要应发挥市场主导作用，包括国企在内的"僵尸企业"按照破产程序，依法依规退出市场，政府给予适当帮扶并对失业人群予以社会托底。

当前产能过剩形成与恶化有诸多的非市场因素。一方面，供给与需求结构性脱节背后的体制性因素不解决，去产能可能仅是"一阵风"；另一方面，在市场机制不健全的情况下，单纯依靠市场"去产能"又存在很大的风险。政府作用是健全市场机制、不要扭曲市场，使市场主体形成对未来的稳定预期。总的看，政府应以推进结构性改革为着眼点，防止体制

性因素导致新的产能过剩,通过产权改革、价格机制的完善引导市场出清。政府评估的目标不是考虑去掉了多少产能,而是政府与市场有没有形成合力,政府是否替代市场机制发挥作用。

(二)"去产能"要发挥中央与地方的合力

中央政府将推进国有资产管理体制改革作为重要抓手,应放弃"扶大限小"的产业政策模式,避免国有企业在政策的激励下过度投资;同时要加快以合资形式吸收民营资本,提高国有企业效率,保障国有资本利益,真正转向管资本为主的管理体制;对于竞争性强的产能过剩行业,特别是中小国有企业,可选择恰当时机,政府彻底退出,以弱化各级政府通过国有企业强化资源配置的制度基础。可以说,结构性改革的一个重要方面,就是国有经济和国资管理体制的重新优化过程,只有产能决策机制由政府有形之手转向市场后,化解产能过剩的长效机制才可能建立起来。

中央应加大对下岗职工安置和退休人员社保方面的支出责任,以减轻企业的退出壁垒、增加兼并重组的预期收益,避免地方政府以资金成本和社会矛盾激化为由推卸相关责任。

中央应健全地方政府"去产能"的激励约束机制,去掉地方政府干预市场的动机;推动官员考核机制从 GDP 导向转向全要素生产率、环保等方面;鼓励地方政府将过去用来补贴僵尸企业的资金节省出来,用来收购过剩设备报废、补贴下岗职工安置等,发挥中央专项奖补资金的支持和引导作用;加大对特殊地区的一般性转移支付力度,对冲"去产能"带来的地方财政收入锐减。

(三)"去产能"要发挥财政与金融的合力

化解产能过剩是一个系统工程,化解产能过剩的财政金融政策也是一个综合的体系。无论是财政投资、税收优惠,抑或是财政体制的调整、金融政策的配合,都会对供需矛盾带来影响。"去产能"要有完善的政策体系,财政金融政策在"去产能"的各个环节形成合力,包括企业破产制度的安排、企业下岗人员的安置、不良资产处置、产能国际转移、接续产业和先进产能的跟进等等。

第一,财税可适当提供间接的去产能补贴。完善企业跨地区兼并重组的税收政策，完善税收分配体制；完善兼并重组有关土地政策；完善银行抵债资产税收政策等。如企业兼并重组后，不搞总部经济集中纳税，增值税和所得税实行统一计算、分级管理、就地预缴、集中结算。财政补贴重点放在企业职工养老保险、医疗保险、失业保险的统筹接续以及职工再就业培训，并加大对社会性职业培训机构的税收优惠。

第二，发挥中央银行的货币政策引导作用和窗口指导作用。加强中央银行窗口指导作用，加强绿色信贷管理，控制产能过剩行业的总量信贷配给，严禁对违规项目提供任何形式的新增授信和直接融资；对主动化解过剩产能和能够进行产业整合的企业，采取包括定向开展并购贷款等方式给予融资支持。

第三，完善不良资产处置机制。淘汰过剩产能的过程中，商业银行不可避免地要面临不良率上升甚至不良资产集中爆发的问题。针对去产能重点地区，适度降低资产管理行业准入，丰富和创新不良资产处置方式，继续推进不良资产证券化。地方财政部门可推动成立专门的行业重组金融公司，集中处置不良资产，通过抵押品出售、资产管理外包、资产证券化、与私人资本合作等方式处理破产金融机构；地方政府建立企业金融债务重组和不良资产处置协调机制。

（本文原刊于《中国经贸导刊》2016年第36期）

当前"去产能"面临的突出问题与对策建议

李 平 江飞涛[*]

中国经济进入新常态,在面临诸多机遇的同时,也面临许多困难和挑战。其中,比较严重的结构性产能过剩是未来几年中国经济要实现转型发展必须要面对的重大难题。因此,中央经济工作会议明确将积极稳妥化解过剩产能作为"十三五"开局之年经济工作的重中之重。当前,我国化解产能过剩工作遇到较大困难和挑战,亟需针对这些困难和挑战,调整策略与完善政策体系。

一、我国经济新常态下产能过剩的新特征

产能过剩一直是困扰我国经济健康发展的痼疾。以往,要素市场扭曲、地方政府采用各种优惠政策招商引资和保护本地企业是导致部分产业系统性产能过剩的主要原因,且这些行业的产能过剩总能为后来快速增长的需求所消化。随着我国经济进入新常态,产能过剩无论在形成机理还是表现形式及影响的广度、深度方面都出现了一些不同于以往的新特征。这些新特征的存在,意味着当前及未来几年化解过剩产能工作具有前所未有的艰巨性。

从供需匹配的角度来看,经济增长的过程就是需求增长与需求结构演变升级、供给体系顺应需求增长与需求结构变化不断进行调整并与之匹配

---

[*] 李平,中国社会科学院数量经济与技术经济研究所所长;江飞涛,中国社会科学院工业经济研究所副研究员。

的过程。在后发赶超国家，经济快速增长会带来需求规模的快速增长与需求结构的快速转变，特别是在进入中等收入水平、经济增速下台阶时，需求增速会快速放缓、需求结构会急剧变动，供给体系难以及时顺应这种变化，从而造成较为严重的结构性产能过剩。当供给体系缺乏灵活性时，这种结构性产能过剩将更为严重，且在很长一段时间难以有效化解。

本轮严重结构性产能过剩正是我国经济进入新常态以后，增速换挡、增长动力机制转换与需求结构的急剧转变的产物。第一，随着要素成本的不断上升、环境与资源约束强化、投资效率的不断下降和全要素生产率的恶化，我国以往过度依赖投资拉动、粗放式规模扩张与要素驱动的增长方式将难以为继，实际投资增速将快速下降，钢铁、建筑材料、有色金属、普通机床等传统重工业产品需求增速将显著放缓，需求峰值已经或即将到来，这些行业将在未来很长一段时间内面临严峻的产能过剩态势。第二，随着国民收入水平的不断提高，国民消费结构尤其是中高收入人群的消费结构快速升级，现有绝大部分商品消费需求饱和且供给过剩，而对于高品质、个性化的高端消费需求，现有供给体系却远不能满足，从而在消费品市场出现较为严重的结构性过剩。第三，随着劳动力成本、土地成本、资源与环境成本的快速上升，欠发达国家发展觉醒，中国低成本优势正在逐渐散失，中国劳动密集型产品、"两高一资"等传统出口产品在国际市场上正面临越来越严峻的挑战，传统出口制造业将面临长期产能过剩的压力。

正因为如此，本轮产能过剩虽然是结构性过剩，但涉及国民经济众多行业，又具有全面性过剩的特征。本轮产能过剩所涉及的主要行业及许多产品，其需求峰值已经或即将到来，未来需求增长空间已极为有限，过剩产能很难再为未来的需求增长所消化，因而具有长期性的特征。较为严重的产能过剩为产业转型升级带来诸多困难的同时，其造成的金融风险正在不断累积，钢铁等严重过剩行业失业问题日趋严重，若处理不当将对国民经济甚至社会稳定都会造成较为严重的冲击。当前，化解产能过剩工作既迫切又十分艰巨。

二、我国化解过剩产能过程中面临的主要问题与挑战

当前，我国化解过剩产能主要面临以下四个方面的主要问题与挑战：

（一）化解过剩产能的市场机制严重受阻

在比较成熟的市场经济中，市场竞争的优胜劣汰机制是化解过剩产能最为有效的工具。在市场出现过剩产能时，市场竞争总能把缺乏效率或者不符合市场需求的企业和产能较快清理出去。在我国，部分地方政府采用财政补贴、提供廉价能源资源、放松环境监管等手段保护本地落后企业，导致低效率企业长期难以被逐出市场；不仅如此，这些低效率企业甚至利用所获得的成本优势进行恶性竞争，使得行业陷入日趋严峻的困局。当前，钢铁、电解铝等行业正深陷在这样的困局中，这些行业的债务风险正在快速累积，极有可能造成系统性风险。

（二）化解过剩产能的金融和法律途径严重受阻

破产机制是市场经济体制中化解过剩产能最为重要的金融、法律金融和法律途径，在出现较为严重产能过剩时，随着竞争的加剧，大量低效率的企业会因资金链断裂、难以偿还债务本息、资不抵债等情况触发破产机制，从而被清理出市场。而在我国，由于以下几个方面的原因，破产这一化解过剩产能的重要途径严重受阻：第一，地方政府保护本地企业。一方面，地方政府干预金融机构经营行为，迫使金融机构为已陷入破产危机的企业继续提供贷款；另一方面，地方政府通过干预司法，阻碍银行和其他债权人通过法律途径追讨到期债务，对于债权人对于本地企业的破产诉讼不予立案或尽量拖延，甚至直接干预破产程序帮助本地企业免于破产清算。第二，企业账目不清、甚至给贷款银行提供假账，加之国内金融机构风险管理能力弱，有些企业已处于资不抵债且经营困难时，金融机构或其他债权人却无从知晓，仍为这些企业提供大量贷款支持。第三，国内金融治理结构存在缺陷，各级金融机构负责人都不愿意已发放贷款在任内变成坏账，往往对于一些已资不抵债或已不能偿付债务的企业网开一面，不及时诉诸于破产诉讼。第四，我国破产法等法律法规与执行机制不完善，对于债权人利益保护不够，债权人往往很难通过破产诉讼保护自身权益。这使得银行或债权人主动采用这一法律手段的意愿下降。第五，资本市场不发达，银行处置破产清算企业不良资产的途径少，采用资产证券化或者投资银行业务手段处理不良资产时，在政策和法律方面仍受到较多限制，降低了债权人采用破产诉讼的意愿。

(三) 兼并重组难以担当"去产能"的重任且面临诸多困难

现行化解过剩产能的政策，特别强调兼并重组的作用。但是在竞争性行业中，企业很少会以"去产能"作为兼并重组的动机。因为这不符合企业的自身利益。特别是在钢铁、电解铝等重资产、竞争性行业中，生产能力及相应设备是企业最有价值的资产，让并购企业收购目标企业然后自行报废目标企业有价值的资产，这显然是一厢情愿的。此外，我们对历年来钢铁行业兼并重组情况的调查研究表明，几乎所有的兼并重组不但没有减少产能，反而大量增加了产能。

兼并重组能盘活低效率企业的有效产能，但当前兼并重组仍面临诸多困难。一是在一些地方政府保护下，部分低效率企业兼并重组意愿不强；二是近年来产能过剩行业企业营利水平普遍下降，资金压力已成为制约企业兼并重组的重要原因；三是兼并重组过程的手续繁琐，过程漫长；四是现有政策使跨区域、跨行业、跨所有制的重组依然困难重重，金融资本参与兼并重组面临诸多限制；五是许多低效率企业财务不透明，地方政府干预兼并重组，增加了企业兼并重组的风险。

(四) 自上而下以行政手段大规模"去产能"不可取

第一，以行政手段强行去产能缺乏法理上的支持，容易引发诸多矛盾和纠纷，甚至成为社会不稳定因素；第二，地方政府与中央政府在去产能问题上，利益是不一致的，大规模采用"自上而下"任务分解、行政问责的方式去产能，地方政府出于辖区内经济发展、就业等方面考虑，会采取软抵抗的方式。中央政府监督成本极高，而收效却可能很有限；第三，中央政府和地方政府关于去产能目标的商议和确定将是个复杂、艰巨、耗时的过程，由此确定目标也很难有其合意性；第四，自上而下以行政方式"去产能"，地方政府必然会以各种困难为由向中央政府提出各种条件和要求，中央政府实施去产能政策成本会非常高昂。

三、对策和建议

（一）现阶段去产能政策总体策略调整

调整总体策略，政府积极引导，以破产机制（包括破产清算与破产重整）为抓手，充分利用市场、法律与金融手段化解过剩产能。以破产机制为抓手，来推进去产能工作，有充足的法理支持和法律依据，能让中央政府与地方政府在去产能的博弈或者谈判中获得更多的主动性，能在一定程度上帮助中央政府破解地方政府在去过剩产能过程方面的软抵抗，减少中央在推行去产能过剩中不必要的政策成本，例如退出奖励。还需要强调的一点是，在我国经营不善的企业及所在地地方政府只有在企业面临很强的破产清算压力时，才不会漫天要价，积极接受或者协助兼并重组。破产不止是直接化解过剩产能的工具，而且是促进兼并重组的重要手段。

具体而言，以破产机制加快推动"去产能"，其步骤如下：第一，以人民银行、银监会牵头，全面清查严重产能过剩行业及行业内企业信贷情况、财务状况与风险暴露情况；第二，以全面清查情况为基础，对于产能过剩行业企业信用及风险进行综合评价分级；第三，将财务上已达到破产条件的企业列出清单，并就企业情况进行更为详细的了解，并根据企业规模、财务、资产、经营等方面的情况以及环境监管部门配合提供的企业环保状况，将这些企业进行评级分类；第四，本着先易后难、风险可控、分类管理的总体思路，有步骤地依法对僵尸企业进行破产清算或者启动重整程序。首先对于严重资不抵债的企业，依法启动破产清算程序；然后对资不抵债且不能按期偿还到期债务、经营十分困难的企业，依法启动破产清算程序；随后对于不能按期偿还债务、尚未资不抵债、但主业经营活动基本停滞的企业和资产正在急剧恶化的企业，依法启动破产程序；对于不能按期偿还债务但尚未资不抵债，主业经营尚可，暂时面临资金困难的，则应进一步观察，根据后续情况再决定是否启动破产重整程序或者破产清算程序。

（二）当前去产能政策的重点

完善破产制度，疏通过剩产能退出机制。破产是市场竞争的必然产物，是低效率企业退出市场的最为重要的渠道。完善企业破产制度，一方面有利于低效率企业和落后产能的退出，有利于化解过剩产能；另一方面能硬化破产约束，制约企业的过度投资行为。具体而言，从以下几个方面入手：一是强化出资人的破产清算责任，当市场主体出现破产原因时，出资人在法定期限内负有破产清算义务，如违反该义务，应当承担相应的民事、行政乃至刑事责任；二是增强破产程序的司法属性，明确司法权和行政权在企业破产中的边界，增强法院在企业破产中的主导作用，使企业破产制度回归司法本质，避免地方政府对企业破产程序的直接介入；三是对于债权债务涉及面广、涉及金额大、有重大影响的破产案件，交由巡回法庭审理，避免地方政府干预破产司法程序；四是优化破产程序，完善破产管理人的相关规定，降低破产财产评估、审计、拍卖费用，减少破产清算成本，提高破产清算收益，提高债务人、债权人申请破产的积极性；五是适时修改《商业银行法》，赋予商业银行在处置不良资产中的投资权利，促进商业银行创新不良资产处置方法。

建立辅助退出机制，做好政策托底工作。对于严重产能过剩行业，还需建立辅助退出机制，重点做好失业职工的安置与社会保障工作，并对失业人员再就业提供培训、信息服务甚至必要的资助。如破产资产不足以安置失业职工时，政府应减免破产企业土地处置应缴土地增值税并以腾退与在开发破产企业土地所产生的部分收益用于职工安置。对于产能过剩行业集中的地区，中央政府还应给予一定财政支持失业职工的安置与再就业，并在土地开发利用方面提供支持；对于严重产能过剩行业集中地区、落后地区还可以提供特别的税收优惠政策，支持这些地区发展经济。

切实为兼并重组创造良好的外部环境。一是对兼并重组其他企业可以给予扩大税收抵扣或税收减免的措施，特别是对于兼并重组过程中涉及的土地增值税，应缓征、减征或免征。二是切实落实促进兼并重组的金融政策，引导金融企业加强对兼并重组的融资支持。三是规范区域之间横向税收分配，降低地方政府由于担心企业被兼并导致税源流失而产生的阻力。四是适当放松管制，鼓励金融资本多渠道参与产能过剩行业的兼并重组。

（三）从根本上化解过剩产能的政策建议

加快要素市场改革，改变土地等重要资源配置由政府主导的局面，让市场在要素资源的配置中发挥决定性作用。一方面,要重点推进土地制度改革,明晰土地产权,确保公民在土地方面的合法权益不受侵犯,打破地方政府垄断土地市场并以之牟利的体制,改进国家对土地的公共管理职能,建设土地产权的市场化条件;另一方面,应加快推进水资源、矿产资源、能源价格形成机制的市场化改革,使价格能充分反应稀缺程度与社会成本,从而从根本上杜绝地方政府通过低价提供土地、能源、资源的方式为企业投资提供补贴。

加快建立公平竞争的市场环境。公平的市场竞争能通过优胜劣汰机制有效去除低效率产能与过剩产能。第一,公平市场准入。放松并逐渐取消不必要的审批、核准与准入,让不同所有制、不同规模的企业具有公平进入市场的权利。第二,制定完善的公平竞争法。切实保障各种所有制企业依法平等使用生产要素、公平参与市场竞争、受到法律同等保护,并将地方政府为本地企业提供损害公平竞争的各类补贴及优惠政策与其他地方保护主义行为,列入可诉范围。第三,公平税负与社会责任。推进不同所有制、不同规模企业在税收负担、劳动者权益保护责任、环境保护责任方面按统一标准承担相应责任和义务。第四,着力打击部分钢铁企业生产地条钢、无票销售等违法违规的不正当竞争行为;电解铝企业自备电厂过网费应按统一标准征收,不能一个地区一个价、一个企业一个价,这违反公平竞争原则。

进一步推动金融体制改革。硬化银行预算约束、理顺地方政府与银行的关系,通过市场手段提高企业投资中自有资金的比例,降低企业投资行为中的风险外部化问题,弱化商业银行作为国有企业预算软约束支持主体的角色。继续完善商业银行的市场经济体制,逐步实现利率市场化,使利率能真正反映资金的供求关系,使投资者在信贷过程中承担真实的资金成本与风险成本。

积极推动环境保护体制改革,强化环境监管。加快环境保护的执法机制改革,保障环境保护相关法律法规能得以严格执行,防止地方政府以牺牲环境的方式进行招商引资竞争。尽快建立全国性的钢铁、电解铝、水泥等行业企业污染排放在线监测网络和遥感监测网络,强化严重产能过剩行业的环境监管。同时,制定实施长期稳定和严格的环境政策,与治理产能过剩等产业政策目标相对独立,不能因为产能不过剩就不实施严格的环境保护政策。

调整财税体制。特别是理顺中央与地方之间的利益分配机制，弱化地方政府不当干预企业投资的动机；推动地方财政透明化与民主化改革，避免地方政府为企业投资提供财政补贴。在资源与环境税方面，需要推进有关资源环境的税收制度改革，不仅要将资源环境的成本纳入企业的成本，还要进一步加强相应的监督管理，防止地方政府利用环境保护管理方面的漏洞为企业提供变相优惠政策。

（本文写于2017年6月）

去产能中促进就业、社会保障、劳动关系研究

刘燕斌[*]

去产能是当前供给侧结构性改革的首要任务。解决好去产能中受影响职工的就业安置、社会保障、劳动关系等问题,对于保障去产能任务的顺利完成,探索经济转型升级中治理失业的路径,进一步完善积极的就业政策,保持经济社会的持续健康稳定发展具有重要作用。

一、去产能中的就业问题及原因分析

当前,全国就业形势总体稳定,发展符合预期,全年就业主要指标有望全面完成。但就业形势也稳中有忧,化解过剩产能中职工就业安置就是就业工作中的一个重点、难点问题,需要给予高度重视。

(一)去产能中受影响职工的现状

1. 重点行业、地区去产能涉及职工较多,就业安置任务繁重。根据国务院新制定的去产能方案,未来3~5年预计将直接影响180万名职工就业,其中钢铁行业涉及50万人,煤炭行业涉及130万人。2016年,煤炭行业将去产能2.8亿吨,占去产能总目标的一半以上,需要安置70万职工;钢铁行业将去产能4 500万吨,约占去产能任务的1/3,需要安置18万职工,如果将钢铁行业上下游产业受影响职工

---

[*] 刘燕斌,人力资源和社会保障部中国劳动保障科学研究院院长。

考虑在内,安置职工任务更加繁重。与此同时,平板玻璃、电石、电解铝、铜冶炼、铅冶炼、造纸、制革、印染、铅蓄电池、船舶等行业也将淘汰大量落后和过剩产能,预计关闭企业超过2 000家,涉及大量需要转岗转业和安置的职工。

从全国各地区情况看,河北、山西、东北以及西南等去产能重点地区受影响职工规模较大。其中,河北省到2017年底受影响职工约54.7万人,其中钢铁行业42.6万人、水泥行业6.5万人、平板玻璃行业5.6万人;山东、山西两省到2020年受影响职工分别约为19.3万人和13.8万人;东北三省到2020年受影响职工合计约为18.5万人。在部分资源型城市和产业相对单一的地区,特别是钢城、煤城由于产业单一、就业渠道狭窄,就业安置难度更大。

2. 去产能企业职工一般年龄偏大、文化水平低且技能单一,再就业难度较大。去产能企业职工年龄大多在40岁以上,有的企业职工平均年龄接近50岁,文化程度多为中学及以下水平,长期从事某一项工种造成技能单一,不少职工还深受职业病困扰。许多职工体弱多病、家庭负担较重,转岗转业、就业创业极为困难。加之一些国企职工对企业还有比较严重的心理依赖,对国有身份有较高预期,对分流安置的岗位有较强的攀比心态、积极主动意识较差,这些都严重阻碍了去产能企业职工通过市场化方式实现再就业,从而加大了再就业的难度。

3. 多渠道解决职工安置,在促进就业、安置职工方面正在发挥积极作用。按照国务院以及人社部、发改委等部门发布的有关去产能的政策文件,各地也积极制定具体政策,采取多种措施,多渠道安置受影响职工:一是支持企业内部分流,包括内部挖潜来多渠道分流安置富余人员,兼并重组后的新企业更多吸纳原企业职工,开展"双创"中创造新的就业空间;二是促进转岗就业创业,包括对达到一定规模的拟分流安置人员举办专场招聘活动,将失业人员纳入当地就业创业政策扶持体系,对有创业意愿的化解过剩产能企业职工和失业人员,按规定提供创业培训;三是符合条件人员可实行内部退养,由企业发放生活费并缴纳相关社保,达到退休年龄时正式办理退休手续;四是运用公益性岗位托底帮扶,加大对就业困难人员和零就业家庭人员的帮扶力度。

（二）受影响职工就业中存在的重点难点问题

1. 当前经济下行与产业调整交织，去产能重点地区新增岗位不足。最新统计数据显示，我国经济下行压力较大，今年第三季度 GDP 增速为 6.7%，2013~2015 年同期 GDP 增速分别为 7.9%、7.1%、6.9%；2015 年第四季度数据显示，东北三省、山西、河北的 GDP 增速均低于全国平均水平，其中辽宁和山西两省仅为 3% 左右；2016 年前两季度，辽宁、山西、黑龙江、河北等去产能重点省份的经济增长未见明显好转；辽宁省甚至连续三个季度负增长，规模以上工业、地方公共财政收入等指标普遍出现不同程度下降。在河北、辽宁、山西等去产能重点省份，经济下行压力加大造成就业岗位减少，而钢铁、煤炭去产能任务繁重，职工分流安置压力增大，就业的总量矛盾、结构性矛盾以及与当地就业承载能力之间的矛盾十分突出。

2. 历史遗留问题较多，国企改革任务繁重，职工安置难度较大。在去产能过程中，深化国企用工制度改革任务艰巨，国企职工对企业高度依赖等问题比较突出；"三供一业"等企业办社会等问题普遍存在；在享受特殊工种待遇上，存在身份差异、国企职工可以享受特殊工种提前五年退休政策，而民企员工难以享受，有些有国企身份的职工因不愿丧失享受特殊工种，进而不愿流动到民企就业；企业内部女职工因为身份不同而造成退休年龄差异（女工人 50 岁退休而女干部 55 岁退休）。这些问题造成企业冗员较多、历史包袱过重、企业内部转岗困难，职工分流安置障碍较多。

3. 一些钢铁、煤炭过剩产能企业集中地区，特别是资源枯竭城市、独立工矿区，就业问题更加突出。在过剩产能行业高度依存型地区，由于钢铁、煤炭等过剩产能行业在本地经济中占比很大，许多其他产业也往往是钢铁、煤炭产业链上的延伸产业。而钢铁、煤炭等行业近年来持续低迷进而严重制约了这些地区的经济发展。区域内去产能重点企业长期亏损，资产负债率畸高，流动资金十分紧张，普遍存在拖欠职工工资、欠缴社保费、无法正常支付经济补偿金等问题，造成职工无法正常享受医疗、养老等社保待遇，甚至造成职工无法正常办理退休等问题。由于区域内主要企业效益差，利税大幅减少，财政收入下降，地方财政难以安排足够资金用于支持企业转型、组织开展技能培训等工作。

(三) 去产能就业问题的原因分析

1. 资源型、单一产业结构造成结构性就业矛盾突出。多年来，有些地区和企业没有随着市场供求变化及时调整产业或产品结构，转型升级滞后，尚未形成经济的多点支撑，而是在经济发展扩张期，满足于钢、煤、水泥等产品需求旺盛时带来的收益。还有些地区不按照经济规律办事，用行政命令的手段，急功近利，盲目投资扩张"时间短、见效快"的产业，造成市场供过于求。当市场达到饱和甚至过剩时，带来企业亏损，职工大量富余，转岗转业困难。

2. 对去产能及经济结构调整的认识不足，造成职工安置工作推进不利。当前，仍有些地区和企业尚未认识到化解过剩产能和供给侧结构性改革的必要性和必然性，仍然在"苦撑局面"，期待市场"周期性"好转；有些地区和企业希望别的地方和企业去产能而自己留下来；也有的地方政府担心本地 GDP 受到影响，而不愿痛下决心去产能。这些想法和做法都阻碍了去产能职工安置工作的顺利开展。

3. 国企改革不彻底造成了一系列的人员管理和历史遗留问题。国企改革尚不到位，有的企业用人自主权尚未真正落实，企业不能根据生产经营的变化合理调节用工，而是"能进不能出"，造成人浮于事、效率低下。同时，"企业办社会、政企不分、企社不分"等问题依然突出，妨碍了企业发展和效益提高，这也是企业富余人员过多的重要原因。加之诸多历史遗留问题，深化国企用工制度改革任务依然严峻。

4. 劳动力市场灵活性不足制约了劳动力的合理流动。"新常态"下，调整结构、转换动力是促进经济发展、稳定就业局势的必然选择。当前，有些现行法律法规和政策规定对劳动力在地区、行业和企业间自由流动形成了一定程度的阻碍，特别是对企业用工限制也过多，不利于企业根据生产经营状况及时调节用工数量，也不利于劳动力从产能过剩地区行业企业向其他地区行业企业流动，难以实现劳动力等生产要素随市场变化而不断重新优化组合，进而无法形成新结构和新动力。

5. 职工技能水平低，就业思想观念陈旧，无法适应产业转型升级的需要。去产能企业职工年龄偏大，待安置职工中"4050"人员占比接近

60%。他们长期从事某一工种技能单一,对企业心理依赖很重,且普遍在意其国企职工身份,不愿到非国有经济单位或从事个体工作,身份观念和攀比心态较强,市场化就业的适应力和竞争力普遍较差。如何推动职业技能培训的开展、鼓励和激发广大企业特别是去产能企业大力开展技能培训、使受影响职工的素质、技能适应产业转型升级和转岗转业的需要,既是当前安置职工的难点,也是今后相关政策制定和完善的着力点。

二、去产能中的劳动关系问题及原因分析

去产能中的劳动关系涉及市场与政府、国企与私营、历史与现实、共性与个性等多个方面,汇集就业安置、社会保障、工资收入中的多种矛盾,是去产能工作中一个重点和难点。

(一)去产能中劳动关系的主要问题

1. 劳动合同管理存在突出问题。据调研,部分去产能企业仍存在未按法律规定签订劳动合同的用工不规范情况,主要集中在农民工和中小企业。近5年农民工总量呈持续增长态势,在就业群体中也占有越来越重要的位置。但不少企业在雇用农民工时,仍存在未签订劳动合同的情况,或者虽然签订合同却未按有关合同条款执行,特别是中小企业的劳动合同执行更为不力。去产能分流安置职工时它们往往先裁减农民工,农民工处于不利地位。

部分下岗职工与原单位因工资、社保、经济补偿金等拖欠等问题无法解除劳动合同也无法与新单位签订新合同。部分人员处于"隐性就业或失业"状态,即:有工作无合同,或有合同无工作。

2. 拖欠工资、欠缴社保费影响职工利益。许多去产能企业开工不足、利润下降甚至亏损,导致降薪欠薪现象逐步增多。有的企业降薪幅度达到50%,有的企业数月发不出工资,还有的企业同时拖欠职工取暖费,有的企业因经济困难发给下岗职工的生活费很低,一些企业特困职工家庭明显增多。欠缴社保费直接影响了职工享受社保待遇。员工有的不能及时办理退休手续,有的因病死亡而养老保险个人账户不能及时继承,有的无法报销医药费,有的老工伤人员的供养费用受到影响,有的因欠费而不能及

时办理社保关系转移，影响了下岗职工在新单位就业等。

3. 不少企业无力支付经济补偿金。据调研，不少企业因经营困难在解除劳动关系时无法向解除劳动关系的职工支付经济补偿金，进而无法解除劳动合同，职工不得不"滞留"在企业内部，影响了再就业。现实中，一些效益较好的企业为了尽快与下岗职工解除劳动关系，会在法定补偿金标准之外，再增加一部分补偿金。这就使得在同一城市的不同企业由于补偿金待遇不同而带来不少劳动争议。

4. 职工民主权益受到影响。有的去产能企业在裁员时未经民主程序或是法定程序，没有通过合法民主形式充分听取工会、职代会和职工的意见。有些形式上通过工会或者职代会，但实质上并没有充分考虑职工意见，导致方案不合理、不公正。有的企业"职工分流安置方案"不公开、不透明，职工的知情权、参与权和监督权缺失情况较为突出。

（二）去产能中劳动关系问题的原因分析

1. 国企劳动用工制度改革有待深化。在去产能安置职工最困难的企业中，许多是国有企业。这些企业面临的诸多难题，在相当程度上暴露了许多国有企业在劳动用工等方面仍有许多与市场经济不相适应的弊端。许多职工思想观念落后，市场意识、风险意识不足，依赖企业思想严重，不愿另谋出路；部分受影响职工对未来岗位的期望要求偏高，对跨行业和跨地区转移就业意愿低，自主就业创业的意愿很低。

2. 缺乏调整劳动关系的具体法规政策。现行的调整劳动关系的法规政策原则性比较强，缺乏具体的操作措施。如对经济补偿金的计算，依照劳动合同法的规定，劳动者月工资高于用人单位所在直辖市、设区的市级人民政府公布的本地区上年度职工月平均工资3倍的，向其支付经济补偿的标准按职工月平均工资3倍的数额支付，向其支付经济补偿的年限最高不超过12年。但在具体操作中，可能会出现收入高的劳动者由于超过3倍的封顶线，经济补偿年限最高不超过12年，最终获得的经济补偿金反而低于其他收入较低的劳动者，产生了不公平现象和相应的矛盾争议。此外，在经济补偿金计算中还涉及工资口径的问题，也就是哪些项目可以算入职工的工资，目前并没有明确的规定，对此企业和职工之间容易产生分歧和矛盾。

3. 资金不足影响了职工安置和劳动关系处理。企业安置大量富余职工无论是采取转岗、内退还是解聘，都需要大量资金支持。但去产能企业往往资金困难，无力支付。企业普遍反映，目前国家支持企业的1 000亿元奖补资金标准偏低，不能满足企业安置职工的需要。如某大型煤炭集团去产能需要安置5万多职工，初步计算安置费用人均约需20万元，共需要111亿元。但目前这家大型煤炭企业集团受自身生产成本居高不下等多重因素的影响，企业持续亏损，目前已累计亏损148.2亿元，资产负债率达到85.6%，集团累计欠付各种款项281.5亿元。企业安置职工资金短缺问题十分突出。

4. 有的地方政府对企业用人自主权存在不当干预。如某钢铁公司产能由1 200万吨，压减产到650万吨。受影响的职工有1.3万多人。地方政府部门要求不能让一个人下岗失业，不将一个人推向社会，全部在内部安置，这实际上造成了企业的劳动生产率下降，市场的竞争能力降低。为了安排这1.3万人，企业每年需支付13亿元，加重了企业负担。部分企业反映，现有部分法律条款限制了劳动力市场的灵活性，给企业进行人员调整安置造成一定障碍。如劳动合同法规定"关于岗位调整须征求职工同意"，有的职工即便保持其原工资水平不变也不服从企业对其的岗位安排，使得人员转岗安置十分困难。这些不合理条款加大了企业负担，限制了企业转型，扭曲了市场机制的作用。

5. 企业内部劳动关系工作不到位，易引起和激化矛盾。据调研，部分企业在落实化解产能任务、减员分流安置工作中，未向员工主动披露或沟通分流安置渠道、安置待遇等相关信息。在沟通不畅、缺乏协商的情况下，许多职工不了解真实消息，不清楚自己的未来去向，不少职工存在较大担忧和顾虑并得不到有效化解，这种情况有可能引致严重的劳企矛盾甚至冲突。

三、解决去产能中职工就业、社会保障和劳动关系问题的政策建议

（一）去产能中促进就业的政策建议

1. 加大政策支持力度，鼓励去产能企业转产转业，带动受影响职工

从事新产业。鉴于去产能企业在职工就业安置中普遍面临资金短缺的困境以及化解过剩产能对钢铁、煤炭、水泥、电解铝、平板玻璃、船舶、石化等行业的广泛影响，建议中央财政在1 000亿元奖补资金的基础上，适当增加奖补资金额度，并扩大奖补资金的行业企业使用范围，对于积极吸纳去产能受影响职工的企业，加大给予吸纳就业补贴的力度，如对企业每接纳一名失业人员且签订一年以上合同的，给予其一定数额的就业（社会保险）补贴，所需资金可考虑由失业保险金支付。鼓励和支持各类人力资源服务机构、职业培训机构针对去产能下岗失业人员开展职业介绍、职业培训等再就业服务，对于人力资源服务企业和职业培训机构根据其成功介绍或培训下岗失业人员的效果适当给予补贴，提高受影响职工再就业成功率。

2. 制订和实施专门的经济转型升级职业技能培训政策计划，开展大规模职业技能培训。帮助劳动者提高技能实现就业应是积极就业政策的一个核心内容。建议通过专门政策计划，动员社会资源，强化新常态下特别是去产能受影响职工的技能培训，提高下岗失业人员的技能水平、创业能力和从事新岗位、新职业的能力，使他们适应新常态、新经济发展的需要。

3. 适当放宽企业享受稳岗补贴的条件和提高稳岗补贴返还比例。一是建议适当放宽企业缴费时间限制和提高稳岗补贴的标准，让在经济调整特别是去产能中能有更多的企业获得资金支持。二是建议进一步拓宽就业专项资金的使用范围，使更多受影响职工可享受就业帮扶。目前，就业专项资金仅能对已解除劳动关系处于失业状态的去产能职工提供免费的技能和创业培训。三是建议将未解除劳动关系的因去产能受影响职工纳入政策性帮扶，提升职工转岗能力，提高职工安置效率。

4. 尽快解决历史原因造成职工退休年龄差异问题。特殊工种提前退休政策只适用于国有企业，阻碍了职工向非公企业转移分流；女干部与女工人退休年龄不同也给企业内部转岗分流造成困难和矛盾。建议尽快出台有关政策，解决特殊工种退休和女职工不同身份退休等久拖未决的政策问题。

（二）解决去产能中社会保障问题的政策建议

1. 扩大社保覆盖面，加强社会保险强制性，织密民生安全网。当前，我国《社会保险费征缴暂行条例》《社会保险法》《社会保险法实施细则》《实施〈中华人民共和国社会保险法〉若干规定》等法律法规都明确规定了用人单位欠缴社会保险费的处罚措施，但实际执行并未到位。建议加强社会保险的强制性，进一步扩大社会保险的覆盖范围，特别是重点扩大对农民工的社保覆盖范围，保障去产能受影响职工的社会保险权益，发挥社会保障"民生之安全网"的功能。

2. 多渠道解决社保欠费问题，保障受影响职工享受社保待遇。当前，去产能企业社会保险欠缴问题十分突出，直接影响到职工养老、医疗等切身利益问题，建议抓紧制定解决办法。一是对关闭破产企业实行职工安置特殊政策，建议参照2000年中共中央办公厅、国务院办公厅《关于进一步做好资源枯竭矿山关闭破产工作的通知》（中办发〔2000〕11号）等文件，"政策性破产，关闭破产企业在资产处置后应优先清偿职工工资、社保费等，不再要求进行社保费预留，职工安置资金不足部分由财政兜底解决；社保欠费无法清偿的，可考虑予以挂账处理或政府代缴"。二是建议分阶段用国有资本逐步补偿社会保障的历史欠账。

3. 加快失业保险制度改革进度，充分发挥失业保险在经济转型升级特别是化解过剩产能安置职工中保生活、防失业、促就业的积极作用。一是建议利用失业保险基金专门制定和实施帮助职工实现"转岗转业"的政策措施。二是建议降低援企稳岗补贴门槛，提高补贴比例。三是建议扩大覆盖面，重点是使更多民企和农民工享受到失业保险的帮助。四是建议提高统筹层次，发挥社会保险大数法则的基本原理，解决困难地区（省级及省内）基金短缺的问题，实现省内基金可以调剂使用，发挥基金更大效能。五是建议大力支持企业开展就业创业技能培训，增强员工转岗、就业、创业能力。

4. 增加社保基金投入，提升养老保险统筹层次，充分发挥社会保障功能。虽然2015年、2016年已经调整（降低）养老保险、失业保险、工伤保险、生育保险等四险费率，但目前"五险"的总费率仍有39.25%（其中，企业负担为28.25%，个人负担为11%），企业负担仍然较高。一是建议针对去产能企业的实际困难，考虑适时适度继续降低城镇职工基本养老保险、城镇职工基本医疗保险等缴费费率，进一步减轻去产能企业的实际负担。二是建议加快推进基础养老金全国统筹工作，提高养老保险基金统筹层次，进一步适应参保职工就业流动性，强化职工养老基金收支全国性精算平衡。

5. 加强社保经办能力，推进社保关系转移接续避免断保现象。一是建议推进社保关系转移接续工作，进而最大限度地避免断保现象，重点加强省际之间社会保险关系转移接续工作。二是建议国家层面出台社会保险关系转移接续实施细则和指导意见，加强对各省社保经办机构的指导，避免因转移接续不畅而带来的断保现象。三是督促原国有企业统筹的社保与地方社保经办之间转移接续工作。对于企业内部统筹的医疗、生育、工伤等保险，应尽快实现社会化管理，在加强社保经办机构服务能力和水平的基础上，保障去产能受影响职工享受相应的社会保险待遇。

（三）妥善处理去产能中劳动关系的政策建议

1. 完善和加强对去产能企业劳动关系处理的统筹协调。建议建立健全劳动关系治理的多主体工作协调机制，指导和帮助企业积极处理劳动关系问题。由各地化解过剩产能和淘汰落后产能工作协调小组统筹协调本地区企业职工安置工作，以人社部门为牵头单位，发改、经信、财政、国资、工会等部门共同负责，明确各部门在化解产能过剩职工安置和处理劳动关系工作中的责任，尤其在补偿资金来源、安置渠道扩展、劳动争议预警预防、劳动者知情权参与权的维护等方面具体工作中，加强信息沟通，实现政策协调联动。

2. 尽快完善指导企业处理劳动关系的整体性和具体化方案措施。建议进一步明确劳动关系处理、社会保险关系接续等实施细则，制定职工转移劳动关系指导细则，明确规定程序和操作步骤，厘清原单位、接收单位和职工三方各自权力责任，职工与原单位脱离。针对不同类型企业、不同诉求职工制定完善分类细化和具体性的政策措施和指导方案，做深做细劳动关系指导工作，指导企业制订职工安置方案和处理劳动关系。同时，做好相关政策和措施的衔接，把握政策措施的适度性和有效性，既保障职工合法合理权益，又防止造成新的市场改革障碍。

3. 完善劳动关系预警预防和矛盾调处等机制和措施。对去产能中可能发生的劳动争议尤其是集体性劳动争议应有充分的预判，充分发挥劳动行政部门预警、预防、协调、调解劳资冲突和矛盾的作用。密切关注相关企业劳动关系状况的发展变化，监控劳资矛盾，预测可能出现的群体性劳资纠纷。一旦发生争议，劳动行政部门要积极斡旋调解，积极协调，协助争议双方当事人降低分歧程度，达成协议，避免和减少重大集体劳动争议事件，维护社会稳定。

4. 加强政策落实并做好基本公共服务。一是督促指导化解过剩产能和淘汰落后产能企业关闭破产企业按照国家有关规定对解除劳动合同的职工应给予的经济补偿，偿清拖欠职工的工资、医疗费，补足拖欠的各项社会保险费。二是严把职工安置方案审核关，对职工安置方案不完善、安置资金不到位、未通过职工代表大会讨论和审议的，指导企业依法依规进行修改完善。三是做好社会保险关系接续服务，督促指导化解过剩产能企业认真做好职工的社会保险关系转移接续，妥善做好企业退休人员的安置，按照规定保障好各项待遇，并切实做好退休人员的社会化管理服务工作。

（本文摘编自中国劳动保障科学研究院重点课题研究成果）

供给侧结构性改革中"去产能"面临的困局、风险与对策

张 杰[*]

一、当前"去产能"工作可能陷入的困局

第一,各级政府在落实和推进中央去产能战略部署中,既可能由于去产能工作与地方政府在多个层面存在程度不同的利益冲突,造成地方政府官员"知难而进"、"迎难而上"、"有所作为"内在激励机制的缺位,也可能由于在消除僵尸企业工作中所面临的种种阻力和挑战,导致有的地方官员产生畏难情绪、惰性心理乃至"懒政怠政"等行为。

首先,在当前中国的现实背景下,去产能工作与地方政府可能在多个层面存在利益冲突,其中较为突出的表现为:一是去产能或多或少会拖累当地GDP增速,会影响对地方官员的政绩考核;二是会冲击当地就业,影响社会稳定;三是会减少地方财政税收,影响地方财力。对于不少去产能的重点地区来说,过剩产能产业往往是该地区的主要支柱产业,虽然这些企业的经营当前存在困难,但其或多或少仍然是当地GDP、财政收入的来源及安排就业的重要渠道。出于维护本地区经济增长机会和财政收入来源的动机,面对失业社会风险的压力,特别是在担忧本地区无法获得新产业发展机会的前提下,各级地方政府针对中央去产能工作,或多或少会存在等别的地区将过剩产能去除之后,本地区产能就不过剩的观望心态和

---

[*] 张杰,中国人民大学中国经济改革与发展研究院教授。

思维。这在一定程度上可能会激励地方政府官员倾向于采取"比谁能熬"的博弈策略，希望通过拖延本辖区的去过剩产能工作，尽力保住当地的过剩产能。甚至可能会出现这样的极端现象：在某些由于缺乏产业支撑而导致财政收支长期陷入"收不抵支"和"吃饭财政"困局、甚至连公务员工资都面临拖欠的地区中，某些地方政府为了尽力保住本地非常有限的产业资源，可能会通过财政资金直接补贴或奖励、税收补贴、强制信贷、强行扩张需求等方式，帮助甚至"力挺"僵尸企业熬过这段时间，对中央部署的去产能工作造成扭曲效应。

其次，各级政府在处置过剩产能工作中，一定程度上可能会面临以下种种阻力和挑战。无论是针对国有企业还是民营企业的去僵尸企业工作，都需要地方政府官员花费大量精力财力去处理和应对各种原有的或潜在的利益矛盾及冲突，其难度不可低估。特别是针对处置过剩产能所引发的失业问题，即便在中央和地方财政资金充分到位的情况下，在当前普通民众依法维权意识愈加完善、维护自我利益意识日益提高、甚至在"拜金主义"社会风气刺激下，民众对自身利益的不合理诉求，必然出现诉求日益复杂化以及难以简单满足的困局，安置和转移失业工人的成本及难度必然会大幅度增加，这无疑会增加政府财政负担和工作难度以及"不干事不出事，要干事必惹事"思维模式的自身责任压力，造成地方政府官员的畏难心理和无法有所作为的心态。

第二，各级政府在落实去产能具体工作中，倘若依靠传统的产业政策思路或政府优惠政策作为处置过剩产能的主要手段，而不是依靠因地制宜、创新性、系统性、市场导向的工作思路及具体操作方式，在中国当前的经济新常态下，可能会使得去产能工作发生一定程度的变异。

首先，在中央已制定处置过剩产能具体时间表和路线图的压力下，可能会刺激地方政府急功近利式地运用财政资金补贴和奖励政策或运用土地税收优惠等手段，甚至通过强制关门倒闭，来处置过剩产能和僵尸企业。这就可能会导致去产能工作的失效甚至扭曲效应的发生。具体表现为：一方面，在政府提供了额外的奖励补贴资金或优惠政策后，可能会滋生和强化而不是弱化企业熬过去产能这场"运动"的信心，造成去产能工作的不彻底及僵尸企业的"蛰伏期"和"死灰复燃"；另一方面，客观来看，在当前中央八项规定的强力推进下，地方官员利用权力来获取私利的渠道被阻断，而且公务员收入规范化、透明化导致不少地方政府官员的实际收入下降，这已经催生不少地方政府官员的"懒政怠政"行为。特别是在当前的去产能工作主要是由中央政府来部署和推进的情形下，地方政府官员更容易滋生"一切依靠中央"的依赖心理，或者产生"事不关己，高高挂起"的旁观或等待行为。如果去产能工作会较大程度地损害当地的GDP增速、财政收入及某些官员可能的腐败寻租收入，这会叠加式地削弱当地官员落实和推进本地区去产能工作的积极性、主动性和创造性，造成去产能工作的拖延乃至延误，甚至由于延误去产能的失业风险及金融风险而放大经济社会风险。

其次，如果地方政府仍然沿袭以往的通过政府财政资金补贴或税收等优惠政策作为处置过剩产能的主要手段，在某些长期面临财政入不敷出、甚至公务员工资都发不出来并且也是去产能的重点地区，可能会诱发或激励地方政府挪用中央或上级政府用于处置过剩产能和僵尸企业的专项财政资金的动机及行为，造成去产能工作的延误。在极端情形下，甚至可能会激励企业和地方官员之间形成合谋或勾结行为，将去产能工作变异为骗中央政府财政资金或优惠政策的"圈钱"或"分肥"游戏，造成去产能工作中腐败寻租活动的发生，进而造成恶劣的示范效应，从而对中央部署的去产能工作造成危害。

第三，由于国内外市场环境的短期波动性变化，某些过剩产能产品价格可能会在短期内出现波动乃至上涨的现象，或者因为去产能工作取得了初步成效，过剩产能产品的供需关系发生改变，造成某些过剩产能产品价格出现上涨趋势的苗头，这可能会对地方政府处置过剩产能产生干扰，导致地方政府对去产能工作的必要性和紧迫性出现误判或扭曲性反应，进而对中央部署的去产能工作造成延误或阻碍。一方面，当前煤炭或钢铁等大宗产品的国际价格正在发生较为剧烈的波动乃至短期上涨的现象，这对中国当前最为突出的钢铁和煤炭等重点产能过剩行业的去产能工作可能会造成不可忽略的干扰性影响。尤其这可能会使得地方政府将过剩产能产品价格在短期内出现的波动性变化趋势误判为长期内发生的确定性上涨趋势，造成地方政府对处置过剩产能必要性的错误判断及实施动力的弱化，进而对去产能工作造成延误或阻碍。另一方面，随着各地对去产能工作的落实和推进，某些过剩产能产品价格由于供需关系开始发生变化乃至逆转而呈现逐步上涨的苗头或态势,导致去产能的外部市场需求环境在短期内出现"回光返照"式的向好假象,从而弱化处置过剩产能的外部环境激励动机甚至催生新一轮的企业投资扩张和产能过剩,阻碍生产要素向新供给产业的转移,导致资源配置效率下降及未来经济增速的进一步下滑。

第四,针对产能过剩行业中的国有企业和民营企业,地方政府可能出现偏向性的处理倾向,导致去产能工作对市场资源配置效率的进一步扭曲,从而对中国经济可持续增长能力造成损害。

值得关注的是,造成这一轮中国特定行业产能过剩的一个重要原因是,在众多地方政府特别偏好于将央企以及地方国企作为招商引资大项目政绩观的强烈激励下,容易获得银行贷款以及能够获得较低融资成本的央企及地方国企事实上成为资本密集型的重化行业产能扩张最快的经营主体之一。这既造成国有企业是中国本轮产能过剩形成的重要推手之一,也必然使得国有企业是本轮去产能工作的重点对象之一。这种情形下,某些地方政府出于地区GDP政绩、地方财政收入来源、维护本地区就业安全甚至官员自身利益的考量,会通过各种显性或隐性的财政补贴或优惠政策,全力支持本地区已经发生经营不善和效率低下的国企通过经营绩效的短期改善,来暂时拖延乃至逃避去产能任务,甚至可能会鼓励这些效率低下的国有企业利用中央去产能优惠政策,去简单地兼并重组那些经营遇到困难的国有企业或民营企业。这既可能使得该地区以贯彻中央去产能政策的名义并未真正将那些落后产能予以淘汰,又可能由于低效率国有企业部门产能的进一步扩张,造成市场资源配置效率的进一步扭曲,最终导致地区经济可持续增长动力机制的缺失。相反,另一种可能的极端处理倾向是,为了尽快落实中央去产能的任务,违背市场自愿原则,采取各种优惠政策来诱惑或强制性要求民营企业去兼并重组那些经营遇到困难的国有企业,甚至会出现某些地方政府试图通过补贴或优惠政策,来鼓励民营企业成为去产能的标杆企业。这种以谋取政绩为驱动力的去产能思路和做法,显然会进一步加剧产能过剩,弱化市场的资源配置效率,最终导致中央去产能工作无法真正落到实处。

二、当前在落实和推进"去产能"工作中可能暴露出的风险

(一)债务风险及可能引发的金融风险

目前,中国仅四大产能过剩行业(煤炭、钢铁、有色金属和水泥)的有息负债存量就达 5.4 万亿元。其中,银行贷款 2.8 万亿元,债券 1.6 万亿元,信托等约 1 万亿元。从现实来看,钢铁、水泥、电解铝、平板玻璃和船舶这五大产能过剩重点行业的产能利用率大约在 50%~75%,而根据国际标准正常产能利用率应在 79%~83%,意味着五大产能过剩行业面临着大约 8%~35% 的产能将被淘汰。假定五大行业整体的产能去化率约为 11.2%,按照约 5 万亿元的总贷款规模计算预计将产生不良贷款约 5 700 亿元,相应地提高银行不良贷款率约为 0.8 个百分点,对未来两年银行利润的影响大概降低 16%~17% 的盈利点(按照 100% 拨备计提测算)。而且,与地方政府融资平台和房地产的债务问题相比,产能过剩行业的债务处理有着营利能力差(平均资产净收益率为 1.9%)和负债率高(负债率平均达 67%)的两大劣势。这些债务在企业兼并收购、破产重组的过程中如何有效应对?是更倾向于财政救助,还是完全依靠市场化去杠杆以及制定政府不对商业银行不良贷款进行"兜底"的原则能否有效?随着中国内外环境的变化,这些解决思路的可行性和有效性均具有高度的不确定性。因此,产能过剩行业的贷款资产质量以及去产能引发的债务风险,有可能将成为银行爆发信用风险的潜在风险点。此外,还要高度重视去产能导致的未来债务减记支付的概率正不断加大,需要警惕由此带来的资产价格重估风险及大面积诱发债务违约风险。

(二)失业风险及可能引发的社会安全风险

从表 1 提供的数据来看,落实去产能工作最终将造成直接性失业约为 150 万~300 万人。仅从这一数据来看,所造成的直接性失业规模是较为有限的,带来的直接性失业风险也是相对可控的。然而,当前重点产能过剩行业的去产能工作可能引发的以下间接性失业风险及下岗转岗所引起的社会风险,才是需要重点关注的。这是因为:第一,考虑产能过剩行业的

上下游关联行业由此受到的影响与冲击，造成的间接性失业规模还可能进一步扩大。如果按照1:1的关联带动系数来看，造成的总失业规模可能就达到300万~600万人以上，这对中国的社会安全冲击及造成的政府财政压力不可小觑。第二，即使中国当前就业的总体形势相对平稳，也不可忽视当前去产能造成的直接性失业对社会稳定产生的冲击力。从年龄结构上看，此轮下岗的煤炭、钢铁及制造业工人大都是步入中年甚至年过半百者，是"上有老、下有小"家庭的主要支撑。而且，这些行业工人的技能已经相对老化，重新转岗和接受再就业培训的可能性相对较小。因此，这些结构性失业尤其会放大社会性风险，造成政府政策解决的极大难度及对政府财政刚性支出的巨大挑战。第三，从中国当前重点产能过剩行业的地域分布来看，北方地区尤其是东北、华北等地区将大概率成为本次去产能的核心区域，这些地区相对来说也将承担较大的经济发展风险和失业压力。然而，东北地区以及华北地区这几年的GDP增速全国垫底，在新兴战略产业及高新技术产业发展方面整体上不具有核心竞争优势，随着原先过剩产能同时也是当地支柱产业的逐步收缩，很有可能造成"过剩产业已去，新兴产业未起"的经济发展动力的全面断档乃至经济发展后劲缺失等现象的发生，对这些地区的经济发展会是雪上加霜。这些问题累积到一定程度，就会引发局部地域性的失业风险及由此引发的社会安全风险。

表1　　　　　　　去产能导致的产能过剩行业的失业人数估算

去产能目标	推算依据	造成失业人数
煤炭行业	未来三年共计淘汰7亿吨产能，相当于去产能13%左右	截至2015年11月底，煤炭开采和洗选业全部从业人员平均人数约为441万人，按照去产能13%对应就业人口减少13%推算，将带来约60万~130万人失业
钢铁行业	近几年淘汰落后钢铁产能9 000多万吨的基础上，再压减粗钢产能1亿~1.5亿吨。由于目前中国粗钢产能接近12亿吨，初步估算压减1亿~1.5亿吨产能相当于去产能8%~12%	截至2015年11月底，中国黑色金属冶炼及压延加工业全部从业人员平均人数为361.2万人。由于黑色金属冶炼及压延加工业基本都属于钢铁产业链，如果按照去产能8%~12%对应黑色金属冶炼及压延加工业就业减少8%~12%计算，将带来40万~60万人失业

续表

去产能目标	推算依据	造成失业人数
水泥行业	2015年水泥熟料产能约为18.1亿吨，同比2014年增加2.2%。2015年全国熟料产能利用率约为67%，同比2014年下降5%，熟料产能过剩进一步加剧，供需矛盾更加恶化。从各省来看，山西、新疆、内蒙古、辽宁、河北五省区产能利用率均小于50%，产能严重过剩	目前中国新型干法产能在存量产能中已达到90%以上，产能过剩主要是新型干法产能过剩，在淘汰落后产能的同时，更要严控新型干法产能的增加，为此待分流人员将达15万人
电解铝行业	截至2015年10月，铝压延加工业企业有1 879家，估计从业人员53万，人均产量59万吨	预计需要淘汰的产能总共达1 000万吨，待分流人员达17万人

（三）产业转换断档风险及地方政府官员"懒政怠政"行为可能引发的经济波动和社会风险

在具体落实中央去产能战略部署过程中，地方政府一系列特定的变异行为可能会导致某些地区在处置过剩产能和僵尸企业的过程中诱发或放大经济波动和失业社会风险。具体表现在：第一，某些地方政府的"冒险主义"行为造成的产业断档风险。由于既有的过剩产能行业是本地区的支柱产业，在中央政府强力推进"去产能"以及消除"僵尸企业"的压力下，在没有充分谋划替代产业和新兴产业的基础上，某些地方政府很有可能将地区过剩产能过早过快"一刀切""一锅端"，导致地方"旧产业已去，新产业没来"的产业发展断档风险。第二，某些地方政府的"冒进主义"行为造成的产业断档风险。在中央强力推进去产能的压力下，某些地方政府官员为了获取晋升的政治资本，或为了获取中央和上级政府对去产能的扶持政策资源和奖励补贴财政资金支持，可能会将那些本来符合本地区禀赋优势的"传统"产业，那些具有产业发展基础、经营暂时出现困境、能够通过转型升级重焕生机的产业，作为过剩产能进行处理，而不切实际地试图通过发展高新技术产业或新兴战略产业作为地方经济发展的替代产业。在当地人才、技术、金融等高端资源不足以支撑高新技术产业或新兴战略产业发展，或者这些新产业发展周期较长的情形下，造成地方产业过早过快"空心化"，同时也造成高新技术产业或战略新兴产业的"泡沫化"。第三，产业关联效应所放大的经济社会风险。随着地区去产能工作的深入推进,一个不可忽略的现象是,对于过剩产能和僵尸企业的处置会对本地区已有关联上下游产业的发展造成负面冲击,导致大规模的产业经营恶化风险,这可能导致地区既有的产业产量急剧下降,造成本地区经济的大幅度波动及失业风险。第四,某些地方政府的"懒政怠政"行为所放大的经济社会风险。由于在处置过剩产能和僵尸企业工作中所遇到的各种压力和挑战,地方政府官员必然会程度不等地产生畏难情绪及"懒政怠政"行为。因此,需要警惕的是,某些地区在采取倒闭破产手段关闭僵尸企业的同时,可能由于地方官员的畏难情绪及"懒政怠政"行为,事先并未充分考虑和构建较完善的社会安全网和风险兜底机制,也未积极开展与社会群众事前、事中、事后充分交流与沟通,在地区经济可能出现陡峭性下滑的状态下,这会破坏经济的回旋弹性和社会劳动力市场的韧性,引发就业、居民基本生活、经济基本面恶化等一系列社会经济问题,进而引发利益受损群众及特定利益集团的反对乃至对抗,在极端情况下甚至有可能激化为群体性事件,从而放大去产能工作引发的失业社会风险。

三、当前"去产能"政策思路中需要重点把握的几对平衡关系

(一)如何在去产能工作中实现政府和市场功能边界的有机平衡

从中国此轮产能过剩形成的内在机制来看,需要依靠市场化的手段来加以最终有效解决,然而从此轮产能过剩的地域分布特征来看,则需要政府主导力量以及中央政府财政兜底才能加以彻底解决,这种两难局面决定了中央在推进和落实去产能工作中所面临的巨大挑战及所需的全新政策操作思维。

此轮去产能工作需要市场化手段的全面参与,目标也是通过去产能最终构建和完善市场竞争秩序。客观来看,中国此轮产能过剩的形成,本质上是与当前对政府和市场功能边界的界定不清、政府对微观经济部门的直接监管权力过大及政府对微观经济部门发展所需的关键要素市场违背市场逻辑的不合理干预行为过多等密切相关。推进去产能工作,实质上就是去除各级政府对微观经济部门的不合理行政干预,理顺政府官员和商业经济

之间的利益边界，控制政府官员对实体经济部门的寻租腐败之手。因此，首要的改革就是要针对政府自身功能边界的真正定位和改革，政府的定位是要做市场机制建设者、市场秩序监管者及公共产品提供者，真正让市场竞争机制在去产能及经济结构转型升级中起主导地位，发挥市场机制的核心调节作用，尽量不再用计划之手或政府补贴奖励形式直接干预微观经济活动，消除过剩产能死灰复燃的行政机制体制，最终达到去产能标本兼治目的。

如果将去产能完全交给市场，而忽略政府特别是中央政府的主导力量与财政兜底作用，也不利于去产能工作的推进及市场机制的建设。事实上，把去产能完全交给市场比完全依靠政府更为可怕，结果也更具有不确定性。正如前面所分析的，从中国当前重点产能过剩行业的地域分布来看，北方地区尤其是东北、华北地区是本次去产能的核心区域，而这些地区本身就是市场机制发展不够完善、经济发展相对滞后以及经济发展风险和失业压力突出的地区。很显然，如果将这些地区的去产能工作完全交给市场而忽略中央政府及地方政府在去产能工作中所起的作用以及财政兜底的主要责任，是违背中国基本国情和现实条件的，也不可能达到预期效果。因此，在这些特定地区，政府仍需承担作为去产能工作的执行主体，在地方政府财政能力有限的前提下，特别需要中央政府的财政支出作为主要引导力量，通过政府主导、市场配合的方式来积极稳妥地推进去产能工作。

（二）如何在去产能工作中把握中央政府和地方政府各自职能的有机平衡

当前在落实和推进去产能的中央战略决策过程中，一个突出的难题就是如何准确把握和有效平衡中央和地方政府在处置过剩产能和僵尸企业任务中各自的基本职能和应有责任。中央政府作为去产能战略的顶层设计者，必然是各项具体操作思路的制定者及各类风险控制和化解的监管者与执行者。然而，从中国的实际情况来看，在将去产能的顶层设计有效转化为各地区具体实践的过程中，容易发生两种可能的变异行为：第一，要警惕可能会发生中央政府将去产能工作甩包袱给地方政府的倾向，从而对去产能工作的推进造成延误。第二，也要警惕地方政府将去产能工作完全推给中央政府，逃避自身应有的职能和应负的责任。中央部署的去产能具体工作需要地方政府来贯彻和配合，更需要地方政府依据当地的制约条件及外部环境，发挥主动性，防范和化解由去产能及消除僵尸企业可能引发的各种风险。

实践中，须明确中央政府在处理过剩产能工作中财政资金主要承担者的定位。从中国当前的现实来看，由于不少地方政府的债务规模与负债杠杆率已经非常高，而且财政收入增速面临急剧下滑的态势，原先的土地财政依赖体系已不可维系，不少地方已经沦为"吃饭财政"的困境。特别是在那些去产能重点区域，这些现象更为突出。因此，中央财政资金应该是此轮去产能和处置僵尸企业的主要资金来源及社会风险兜底资金的唯一来源。如果仍然将解决资金定位为部分依靠地方政府或定位为地方政府出具配套资金的话，沿袭中央和地方共同承担解决资金的思路，去产能工作很可能就无法推进。

（三）如何在去产能工作中实现"去产能"与"建产能"的有机平衡

对于多数实施去产能的重点地区而言，要获得去产能的持久效果，即便实施最为严格的去产能政策，也未必能够达到彻底根治的效果，必须从"去产能"与"建产能"两端发力，才能达到彻底根治产能过剩和僵尸企业的最终效果。一方面，对于拥有那些特定资源禀赋同时也是去产能的重点地区而言，过剩产能往往是该地区的支柱产业，即便去产能工作在这些地区取得了显著成效，但这些成效也未必可持续。一旦这些过剩产能产品的市场环境变好，地方政府仍然有动力通过各种手段来扶持这些产业的复苏和壮大，从而开始新一轮产能过剩的轮回；另一方面，要彻底根除特定地区的过剩产能和僵尸企业，必须加快新产业建设，通过原有过剩产能产业结构性的转型升级，或通过发展壮大具有产业基础的新型产业，作为本地区经济发展的替代动力及地方政府财政收入、就业支撑的新源泉，这才有可能从根本上切断过剩产能产生的基础。

（四）如何在去产能工作中实施兼并重组与倒闭破产的有机平衡

需要高度关注的是，当前不少地方政府在具体落实去产能工作中，可能会偏好于采取兼并重组处理策略，而不愿意选择按照法律程序实施倒闭破产。由此可能会造成如下问题和危害：第一，非但不能切实消除过剩能，相反可能会延迟甚至固化过剩产能的存在；第二，强制让经营效益较好的企业违背市场规律去兼并重组僵尸企业，特别是让经营效益较好的国有企业去兼并重组国有企业，会拖累或损害作为兼并重组方企业自身的竞争效率和营利能力，甚至会造成新的僵尸企业；第三，不利于资源配置效率的提升，最终会因为拖累效应损害当地经济可持续增长能力。事实上，从地方政府这种偏向性或者扭曲性去产能行为策略的产生原因来看，一方面，仍然在于地方政府是从自身利益立场考量而非从国家全局利益立场来考虑问题的；另一方面，也在于地方政府对处理过剩产能和僵尸企业可能引发的大规模失业风险及社会稳定风险的担忧所造成的。

四、对策分析

针对去产能工作所暴露出的种种困局和风险，当前及以后的应对措施是：

（一）重视运用兼并重组和资本市场方式来消除僵尸企业，对于特定地区特定行业下定决心运用倒闭破产方式来消除僵尸企业

对于处理僵尸企业这个去产能工作中最为核心也是最为棘手的任务而言，中央政府应借鉴市场经济发达国家在处理过剩产能和僵尸企业、推动产业结构转型升级中的经验和做法；对于那些能够通过兼并重组实现效率提升及产业结构转型升级的行业或地区而言，要积极鼓励和提倡运用兼并重组方式来消除僵尸企业，尽量避免直接破产倒闭，建议地方政府将要对处理产能过剩行业企业的补贴奖励资金，运用到对兼并重组方企业的奖励补贴；适当鼓励有实力的上市企业通过股票增发、借壳上市等资本市场手段实现对过剩产能企业的兼并重组；对于那些确实无法实现效率提升及产业结构转型升级行业或地区的过剩产能和僵尸企业，应在做好善后工作的基础上，果断采取倒闭破产的方式，为营造良好的、能够有效运行的全国市场竞争秩序的大局服务。

（二）充分防范和化解某些重点地区由于去产能所引发的重大失业现象及由此引发的大规模社会稳定风险，可适当考虑扩大中央转岗安置基金规模

中国经济发展程度相对落后的中西部地区和东北地区，不仅是过剩产能行业分布的重点地区，同时也是支柱产业相对比较单一、地方财政长期入不敷出的主要地区，地方政府在处置过剩产能和僵尸企业的过程中所引发的失业问题可能会造成集中性的社会风险。因此，中央政府应针对各地区在处置过剩产能和僵尸企业过程所带来的内部退养工人、转岗就业创业工人、内部安置工人及公益性岗位托底安置工人等四类失业工人，设立以中央财政为主的转岗安置基金。中央政府已经设立了"以人为主"的1 000亿元规模的中央转岗安置基金。然而，依据我们的初步测算，该资金总额可能要达到1 500亿~3 000亿元。由此，我们建议针对去产能重点地区和失业高风险地区的实际情况，中央政府适当考虑扩大中央转岗安置基金规模，以促进重点地区处置过剩产能和僵尸企业的过程及效果。

（三）针对去产能重点区域的产业转型升级及新产业发展困局，考虑设立中央和地方政府联合出资形式的产业发展促进专项基金和化解僵尸企业专项基金

针对那些既是经济增速快速下滑的重点去产能地区，同时也是地方财政支出刚性和财政收支入不敷出、支柱产业单一的发展中地区，中央政府有必要直接出台针对促进这些地区产业转型升级及新产业发展的中央和地方联合出资的产业发展促进专项基金。而且，针对这些地区在处置过剩产能和僵尸企业的过程中所面临的各种债务、要素流转、技术转让、兼并重组以及历史遗留问题等各种难题，中央和地方政府联合出资的僵尸企业处理专项基金的设立，可用于奖励与鼓励僵尸企业退出、兼并重组乃至转型升级。

（四）高度重视去产能可能引发的金融风险，建议启动和鼓励资产管理公司以及银行债转股形式的银行不良资产处理模式

中国当前去产能工作中最大的风险是处置过剩产能和僵尸企业可能诱发的金融风险，尤其是因为过剩产能行业和僵尸企业与银行体系的相互依赖程度过高，由此所引发的金融风险必然更为突出。根据1998年国企去产能的债务处理经验以及当前产能过剩行业高负债高杠杆的实际情况，建议采取的改革措施是：1. 加快中央和地方资产管理公司的试点与推广工作。中国资本市场经过多年发展，市场容量和空间已具备一定规模，资产

证券化已在过去 15 年出现较快增长，这为由去产能产生的不良资产在国家鼓励和商业银行推动下转为证券化基础资产提供了机会及空间。不良资产证券化，将去产能产生的金融风险更为分散化，降低去产能引发的债务处理成本。应由中央和地方财政、商业银行和资产管理公司来共同处理去产能所引发的债务问题，考虑到区域性银行的不良资产更适合由熟悉地方情况的地方资产管理公司来处置，建议地方资产管理公司作为此轮去产能引发的银行不良资产的主要承担者。2. 鼓励银行机构通过债转股的方式来处理去产能所引发的债务问题。面对当前中国经济发展出现的新情况，金融机构应加快混业经营改革的步伐。在时机成熟的前提下，可以考虑将债转股模式推广到信托公司等其他金融机构。

（五）加快针对地方政府官员考核机制的改革，要通过真正推进市场化建设，切断政绩考核体制驱动下各地方政府追求 GDP 增长导致产能过剩循环式发生的内生机制

切实通过政府政绩考核体制的改革及干部人事选拔体制的全面创新，缓解和消除地方政府对推进去产能工作及处置僵尸企业可能存在的巨大内生性惰性及不作为行为发生，打破地方政府通过各种优惠条件招商引资扩大产能→产能过剩→去产能→继续通过各种优惠条件招商引资来扩大产能的死循环，削弱地方政府官员内生性惰性和不作为行为的制度基础。通过对政府权力清单的全面深入改革，充分调动和激发地方政府的积极性及创造性。第一，推动官员考核机制从 GDP 导向到效率导向，弱化对 GDP 的考核，考虑把重点行业去产能的目标明确写入政府工作报告，并要求各地方政府落实量化指标。可考虑将去产能工作落实目标列为当地政府一把手的主要考核指标。第二，加大中央对产能重灾区的财政转移支付，来对冲去产能和消除僵尸企业带来的税收下滑。第三，在中央和地方财政合理分配的前提下，将过去用来补贴僵尸企业的资金节省出来，用于收购过剩设备报废、补贴下岗职工安置等。

（本文原刊于《河北学刊》2016 年第 4 期）

中国产业政策变革

改革攻坚"去产能" 转型升级促发展

尹援平[*]

当前,产能过剩不仅严重阻碍了我国经济的稳增长、调结构,而且极大地制约了企业的生存发展与转型升级。自中央部署供给侧结构性改革以来,从上至下,都在积极推进供给侧结构性改革,落实"三去一降一补",着力解决产能过剩的问题。

笔者通过对山东(威海)、湖南(长沙)、北京、辽宁(大连)、天津、江苏(徐州、盐城、南京)、上海的实地调研了解的情况,阐述企业在去产能和结构调整方面的一些想法、做法和建议。

一、对产能过剩类型的认识

(一)投资驱动型增长模式导致过度投资

自1978年至2014年的36年中,我国经济持续高速增长,GDP年均增长9.8%。特别是进入21世纪以后,随着我国加入世贸组织,由原来依据全国消费能力建立的产能转变为依照全球消费能力建立的产能,产能投资呈加速态势,投资成为拉动GDP增长最主要的推动力。投资的主要领域的产能快速扩张。

2008年国际金融危机爆发,我国政府实施了大规模刺激计划,采取了信贷扩张和降息的政策来刺激经济增长,由此形成了大量公共基础设施投资。2009年,GDP增速为9.2%,投资贡献率高达86%。这些刺激政

---

[*] 尹援平,中国企业联合会副会长。

策对于当时中国经济企稳回暖起到了一定作用,但也加剧了产能过剩,至今都无法完全消化。

(二)市场经济成熟度不高导致产能盲目扩大

我国市场经济成熟度还不够高,地方政府主导经济增长的模式和受GDP政绩考核影响,难以遏制扩张冲动。此外,由于中央政府和地方政府的职能分工和站位不同,地方政府从地方经济增长和就业的角度出发,不可能充分考虑全国行业布局的需要,也没有这样的视角和能力,造成地方发展政策与国家产业政策的脱节,全国性行业布局和规划建设难以落实。而且地区之间为比拼政绩,容易导致重复投资建设同类项目,甚至引发恶性竞争。

很多企业进入市场后,即便认识到市场真实的需求情况或者遭遇市场形势变更,但为了弥补沉没成本,也不愿意首先退出市场,反而可能加大投资力度以扭转发展困境。一些地方政府甚至设置破产退出壁垒,帮助企业"拉郎配"式的并购重组,以保障各自辖区内的投资和就业。所以说,部分地方政府行政化的非市场行为在一定程度上扭曲了企业投资行为。

(三)国家调控政策执行不到位导致产能过剩无法得到有效遏制

由于缺乏对违规审批项目有效的约束和责任追究制度,产能过剩问题始终没有得到有效解决。由于对以技术、标准、规范等促进产业自主发展的措施研究不够,规范市场公平竞争的规则、环境、秩序建立滞后,对产品质量、节能环保、安全生产等已有的国家标准的监督执法不力,给一些违规企业留下了更大的获利空间,导致一些达不到环保、能耗、安全等标准的企业以不公平的方式进行市场竞争,加剧了产能过剩矛盾。

(四)企业投资行为的跟风性加大了产能波动

经济周期性波动对企业投资行为影响很大,一段时期内经济的快速增长,必然造成阶段性需求旺盛。近10年来,房地产业的繁荣和以高铁为代表的大规模基建投资,极大刺激了对钢铁、建材、工程机械以及煤炭、有色等能源、资源企业的投资,促使这些行业产能迅速扩张,并带动了各产业上下游企业的产能扩张。为了追求快速的投资回报,很多企业热衷于投资"热门"产业，更加注重投资的短期效益，常常无视有限的市场容量和激烈的市场竞争，盲目涌向某一领域进行投资，呈现出投资"一窝蜂"的现象，造成这些领域投资过度、产能过剩、产业结构失衡。

（五）企业化解过剩产能存在主、客观障碍

2012年我国名义城镇化率刚过50%，未来城镇化空间仍然很大。钢铁、水泥、平板玻璃、电解铝等行业都与我国城镇化进程高度相关，于是很多人认为，这一轮产能过剩是城市化完成之前的阶段性过剩，因为十八大中央提出新型城镇化战略，未来仍然可能有好的行情出现，因此，即使经营状况不佳，几乎所有企业都想"熬"着不退。另外，即使是濒临破产的企业，出于稳定财税基础、保护就业、维护社会稳定等因素的考虑，地方政府会对其施以信贷、财税等多方面的援手，尽最大可能维持企业生存，减少了产能的正常淘汰，甚至让僵尸企业"僵"而不死。

（六）下游消费结构未作升级换代调整，承接上游产能能力不足

目前，产品结构不合理，大路货的产能基本处于严重过剩状态，而高精尖产品则供不应求。此外，对开发拓展应用领域，用新需求化解过剩产能的力度和引导不足。

二、企业在化解产能过剩中采取的主要措施

企业化解产能不仅需要政策引导和政府相关配套的扶持措施，同时更需要企业按照市场经济发展的规律积极主动压减和消化过剩产能。从我们实地调研的情况看，多数企业都能按照政策和各地政府的要求，结合自身的实际情况和条件，采取稳妥有效的措施化解过剩产能，并取得了较好的阶段性成效。据发改委10月份公布的数据显示：前三季度，我国钢铁、煤炭两个行业退出产能均已完成全年目标任务量的80%以上，部分地区和中央企业已提前完成全年任务。2016年全国钢铁煤炭过剩产能退出任务有望提前完成。

调研中发现，各行业、各地区、各企业因产能过剩程度、产业布局、功能定位的不同，其去产能的任务和压力也不尽相同，采取的措施和途径

也是各有侧重,但总体讲,主要还是按照政府提出的"消化一批、转移一批、整合一批、淘汰一批"的思路来实现过剩产能的有效化解。

(一)压减产能、产量,加快淘汰低效、无效落后产能

压减产能、产量是化解过剩产能最直接和见效最快的途径。目前各地企业大都能够按照当地政府"去产能"的目标任务,平稳有序地压减产能、产量。各地本着"应退尽退"原则,让低效、无效和粗放型的低水平生产能力、附加值低的产品,尤其是能耗高、环保不达标的企业彻底退出市场,着力从解决"僵尸企业"入手,通过关停并转,以产权转让、关闭破产等方式加快清理退出。

(二)妥善安置分流下岗职工

"去产能"带来的员工安置与再就业问题是化解产能过剩中企业面临的最大挑战。据有关部门测算,未来2~3年内,考虑代表性产能过剩行业及其上下游产业,总失业人数可能达300万~350万人,主要集中在西北、华北和东北地区,可能推高全社会失业率0.2%~0.3%。不过,相比1998年约2 100万的下岗人数,加上目前更加完善的社会保障和福利制度,本次员工安置大潮在国家层面整体可控。

企业安置分流富余员工与再就业的方式大致有以下五种:一是企业内部退养(买断)、提供离职津贴等措施,可避免短期内社会问题的集中爆发,但需要政府奖补资金和政策配套;二是与政府合作,为下岗职工提供阶段性公共服务就业机会,给予下岗员工寻求再次正式就业的过渡期;三是企业或政府提供再就业培训,向服务型行业分流下岗员工;四是企业通过自身业务转型升级,创造新的就业机会,并对老员工进行专业技能的培训转岗,带来新的经济价值;五是建立高等教育及职业培训长效机制,培育新兴技术,促进经济健康发展。

(三)在改革创新与转型升级中走出产能过剩的困境

产能过剩问题说到底就是结构性问题,是产业结构、供需结构失衡造成的。化解过剩产能,企业不仅要做好"去"的工作,更要在"补"上下功夫,也就是既要瘦身,又要强身健体,按照供给侧结构性改革所指明

的方向，企业要"补"的就是改革创新、转型升级，这是当今企业真正走出产能过剩困境的关键所在。

在改革创新方面，一方面深化体制机制改革，解决好企业发展动力的问题，同时积极推进市场化进程，促进结构优化，改善供给；另一方面，加大研发力度，推动企业技术进步与创新，同时，加强管理，练好内功，在制度、组织、管控模式、生产要素优化配置、产业链整合以及人才等方面大胆创新，努力提质增效。在转型升级方面，积极推进企业由传统产业向战略新兴产业转型，由生产型向生产服务型转变，由低附加值向高附加值升级，化过剩产能为优势产能。调研中我们发现，坚持市场决定资源配置，向"科技+时尚"转型调整，把握三个着力点：新市场+新产业+新模式是关键。

（四）加快"走出去"步伐，实现产能输出

产能过剩需要时间来消化，结构调整也不可能在短期内完成。如果能够拓宽化解过剩产能的空间范围和转化渠道，就有利于加快我国供给侧结构性改革与调整的进程。其中，对外转移输出产能就是一条重要途径。从国外的经验看，美日欧等工业发达的国家和地区在面对产能过剩问题上，都曾通过实施"走出去"战略加以治理。

从全球看，由于不同国家经济发展阶段、生产力发展水平以及资源禀赋差别巨大，某些行业的产能在一国可能显著过剩，但从某一国际区域来看并不过剩、甚至短缺。因此，国外吸收我国过剩产能存在着较大的空间。国家实施"一带一路"发展战略，为我国企业"走出去"创造了重大机遇和条件。目前，工信部正在组织研究建立鼓励企业"走出去"的产业投资基金，一旦成型，其规模将达千亿。"一带一路"初期的大规模基础设施建设将成为中国基建行业走出去的重要平台，随后将带来多产业链、多行业的投资机会，其中尤以高铁、核电为代表的重大装备制造业的"走出去"最为引人注目。

三、企业在化解过剩产能中遇到的困难和问题

化解过剩产能是一项非常艰巨的任务，过程复杂，无论是政府还是企

业，都面临着很大的压力。调研中发现，不同行业、不同地区以及不同发展阶段、不同发展水平的企业面临的困难和问题存在着较大的差异，在这里我把企业反映比较突出、相对比较集中和普遍的困难与问题呈现出来。

（一）企业在化解产能时遇到的主要困难

从困难角度看，主要有以下四个方面：

1. 员工安置难度大

（1）安置成本高。比如：京煤集团为积极做好非首都功能产业的疏解工作，2014年至2015年，主动提前分流安置煤矿职工，发生职工安置费用1.1亿元。京西煤矿是京煤集团的核心资产、主要利润及现金流来源。在外埠转移项目尚未形成有效接续，部分项目实施难以推进的情况下，京煤集团优质资产政策性退出，给企业带来了沉重的人员安置压力、资金压力和维稳压力。

（2）员工分流、再就业难度大。比如：2001年以来，徐矿集团先后自主关闭矿井20座。企业没有将关井职工简单推向社会，主动进行转岗分流安置。在当前全行业裁员分流且集团公司外省已关闭多座矿井，内部无力消化的情况下，分流安置难度非常大，特别是地面岗位职工、女职工、年龄较大职工技能单一，重新找工作很困难更是难以被妥善安置，维稳的任务十分艰巨。

（3）安置资金不足。比如：山东能源在"十三五"期间"去产能"安置职工所需费用高达110亿元。尽管国家和省里给予一定的奖补资金支持，但奖补资金数额与所需费用差距很大。在目前国内经济下行、企业经营状况不好的情况下，国家难以负担巨额的安置费用，资金缺口巨大。

2. 债务清偿难

产能过剩企业的负债率普遍偏高。企业在生产经营状况不好的时候，所欠债务很难还上。比如：山东能源2015年末计划退出62座矿井，负债271亿元。这些债务在矿井去产能时难以去掉，由于整个煤矿生产经营困难，所以母体企业也难以承担其债务。另外，去产能中还形成了大量拖欠的账款无法兑现。20世纪90年代，中国经济曾经陷入"三角债"困境，相互的拖欠致使谁都动弹不得，经济发展差点儿为之窒息。如今，在经济中占有巨大资产份额的钢铁、煤炭、水泥等行业，同样面临着巨大的资金拖欠和坏账的风险。

3. 资产处置困难

调研中很多企业（特别是国有企业）反映，去产能时一些关闭、封存的闲置资产（设备、生产线）很难处置。潍柴动力反映：闲置设备（生产线）对外转移输出的渠道有限，要输出到国外手续繁琐，费用高；许多设备、设施将被闲置报废，即便能够变现部分设备，也会出现很大的减值缩水，由此带来的资产损失如果无法处置消化，将会给企业的整体利益造成严重影响。防止国有资产流失的问题也是国有资产难以处置的原因，对已经封存、限期拆除的设备，怎么核销？尤其是股份制的企业资产怎么核销？目前还没有明确说法。

4. 融资难

去产能时涉及银行的债务较重，目前银行对钢铁、煤炭、水泥等产能过剩行业企业实行了融资限制，纷纷提高融资门槛、抽贷减贷，不仅不再增加信用额度，而且原有的信用额度都难以保证，甚至有的商业银行不加区别地将钢铁、煤炭等行业企业整体列入限制类，一刀切式的限贷、"断粮"，对于到期的贷款不再展期或续贷，企业新增融资困难，整体融资环境恶化。

（二）化解产能中遇到的主要问题

在化解过剩产能过程中，有些问题需要引起有关方面的高度重视。

1. 市场不规范，淘汰机制不健全，监管不到位，导致"劣币驱逐良币"

化解过剩产能的实际效果能不能达到预期的目标，关键要看是否能够发挥好市场内在的调节机制；能否监管到位，依法依规推动落后产能退出；能否把化解过剩产能变成优胜劣汰的过程。用雷霆手段"去产能"，虽然可以立竿见影，但如果采用一刀切式的做法，有时会把先进产能也一同去掉，甚至给落后产能腾出空间。

2. 闲置的"无效产能"，为地方政府去产能工作提供了缓冲空间

实际上，目前压减产能多为"无效产能"，而且无效产能的相关设备已经停止运转，但并未被彻底拆除，因而这些闲置的无效产能不仅为地方政府顺利完成"去产能"任务提供"保障"，而且可能在市场转暖时重新

将这些无效产能"激活"。

3. 企业办社会问题加重了企业负担

由于历史原因，企业办社会一直是国有企业的一大特色。但市场经济条件下，企业办社会增加了企业的运行成本，不利于企业进行市场竞争，特别是在经济下行压力下，企业办社会已经使很多企业不堪重负。

四、企业对化解过剩产能的建议

这次国家采取强力措施推动钢铁、煤炭、水泥等产能严重过剩行业"去产能"，应该说对于解决我国经济领域的结构性矛盾、成功实现产业结构优化与转型是一次重要契机。但要达到预期效果，需要社会各方的积极配合与响应，倾听来自企业的声音，了解企业的诉求。这有利于我们更好地把握政策落实的着力点，避免出现操作性的失误。我们建议在下面九方面入手，化解过剩产能问题：

（一）依法依规，利用综合标准推动落后产能退出，做到标本兼治

化解过剩产能的过程，应严格执行相关法律法规和能耗、环保、质量、安全、技术（产能政策）强制性标准，从能耗限额、污染物排放限值、产品质量、生产安全等方面入手，强制清理退出不达标产能，力求有效发挥法律法规的约束作用、行业准入门槛的作用以及价格机制的调控作用，构建有综合性调控能力的政策约束机制，在治标的同时，通过不断完善行业治理，达到治本的目的。一方面，加强对新建、在建项目的监管，有效遏制低水平重复建设，控制住过剩产能增长的源头；另一方面，营造公平的市场环境，倒逼落后产能的主动退出，特别是对违规产能要加大清除力度，比如，钢铁行业的"地条钢"产能（目前市场至少潜存8 000万吨规模的"地条钢"产能），就属于这类性质的违规产能。

（二）更多运用市场机制、经济手段促进产能有序退出

"去产能"应该在政策的合理引导下发挥好市场自身的调节作用，重视市场在资源配置中的决定作用。政府应在合理规划产业布局、促进各行业协同发展方面发挥更多的作用，减少直接的行政干预。2015年受经济

下行压力加大和需求放缓影响，产能被动出清效果明显，表明用市场机制去产能才是最有效的。政府应该做的是建立运行有效的市场机制，如：建立去产能市场交易机制，从产能、排污、能源消耗量、碳排放权等方面，制定相关治标交易办法。政府还可以考虑多方筹措资金，建立国家、省（市、区）两级产能置换、产能交易平台基金，专项用于产能退出。

（三）明确压减产能对象，避免"一刀切"

应对产能过剩企业开展拉网式普查，按照国家的统一标准和各行业标准，分类处置，明确整改、转型升级、淘汰清单，将违规企业、僵尸企业、未在工信部、发改委备案的企业作为优先去产能的对象，加快清理环保、能耗、安全不达标企业的产能，尤其是已经责令关停但仍在运行的落后产能。同时也要避免"一刀切"式地去产能，应按标准核实确定哪些属于先进产能和具有特殊功能的产能，比如用于军事装备、航天领域、核电领域的特殊钢以及用于处理城市垃圾的水泥窑等，对这样的产能不仅不应列入去产能名单，反而应给予政策和财政金融方面的支持。

（四）采取可行措施推动企业兼并重组，不断优化产业结构

兼并重组不仅是化解过剩产能的重要手段，而且是企业加强资源整合、提高产业集中度、调整优化产业结构、实现转型升级的重要途径。这方面可以借鉴美国当年的经验，以市场机制作为调节的手段，通过企业破产、重组消化钢铁的过剩产能和淘汰落后产能。美国宾夕法尼亚州的匹兹堡市曾经号称世界的钢铁之都，但经过近30年的调整，匹兹堡已从一个高污染的"钢铁城"，逐渐转型为以医疗、高科技、能源、教育为支柱产业的"新匹兹堡"。要有效推进企业兼并重组，政府应尽快明确包括融资、税收、土地、奖补等相关政策，采用多种方式、多种措施促进企业兼并重组，但要注重发挥市场机制的调节作用，尽量避免搞行政性的"拉郎配"式重组，事实证明，这种"貌合神离"的重组多为无效重组。

（五）采取各类补偿、优惠措施，减轻企业压力

"去产能"企业大都生产经营困难，生存压力巨大，因此国家除已经落实的奖补政策以外，还应研究实施多种补偿、优惠措施，减轻企业的压

力。比如在职工安置和再就业方面可以采取以下方式：一是鼓励企业帮助员工培训再就业，并积极与大型用工单位、招聘信息平台建立合作，及时对接用工需求；二是创造公共服务岗位分流员工，尤其可考虑针对公共服务供给不足的领域，如医疗、教育等，通过完善的专业培训，分流素质匹配的员工；三是针对即将退休的员工，或当企业无能力提供培训和再就业机会时，给予员工必要的退养和离职保障；四是通过采取创设"创业支持基金"或税收优惠等方式，扶持有条件的员工创办小微企业；五是鼓励企业通过业务转型升级带动岗位升级。此外，对产能退出企业准许将其自有土地使用性质变更为商贸物流等非工业用地，或协议出让，并减免土地变性需缴纳的土地出让金，支持企业转型发展。

（六）在资产、债务处置方面给予去产能企业更大支持

资产、债务处置问题一直是去产能企业的痛点，很多企业建议在政策、措施上应给予去产能企业更大的支持，比如大连船舶重工集团、京西煤矿等企业呼吁，国家有关部门应出台相关财务会计制度，对于企业已经退出、封存且无变现价值的设备、设施等固定资产，准许企业暂停计提折旧，如果全部通过资产减值途径解决，将形成亏损，这对已处于经营困境中的企业无疑是雪上加霜，并恳请给予资产核销方面的支持。同时希望政府协调银行、税务部门对合规"去产能"企业给予一定的支持，除减免部分债务以外，对在技术改造、转型升级、创新进步、绿色制造等方面确有举措的去产能企业，给予必要的信贷和减免税费的支持，并尽快落实债转股具体实施方案。

（七）对"走出去"对外输出产能的企业给予更多支持

对"走出去"对外输出产能的企业应给予以下支持：一是加强海外项目的金融信贷支持；二是改善海外项目投资及融资审批流程；三是加强与中央政府及相关部门在战略上的沟通与协调；四是完善企业海外项目的税收政策，构建合理有效的税收体系；五是加强海外投资立法，完善海外投资的法律保护体系；六是在外事方面给予的支持和方便。

（八）加快转变政府职能，加大服务支持力度

各级政府应在加强法治建设、营造良好市场环境的基础上，加快政府

职能转变，加大为企业服务支持的力度，政府应该进一步完善公共信息服务平台，拓宽企业信息交流渠道，充分发挥中介服务机构的作用，为促进企业淘汰落后产能、转型升级、兼并重组、走出去发展等提供调查研究、分析预测、咨询评估、信息数据以及有关法律法规等服务；加强统计、大数据的基础信息工作，建立完善统计调查、检测分析和发布制度；整合行业协会、商会等社会组织信息资源，畅通信息渠道，为企业提供及时有效的信息服务，指导企业做好产业对接、技术改造、人员安置等工作；优化信贷融资服务，充分发挥资本市场作用，落实完善财政、税收、土地使用等方面的政策。

（九）注重发挥行业协会、企业组织的独特作用

行业协会和企业组织既与企业保持着密切联系，又易于与政府进行沟通协商，在企业与政府间起着不可替代的桥梁纽带作用，同时作为第三方机构，在调查、监督、评估论证、意见建议等方面保持着相对独立性。在化解产能过剩中，行业协会、商会等社会组织对企业情况比较熟悉，可以更真实地反映和更便捷地传递企业的实际情况和企业的想法、打算，可以为企业去产能提供咨询和信息服务，在资源整合、兼并重组、转型转移等方面为企业提供帮助。

（本文摘编自作者在"2016中国改革论坛"上的文稿）

第四篇

美国、日本的产业政策与产能过剩治理之策

最近半个多世纪以来,中国应该说是产业政策执行最为强力的国家,我们非常重视产业政策,在不同历史阶段执行了不同的产业政策。中国在执行产业政策的过程当中,参照物有时候是日本,比如20世纪80年代之后,学习日本的产业政策;有时候又向往美国的模式,学习美国的方式。美国跟日本的产业政策到底有什么区别呢?

美国产业政策的政治经济学：
从产业技术政策到产业组织政策

周建军[*]

经济学家们围绕产业政策已经做了不少理论研究；而关于产业政策这一涉及政府市场关系永恒的主题的经济学研究，仍然是没有定论的。从历史和事实的角度来看，产业政策在众多的发达国家和发展中国家，都发挥过重要作用。关于这一点，即使质疑和反对产业政策的人士，也不应否认。从历史和事实的角度研究梳理美国这类被视为自由放任经济体制的产业政策，也符合斯蒂格利茨对发展中国家"按我们做的做，别按我们说的做"（Do as we do, not as we say）来选择发展政策的忠告。鉴于此，本文将以美国为研究对象，从历史与当下、产业技术政策与产业组织政策等多个维度，研究剖析美国产业政策的历史、现状及其发展演变，梳理还原美国产业政策的政治经济逻辑。

一、产业政策的内涵与争议

产业政策作为一种文字修辞，最早出自何处，已经不易考证。美国学者的研究显示，产业政策一词至少在1876年就出现在美国出版的经济学著作《大英帝国与美国的产业政策》中（Nester，1998）。但产业政策作

---

[*] 周建军，国务院国有资产监督管理委员会研究中心副研究员，中国人民大学经济学院－哥伦比亚大学政策对话倡议组织联合培养博士研究生。作者感谢哥伦比亚大学政策对话倡议组织主席斯蒂格利茨（Joseph Stiglitz）教授的学术指导，感谢哥伦比亚大学政策对话倡议组织（Initiative for Policy Dialogue）提供的一流的学术环境，让其有机会了解更多真实的美国和世界。

为一种推动经济发展的政策工具，至少从民族国家诞生以来，就不同程度地存在着。就产业政策本身的意涵和内容而言，无论是政府机构、职业经济学家还是社会大众也有着不同的理解。即使美国与欧盟对于产业政策也有着不同的解释。根据日本学者小宫隆太郎的定义和分类，产业政策包括一般性的基础设施政策、产业间的资源分配政策、各领域的内部组织有关的政策和中小企业政策等（小宫隆太郎，1988）。中国学者刘鹤等对产业政策的定义和分类，与小宫隆太郎比较类似，涵盖了产业结构政策、产业组织政策、产业技术政策和地区产业政策等（刘鹤、杨伟民，1999）。在更广泛的意义上，沃里克对产业政策的定义和内容作了详尽的研究综述，将产业政策定义为任何企图改善经济环境或者变革经济活动结构的干预或者政府政策，并从通用的产业政策与有选择性的产业政策两个层次，从产品市场、劳动力、资本市场、土地、技术与制度等多个维度作了分类介绍（Warwick，2013）。从这个意义上，本文所讨论的产业政策是一种广义的产业政策，即政府为了实现产业发展目标对经济活动进行干预的总和，既包括狭义的产业政策，也包括产业组织政策等广义的产业政策；既包括了政府等行政机关对经济活动的引导和扶持，也包括了法院等司法机关对经济活动的判决和解释（见表1）。

表1　　　　　广义的产业政策的措施分类

领域	通用政策	选择性政策
产品市场	竞争政策和反垄断政策、间接税、产品市场管制、汇率政策	国家领军企业、国有化/私有化、产出补贴、国家援助、出口促进、价格管制（如药品）、政府采购、贸易政策、车辆报废
劳动力/技能	技能和教育政策、培训补贴、工资补贴、收入、收入和雇佣税、管理顾问服务、劳工市场监管	目标技能政策、学徒政策具体产业的顾问服务
资本市场	贷款担保、公司税/资本免税额、宏观/金融稳定、资本市场监管	战略投资基金、紧急贷款、国家投资银行、国内投资促进
土地	土地规划监管、土地规划	企业开发区、基于地域的产业集群政策基础设施

续表

领域	通用政策	选择性政策
技术	研发税抵免、科学预算、知识产权制度	绿色技术、引导市场、支持创新的政府采购、专利盒、有选择的技术资助、专业技术中心
系统/制度	创业政策、情景规划、信息分配、总体竞争力战略	指导性规划、产业的前瞻性倡议、甄别战略产业、产业竞争战略、产业集群政策

资料来源：Warwick, K., 2013。

产业政策作为一种日渐成型的理论，至少可以追溯到近代的汉密尔顿（Hamilton）、李斯特（List）、格申克龙（Gerchenkron）等经济学家的研究。产业政策的提倡者们以汉密尔顿、李斯特、格申克龙、约翰逊（Johnson）、斯蒂格利茨、阿姆斯登（Amsden）、韦德（Wade）、张夏准、高柏、罗德里克（Rodrik）、林毅夫、马祖卡托（Mazzucato）为代表，分别以美国、英国、日本、韩国等为研究对象，研究论述了发达国家与发展中国家在经济发展过程中的产业政策的重要作用。而克鲁格（Krueger）、克利缅科（Klimenko）、鲍威尔（Powell）、威廉姆森（Williamson）为代表的产业政策批评者们却认为，市场可以自我运行良好，即便市场会失灵、政府也会常常失灵、并不一定具有挑选胜者的能力，而政府的作用主要是提供公共品。针对学术界仍停留在"要不要产业政策""产业政策存在实施困难"等问题，斯蒂格利茨、罗德里克等回应指出，有意义的讨论应该超越要不要产业政策，而应该聚焦于要实施什么样的产业政策；而每个成功的经济体都有相应的产业政策去推动经济增长、实现转型升级（Stiglitz, 2014, Rodrik, 2008）。

尤其是，从信息获得、行动能力与是否腐败的角度对政府的产业政策的质疑，既不能被事先先验的假定，也不能构成产业政策失灵的充分理由。而产业政策的存在，正是基于市场的弱小或不存在、私人投资的不足、协调的失灵等问题的存在。包括美国在内的发达国家，也存在重要产业和领域的私人投资不足的问题，需要政府的产业政策支持和引导。关于产业政策的必要性和重要性，即使全世界最富有的私人企业家、美国微软公司创始人盖茨也不否认。在2015年11月的美国《大西洋月刊》，盖茨公开呼吁美国政府增加对新能源领域的投资，并以互联网、芯片、美国国防部先进研究计划署和其他基础研究等为例对美国长期以来的产业政策效果给予高度评价。[①]诚如盖茨所提倡和肯定的,以明确的或者不明确的方式使用产业政策,正是美国等发达国家的真实历史和现状。

二、历史视角的美国产业政策

从18世纪独立建国到现在,美国政府的各类产业政策一直不同程度地存在,并由美国立法机构、行政机构和司法机构共同实施,对美国经济发展发挥了重要的作用。尽管美国政府一些高官不喜欢使用产业政策这个词,里根和老布什执政时的美国政府更是声称不喜欢产业政策。但是产业政策一直伴随着美国两百多年的经济发展史。在1789年华盛顿正式组建美国政府之后,美国首任财政部长汉密尔顿于1791年向国会提交了涵盖钢铁、铜、煤、谷物、棉花、玻璃、火药、书籍等众多产业的制造业发展计划,开启了美国政府通过产业政策推动工业化的正式篇章。从对特定产业的政府补贴、保护性关税和进出口配额,到鼓励外国先进技术的进口、禁止创新的工具和机器的出口以及制造业投入的税收减免,再到改善国家的道路和隧道网络(降低商品的交通成本),汉密尔顿的产业政策都有涉及(Bingham,1998)。为了建设一个世界领先的国家,汉密尔顿和杰斐逊等美国开国元勋可谓是不遗余力。尤其是,汉密尔顿将建设一个强大的中央政府作为他的施政理想,他希望一个强大的政府能为国家的工业化提供支撑(比如国家银行体系、公路和铁路等基础设施)和保护(关税等)。即使杰斐逊等美国政府领导人与汉密尔顿就政府在经济活动中的角色有不同意见,1806年,时任总统的杰斐逊还是建议用国会财政盈余来改善美国的道路、隧道、河流、教育以及其他有助于繁荣和统一的重要根基(Nester,1998)。

如上从金融信贷、基础设施、关税保护、公民教育到工业制造的产业政策,为19世纪美国产业的快速发展创造了前提和条件,尽管汉密尔顿的制造业发展计划并没有在他的任期马上实施。以美国的幼稚产业保护为

---

① 在2015年11月的美国《大西洋月刊》,盖茨以能源创新的投资为例指出,私人投资的成本与收益不能匹配,导致在能源创新方面的研发支出并不充分。美国政府在医疗研究方面的资金支持达到了每年300亿美元,由此推动了美国医疗保健在全世界的领先地位。美国政府也应该增加对能源创新的基础研究投入。从产业政策的效果来看,盖茨认为,美国国防部先进研究计划署与其他基础研究的资金支出都是富有成效的,最初的互联网、最初的芯片制造等也来源于美国政府。美国在政府研发方面的总体成绩是非常优秀的(James,2015:56)。

例，正是由于美国政府实施的关税保护——1820～1931年的美国平均关税税率达到了35%～50%，才使得美国的幼稚工业产业得以生存、战略产业得以不断发展起来（Nester，1998；Scherer，1994；张夏准，2007；Irwin，2000）。① 而关于美国幼稚产业的关税保护的必要性，于1820年任职的美国国务卿亨利·克莱曾这样解释："我们必须给某些产业进行方向调整。我们必须尽快采取这个货真价实的美国（关税）政策。让我们在打造本国市场的同时，也培育一个外国市场，使得美国工业品的消费规模能进一步扩充。本国市场的打造，不仅对促进我国农业劳动力的公正的报酬是必要的，而且对我们的必需品的供应也是不可或缺的。如果我们不能销售生产的商品，我们也就无法获得我们想买的商品。"（Callender，1965）

而基于对幼稚产业的保护性关税、国家银行、国家基础设施投资的国家经济发展模式，被后世的经济史学家们称之为"美国体制"（American System）（Lind，2013）。关于美国经济起飞阶段的关税保护的重要性，美国第25任总统威廉·麦金利（1897～1901年任职）并不否认。他曾指出："我们成了世界第一大农业国；我们成了世界第一大矿产国；我们也成了世界第一大工业生产国。这一切都缘于我们坚持了几十年的关税保护制度（托马斯·K.麦格劳，2000）。"事实上，不仅仅在美国，以高关税（尽管工业制成品与原材料的关税率有所区别）为代表的产业政策，在英国、意大利、德国、法国、丹麦、俄罗斯、日本、西班牙等发达国家的不同历史发展阶段也普遍存在过。

在林肯当政的19世纪中叶，美国也一直以促进经济增长的"美国体系"推动经济增长。在这种经济制度下，美国政府用高关税保护战略产业，用联邦土地划拨、政府采购来安定市场，用补贴来推动基础设施发展。基于美国政治精英们这样的认识，美国的高关税制度一直实施了近百年的时间，直到美国的本土产业逐渐变得具备全球竞争力，美国政府才逐渐降低关税税率。受益于美国的关税政策，美国的贸易逆差在19世纪下半叶开始逐渐减少。到19世纪80年代到20世纪20年代，美国基本上保持了贸易顺差。受益于美国的产业政策，19世纪的美国工业实现了史无前例的大发展。1890年，美国已经成为了世界上最大的工农业生产国。

---

① 以锡为例，欧文（Irwin）对美国19世纪的关税保护和产业发展问题作了研究。Irwin的实证研究显示，美国政府对锡产业的关税保护，加快了锡产业的建立和发展，尽管关税保护给锡产业的下游带来负面影响。

中国产业政策变革

到1914年第一次世界大战之前，美国的工业生产已经超过了英国、法国和德国的总和。1914年第一次世界大战爆发之后，凭借自身在工业生产等领域的优势，美国抵消了战争的短暂影响，完成了由负债国到借债国的转变。美国经济的繁荣，一直保持到1929年经济大萧条之前。

从大萧条的应对到第二次世界大战后美国经济的全面复苏，美国产业政策的边界和角色大大地扩充了。1929~1932年的美国经济大萧条，多少年以后仍让美国人记忆犹深。彼时执政的胡佛政府，做了不少工作阻止大萧条的蔓延，但屡屡未能奏效。直到罗斯福新政乃至第二次世界大战之后，美国经济才彻底走出大萧条的阴影。在此期间，美国政府对经济活动的干预大大增加了，美国的产业政策边界也大大扩充了。美国存款联邦保险公司（FDIC）、美国重组融资公司（RFC）、美国农业调整法（AAA）、美国产业复苏法（NIRA）、劳工进步管理法（WPA）等一大批政府机构或法案被建立或批准，被用于风险防范、贫困削减、帮扶就业和经济振兴。随着第二次世界大战的爆发，罗斯福重组或建立了美国国防顾问委员会（NDAC）、美国国防生产公司（DPC）、美国国家生产管理办公室（OPM）、美国战争生产局（WPB）等，以促进美国经济复苏和振兴。第二次世界大战期间，美国政府建立了价值数百亿美元的新军事工厂，建立了包括覆盖全国的石油天然气管道、炼油厂、电厂和军事基地等大量的基础设施。第二次世界大战期间，通过对劳动力的广泛动员，美国实现了充分就业。

或许是巧合也是某种程度的必然，美国历史上的几位重要的总统——从建国伊始的华盛顿、力推南北统一的林肯到实现全面振兴的罗斯福，无一不是在重要历史节点推动美国独立、统一和崛起的政治强人，也无一不是汉密尔顿的产业政策传统的坚定践行者。除了两次世界大战，在20世纪的多数时间，美国政府通过补贴、税收减免、直接贷款和保险、风险投资、政府的建设合同和采购①、研究开发的推动、标准设置、价格控制、准入许可和生产限制等产业政策来推动经济发展。具体而言，这些产业政策包括美国联邦政府给予的土地补贴、用来保护或者促进国内产业的关税减免、通过设立银行给私人企业发放贷款、政府提供的保险（如对私人

---

① 在1933年，美国国会还通过了一个《采购美国产品法》（Buy American Act），要求美国政府优先采购本国产品。

银行的存款保险)、政府出资建设的产业设施(如数千家产业工厂)、政府对研发活动的支持等。在20世纪,美国政府直接或间接主导了互联网、半导体、高温超导、核能、HDTV等一系列重要科技产品的研发,甚至推动了"硅谷"的创新与繁荣。

以半导体为例,美国政府以直接或者间接的方式支持了半导体的技术开发。在20世纪50年代后期,美国政府直接资助了美国半导体企业研发支出的25%以上。美国政府对半导体企业的额外支持,通过军事采购项目的形式来实现。在1965年,美国军方的市场需求占美国整个半导体产业的28%、整个集成电路产业的72%。军方的高价支付承担了新技术开发的大部分风险和成本。70年代以后,军方的市场的重要性下降了,但60年代的军事采购的初始阶段确保了美国企业在半导体产业的技术领先地位(Angel,1994)。同时,在50年代到60年代,美国的国内企业是美国研发投资的主要受益者。美国半导体产业的研发支出,从1959年的7千万美元飙升到了70年代末的8亿美元、80年代末期的40亿美元。这些研发支出是美国政府和美国的私营企业一起资助的(Angel,1994)。

在对半导体企业的研发资助的同时,继美国企业在1982年联合成立半导体研究公司(SRC)之后,美国政府在1987年拨款1亿美元,引导10多家半导体企业组建了半导体制造技术战略联盟(Semiconductor Manufacturing Technology),促进企业之间的开发援助、研发合作、规范统一技术标准等。美国国防部和国防部先进研究计划署(Defense Advanced Research Projects Agency)先后参与组建了半导体制造技术战略联盟。在研发经费资助的同时,美国国防部先进研究计划署与相关企业一道推动半导体技术的研究、开发和推广等。1987~1992年,半导体制造技术战略联盟花费了3.7亿美元(全部预算的37%),用于半导体设备改进和设备供应相关的外部研发项目支出(Angel,1994)。为应对外国企业的竞争和并购威胁,促进美国半导体企业的合作研究,美国政府甚至倡议放松美国反垄断法而允许美国企业开展更大范围的合作研究(Angel,1994)。而美国半导体产业协会甚至号召美国半导体企业合资生产(Production Joint Ventures),以达到技术协同和强强联合的目的。从1989~1999年,美国半导体产业共发生并购111起,成立合资项目244个。1991年,美国政府还与日本政府签订了《半导体贸易协议》,以保护美国企业在市场竞争中的利益。受益于美国政府对半导体产业的研发支持、产品采购、技术合作和强强联合等多种形式的产业政策，美国半导体产业才得以不断发展壮大、延续繁荣。①

与半导体产业发展密切相关，作为军用技术转民用技术的极好典范，硅谷一直被世人作为私人创业的乐园来称赞，硅谷的模式也一度被描述为市场完好运作的典型模式。然而，对硅谷百年历史的详尽考察却发现，无论是技术研发资助、风险投资、产品采购还是对美国本土企业的保护，美国政府都在硅谷企业的成长中发挥了重要的作用。如果没有美国政府的产业政策起作用，硅谷的历史可能会是另一番景象，也很难想象是否会有苹果或者英特尔今天的辉煌。从20世纪50年代前后，硅谷地区的企业就成为了美国国防部的重要采购来源。作为美国的高新技术领军企业，英特尔公司受益于美国政府的采购、研发支出和贸易保护，苹果公司的计算机、iPad、iPhone等都受益于美国政府资助的多项基础研发和美国政府的国际贸易政策（Mazzucato，2015）。针对那些关于硅谷的企业创新和风险投资的神话，硅谷历史研究学者阿伦·拉奥和皮埃罗·斯加鲁菲就指出，硅谷的体制实际上是一种长于开发、短于研究的体制；而美国政府才是硅谷最大的风险投资者和最有力的战略设计者（阿伦·拉奥、皮埃罗·斯加鲁菲，2014）。

三、当下的美国产业政策

在21世纪的美国，其产业政策至少包括产业技术政策、产业组织政策和其他改善经济环境、推动产业发展的政策。产业技术政策，重在提升企业的研发能力、确保美国的全球创新领导者地位，由国防部、国立卫生研究院、能源部、国家航空航天局、国家科学基金、农业部、商务部等实

---

① 关于产业政策在半导体产业发展中的重要作用，美国政府并不隐晦。在2017年1月，美国总统行政办公室、美国总统科技顾问委员会等机构发布《向总统报告：确保美国半导体产业的领导者地位》的报告，明确指出"全球半导体市场从来不是完全自由的……常常是国家产业政策的目标"。在肯定市场作用的同时，这份报告肯定了美国政府在支持半导体研发、采购、产业保护等产业政策的作用，号召美国政府增加半导体产业的研发支出，尤其是竞争前研发（Pre-competitive R&D）的支持力度，加大对"半导体登月计划"（Semiconductor Moonshots）之类大项目的产业、政府和学术间的协调，建立半导体产业的激励奖励制度、政府资助的研究员（Fellowship）项目、合作研究机构、风险投资基金等（参见：Executive Office of the President & President's Council of Advisors on Science and Technology, 2017）。

施。产业组织政策,重在优化市场结构、改善美国企业的竞争力,由联邦贸易委员会、司法部、各级司法机构等来实施。此外,还有一些产业政策,或推动经济发展或用来改善经济发展环境,分别由联邦小企业管理局、经济发展局、农业部、住房和城市发展部等不同的部门来实施。美国总统和美国国会、美国联邦政府机构和美国州政府机构、公共部门和私营部门,都有参与制定产业政策的权力或机会,并彼此互动(见表2)。

表 2　　　　　　　　　美国现有的产业政策及实施机构

产业政策内容	产业政策实施机构
产业技术政策	国防部、国立卫生研究院、能源部、国家航空航天局、国家科学基金、农业部、商务部等
产业组织政策	联邦贸易委员会、司法部、各级司法机构等
其他产业政策	联邦小企业管理局、经济发展局、农业部、住房和城市发展部等、

资料来源:根据 Ketels 以及公开资料整理。

就美国当下的产业技术政策而言,美国联邦政府的研发支出就是产业政策积极介入经济活动的最好例证。2015 年,根据美国国家科学基金(The National Science Foundation)的公开数据,美国联邦政府层面的研发支出就高达 1 323 亿美元。这些研发项目分别被由国防、卫生、能源、农业、商业、国家航空航天、国家科学基金等部门或机构管理,其中研发预算最大的国防部门的研发支出达到 641 亿美元,卫生部门的研发预算支出达到了 305 亿美元。这样来看,备受关注的、美国政府于 2008 年金融危机之后提出的每年 5 亿~10 亿美元的"先进制造业国家战略计划"(强调优化、增加对先进制造的研发投入等),只是美国政府庞大的研发支出的微不足道的部分。

在更长的历史区间段来看,从 1953 年到 2012 年的 60 年时间里,美国联邦政府的研发支出累计达到了 42 790 亿美元(按 2005 年美元价格计算)。这些研发支出项目涵盖了从国防、卫生、空间飞行、资源环境、农业、交通等多个领域,包括了计算机、数学、工程、生命科学、物理学、心理学、社会科学等多个学科方向,涉及基础研究、应用研究、开发、研发设备等多个环节,动员了州政府、地方政府、企业、大学、非营利机构、FFDRC(美国联邦政府资助的研发机构)等参与其中,为美国的经济社会发展起到了重要的技术引领和产业振兴作用(见图1)。

中国产业政策变革

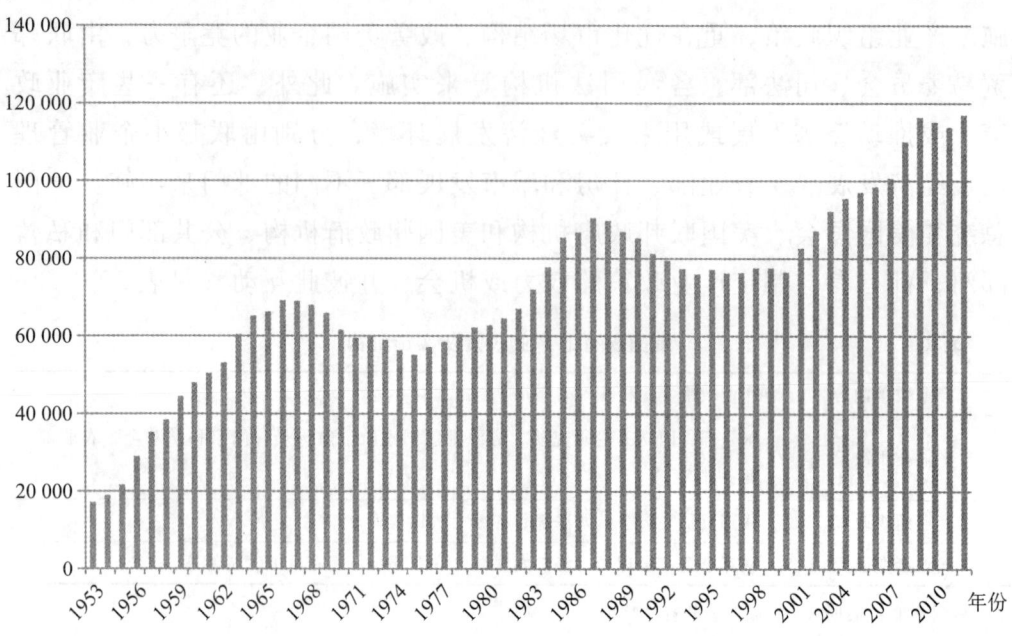

图1 美国联邦政府的研发支出（1953~2012年）

资料来源：The National Science Foundation。单位：2005年的百万美元计

根据美国《研究开发》杂志关于美国创新项目的评奖统计，从1971年到2006年，来自公立或者准公立项目（Public and Quasi-Public）在美国"R&D100"的100家获奖项目中，呈现总体上升的势头。从1988年到2006年的7次评奖的6次，公立或者准公立项目在美国"R&D100"的评奖项目中超过了50家，即占比超过50%。在1997年和2006年，公立或者准公立项目在美国"R&D100"的评奖项目中分别达到了63家和61家，即占比达到63%和61%。公立或者准公立项目在"R&D100"的高获奖比例，充分说明了美国政府在高水平研发方面的重要作用和影响（Block和Keller，2011）（见表3）。

除了直接的研发投入，美国企业可以通过信贷、风险投资等方式获得美国政府的支持。例如，全球瞩目的特斯拉电动汽车项目，就得到了美国政府的重要支持：在2010年特斯拉项目的启动阶段，特斯拉从美国能源部获得了4.65亿美元贷款支持（彼得·蒂尔，2015）。当下著名的苹果、英特尔、联邦快递也都曾经是美国政府风险投资的受益者。无论是特斯拉、苹果、英特尔、联邦快递等，只是美国政府进行风险投资的众多案例之一。据有关统计，自1958年美国联邦小企业管理局成立以来，通过对

第四篇 美国、日本的产业政策与产能过剩治理之策

表3　　美国研发获奖的来源（1971～2006年）

	1971	1975	1979	1982	1984	1988	1991	1995	1997	2002	2004	2006
所有奖项	102	98	100	100	100	100	98	101	100	97	94	100
所有国外奖项	5	12	10	14	14	11	13	12	12	14	10	12
所有国内奖项	97	86	90	86	86	89	85	89	88	83	84	88
所有国内奖项中												
私营												
1. 仅财富500强	38	40	29	37	26	14	9	11	7	5	5	2
2. 其他企业	42	25	28	18	23	18	20	20	15	34	24	20
3. 私营合作企业	3	8	6	4	3	5	4	7	3	11	1	5
包括财富500强企业	1	2	4	3	1	4	1	4	7	1	0	
私营总计	83	73	63	59	52	37	33	38	25	50	30	27
公立或准公立												
4. 资助的分拆	4	1	2	1	1	5	4	5	8	4	8	11
5. 政府实验室	4	8	15	15	24	38	44	38	42	26	38	42
6. 大学	3	0	4	4	1	1	1	5	6	2	4	2
7. 其他公立	3	4	6	7	8	8	3	3	7	1	4	6
总计	14	13	27	27	34	52	52	51	63	33	54	61
所有财富500强企业	41	47	35	41	31	22	14	18	15	13	9	6

注：资助的分拆，原文为 Supported Spin – offs。

资料来源：Block 和 Keller。

300余家小企业投资公司（Small Business Investment Companies）的贷款担保支持（而非联邦小企业管理局直接的现金支持），美国的小企业投资公司平均每年都会对数百家公司投资10亿美元，以扶持有潜力的企业发展壮大。显然，美国的产业技术政策在美国创新活动中仍旧扮演了不可或缺的重要角色。对本国企业或明或暗的研发补助、资金信贷、风险投资其他形式的产业技术政策，都是当下美国产业政策的重要组成部分。

同样重要的是美国的产业政策需要从更宏大的意义和背景来理解。除了产业技术类政策，美国还有很多重在优化市场结构和改善美国企业竞争力的产业组织政策、旨在改善经济发展环境和推动经济发展的其他产业政策。因为微观经济竞争力被证明是一种更有用的工具。它侧重于美国政府在打造经济发展环境的不同方面的具体作用，从要素条件（可获得的技能）到战略和竞争环境（例如反垄断立法）到产业集群的存在（跨区域

竞争）以及需求的复杂性（国防、航天项目等）（Ketels，2007）。作为对美国经济环境的维护，美国政府对 20 世纪 60 年代的洛克希德公司破产案、1970 年宾夕法尼亚-纽约中央运输公司的破产案、1979 年的克莱斯勒破产案、2008 年的通用汽车破产案，都无一例外地施以援手，掏巨资拯救美国的企业。作为对美国经济发展环境的维护，美国政府重视基础设施的投资建设。2015 年，美国政府就制定了《道路交通修缮法案》，以确保美国在未来十多年时间里道路修缮所需的资金来源。根据这个法案，美国政府在未来十年的时间里对道路修缮的投资将达到至少三千亿美元。如上这些旨在打造微观经济竞争力、改善经济发展环境的政策，大量存在于美国各级行政机构和司法机构之中，是其产业政策的重要组成部分。

四、产业组织政策在美国

在过去的一百多年里，围绕反垄断、并购重组的产业组织政策，作为广义的产业政策的重要组成部分，构成了美国立法机构、司法机构和行政机构指导美国产业进行并购重组、提升美国企业竞争力的重要指南。美国产业经济学家谢泼德甚至认为，"反托拉斯（即反垄断）不管是无力还是强硬，它依然是美国主要的产业政策，深深扎根于美国经济根基之中"（谢泼德，2009：394）。美国的产业组织政策，不仅来自美国联邦贸易委员会等政府行政机构的决定或解释，也来自美国最高法院、各级地方州法院等司法机构的案件判决，还受影响于美国国会等政治党派的力量对比。而发达国家的产业组织政策，无论从历史起源还是影响力来看，都以美国最为典型。自《谢尔曼法》出台到美国《横向并购指南》2010 年的最新修订以来，美国的法律、法规和政策对并购重组发挥了重要而不可替代的作用，也自然成为了美国产业组织政策的重要组成部分。而围绕《谢尔曼法》等并购相关的司法判决和《横向并购指南》的行政解释，就成了美国政府（包括立法机构、行政机构和司法机构）干预和影响市场结构、产业规模、企业行为的重要方式，在美国的并购重组中始终扮演着"胡萝卜加大棒"的角色。

对美国并购重组的产业政策的历史回顾，至少要追溯到 19 世纪末的第一次大并购时期。1890 年，为减少和限制对公用事业之外的其他部门的垄断,美国国会经来自俄亥俄州的参议员约翰·谢尔曼(John Sherman)提议、制定了第一部反垄断法《谢尔曼法》,对共谋和垄断等行为作出了原则性规定。这也为美国一个多世纪以来的反垄断执法奠定了基本准则。此后,伴随着大规模并购在美国的兴起及《谢尔曼法》在执行过程中衍生出来的各种问题,美国先后制定了《克莱顿法》《联邦委员会法》《横向并购指南》等法律法规。

自19世纪90年代一系列反垄断的法律通过以后,美国政府的确发动过一些针对大公司的反垄断案件。例如,1899年,美国安第斯通管道公司被指使用固定价格行为,在管道公司之间进行共谋。1911年,美国烟草公司和美国标准石油公司被指垄断,因此被拆分。1950年,美国第一大钢铁公司和第六大钢铁公司的并购被美国政府反对。1962年,美国第四大鞋业制造公司——布朗鞋业与美国第二十大鞋业制造商金尼鞋业的并购,被美国政府反对。20世纪50年代以后,从杜鲁门、艾森豪威尔、肯尼迪到约翰逊,甚至一直到尼克松执政的前半期的美国政府比较倾向于阻止增加的产业集中度。

从70年代尼克松执政的后半期开始,美国政府的政策开始发生变化。尼克松任职期间,倾向于任命对企业并购持同情态度的法官到美国最高法院任职。1972年,美国最高法院宣布不再接受美国政府针对《克莱顿法》第七章的解释。(美国)反垄断案件以前更多地关注增加的产品集中的潜在效应方面,而不是增加的产品集中的真实、反竞争的效应方面。1973年和1974年,美国最高法院限制《塞勒—凯弗维尔反兼并法》(Celler-Kefauver Act)在产品相关并购与产品不相关并购的使用,甚至限制《塞勒—凯弗维尔反兼并法》在横向并购和纵向并购案中的使用(Fligstein,1990)。

80年代前后,在经济全球化和新经济意识形态变革的大背景之下,卡特政府和里根政府的反垄断进一步放松。尤其是在里根政府期间,美国政府主张积极看待企业的并购行为。从国内市场的角度,美国政府提出"可竞争理论"。其隐含的意思是政府对垄断的管制是不必要的;从国际市场的角度,美国政府提出了国际竞争力的新关注点,意在压缩国内的反垄断空间。美国政府关于反垄断政策的系列变化,也正如管理学家波特所指出的:一方面,竞争的作用是通过提高生产率来增加国家的生活水平、促进消费者的长期福利水平;另一方面,反垄断的新标准应该是生产率提高,而不是边际价格、边际成本和利润率(Porter,2002)。

从美国司法部、美国商务部、美国联邦贸易委员会到美国最高法院,逐渐达成了比较一致的反垄断政策修改建议共识。美国司法部时任反垄断负责官员百特(Baxter)声称:"产业集中趋势将不会被视为(反垄断)的因素(Peritz,2000)。"美国时任总检察长米斯(Meese)声称:"公司合并将使得美国更有竞争力(Peritz,2000)。"美国另一时任总检察长则声称:"大不意味着是坏事(Peritz,2000)。"美国时任商务部部长鲍特里奇(Baldridge)则声称,"《克莱顿法》第七章的废除将有助于增加美国企业的效率、增强美国企业在世界市场的竞争力(Peritz,2000)。"而针对围绕并购得失成败的讨论,《美国总统经济报告》则公开表示"并购需要被总体评估,而不能只评估个案的成败(转引自:Ravenscraft, Scherer,1987)。"明显的,美国司法部、美国商务部、美国联邦贸易委员会和《美国总统经济报告》的各种表态代表了美国政府的反垄断政策对于产业集中和并购重组的支持,尽管这一政策是"胡萝卜加大棒"的混合产物,在执行过程中还存在着不同程度的差异。80年代之后,无论是民主党还是共和党执政,包括布什政府、克林顿政府、小布什政府甚至奥巴马政府在内,美国的反垄断都没有明显收紧的迹象。

基于如上事实,托马斯·K·麦格劳就认为,在早期的工业化国家中,反垄断法和其他的反垄断措施很少能够控制大企业的增长,除非政府准备采取非常坚决的措施,但这样一来往往引起国民经济衰退。市场的力量如此之强,以致于像《谢尔曼法》这样强有力的反垄断法也无法阻止大企业的发展。这些措施有时戏剧性地产生促进大公司相互合并的效果(钱德勒主编,2004)。也就是说,反垄断式的强制手法(更重要的是来自它的威胁)有时反而促成了企业规模的扩大。还有学者认为,即使(20世纪50年代前后的)美国法院也通常不会将一个寡头企业拆分成更小的多个企业,以使企业能够在产业中存活;垄断不是自发产生或自然选择的结果。简而言之,政府经常是支持而不是反对集中和垄断的力量。美国政府事实上扮演着垄断的促进者角色(Adams和Gray,1955)。1965年一项针对美国最大的500家企业高管的调查,为上述看法提供了某种程度的支持。这个调查显示:89%的被调查美国企业认为,美国的法律并没有阻止所有的并购，最积极的企业甚至声称他们会把并购作为战略增长的工具（Fligstein，1990）。着眼于私有资本主导的并购重组和产业集中的消极影响，在区分好的托拉斯（以降低成本为基础）与坏的托拉斯（以暗中勾结为基础）的同时，时任美国总统西奥多·罗斯福就指出了大型企业"社会化"（Socialize Big Business）的必要性（Scherer，1994）。①

在上述大背景下，作为美国政府反垄断政策的重要规章，《并购指南》和《横向并购指南》在1982年、1984年和2010年被重新修订。受一系列政策影响，被美国政府反对的并购案件明显减少。从企业的实际并购数字来看，即使在反垄断政策偏紧的时代（20世纪50年代至70年代），美国的大型企业并购也没有明显放缓。《横向并购指南》（2010年版），提高了对市场集中度的HHI指数的标准，一些并购重组的案例不会被视为集中或垄断；没有以市场份额来判定一切，指出即使一个高集中度的市场也可能具有很高的竞争性；考量了市场结构与创新的复杂关系的影响，当评估并购对创新的影响时，当局考虑并购企业更有效地进行研发的能力。与此同时，为促进创新和提升美国企业在全世界的竞争力，在借鉴日本和欧盟关于合作创新相关法规②的基础上，美国在1984年制定了《国家合作研究法》，提出联合研究和开发的合资项目不必然是非法的。在2000年，美国司法部和美国联邦贸易委员会联合发布了《竞争者之间合作的反垄断指南》（Antitrust Guidelines for Collaborations Among Competitors），在对合作可能产生的负面影响作出预测的同时，企业竞争者之间相互合作的必要性和正面意义被加以强调，对企业合作促进生产、研发、营销和采购的可能途径作了很多全新的、突破性的规定和解释，为企业之间开展各种形式的合作进一步扫清了障碍（见表4）。

总体上，在过去一百多年里，美国政府的反垄断政策扮演了"胡萝卜加大棒"的角色：一方面，"胡萝卜"政策始终存在、而且对美国的并购重组起到了重要的推动作用；另一方面，美国政府的反垄断政策并未能

---

① 为应对产业集中可能带来的各种消极影响，收益限制、价格管制、公司所有权的公众化（包括国有企业）等手段被不同程度地采用。

② 20世纪80年代以前，日本和欧盟对企业战略联盟和合作创新的态度，比美国更友好。日本人认为，联合研究活动是促进竞争的，因此不应该被反垄断法起诉。在1968年，欧盟委员会制定了《企业间合作通知》（Notice of Cooperation between Enterprises），明确企业之间旨在进行研究开发的横向合作，将不被纳入反垄断的范围（Jorde 和 Teece，1998：87-89）。

表 4　《横向并购指南》（2010 年版）关于市场集中标准的变化

	1984 年和 1992 年标准	2010 年标准
低集中度市场	HHI 指数低于 1 000	HHI 指数低于 1 500
适度集中度市场	HHI 指数在 1 000 和 1 800 之间	HHI 指数在 1 500 和 2 500 之间
高集中度市场	HHI 指数高于 1 800	HHI 指数高于 2 500

资料来源：根据美国政府的公开资料整理。

切实削弱企业推动并购重组的内在动力，有些时候甚至是那些"大棒"政策适得其反地推动了企业的并购重组。这种以"胡萝卜加大棒"为特点的反垄断政策，经由美国国会、政府和法院的执行或解释，事实上就成为了美国企业并购重组、推动产业组织变革的指挥棒和推动剂。无论是HHI 反垄断指数的提高，还是生产、研发、营销和采购环节合作的允许，或是在特定领域的豁免，都使得美国企业旨在实现规模经济与技术创新的并购重组在更大程度上成为可能。受益于这些政策变化，美国企业开展生产、研发、营销和采购等方面的合作，也变得相对容易。美国的产业组织政策，并没有停留在美国政府（包括立法和行政等）制定的法律文件中，而是变成了这些政策在美国半导体产业、飞机制造业和微软公司被控垄断案中实实在在的有力行动，影响和塑造着美国的产业组织和市场结构。

五、结论与启示

流行的经济学理论认为，政府仅仅能扮演市场失灵的"修理者"角色，以弥补市场自身的缺陷和盲点。美国的历史和现实则表明，政府的角色不仅仅体现在政府对企业研发方面每年一千多亿美元的直接支出、通过风险投资支持中小企业发展等（产业技术政策），也体现在政府对企业旨在实现"规模经济"与"技术创新"的并购重组活动的支持和引导（产业组织政策）。一方面，美国政府通过每年一千多亿美元的直接支出，填补了美国企业在研发领域的投资不足，带动了美国经济的产业结构升级；另一方面，美国政府通过修改、制定涉及企业并购重组活动的法律法规，甚至直接介入美国经济中的并购重组，为美国企业实现"规模经济"与"技术创新"创造条件，推动着美国的市场结构和产业组织变革。无论是产业技术政策还是产业组织政策或是其他形式的产业政策，都构成了美国产业政策在经济活动中的积极存在,而不仅仅是防御或被动地存在①。

产业政策在美国政治经济活动中的积极存在,表明了美国的经济体制并非外界盛传的自由放任经济体制那么简单,即使美国的市场经济体制被归结为盎格鲁—撒克逊模式,以区别于法国的莱茵模式、北欧的福利国家模式或者东亚国家模式。明显的,美国政府不仅在经济活动中充当着市场的"修理者"角色,而且充当着市场的"塑造者"角色。基于美国的政治经济发展的历史和事实的研究判断,美国学者布洛克和马祖卡托分别将美国政府称之为"隐形的发展型政府"(Hidden Developmental State)和"企业型政府"(Entrepreneurial Sate),而不是哈耶克所说的"守夜人政府"。② 这个意义上,美国政府或许就是一个按照杰斐逊的修辞说、按照汉密尔顿的政策做的政府。③

理论和历史反复昭示,产业政策既存在于历史和当下的时间轴,也存在于发达国家和发展中国家的空间轴,任何一个经济体都未能置身产业政策之外。重要的是积极的产业政策意味着政府并不仅仅在经济活动中充当一个被动的"守夜人"的角色,而且要在技术创新、产业升级、结构调整和企业培育等方面扮演更加积极的角色,以实现政府和市场角色的良性互动。简而言之,政府不能仅仅充当市场的"修理者"角色,而应当发挥市场的"塑造者"角色,尽管政府的产业政策存在失败的风险,存在着巨大的改善空间。

(本文原载于中央编译局《经济社会体制比较》2017年第1期,转载于人大复印报刊资料《世界经济导刊》2017年第5期和《中国社会科学文摘》2017年第8期。作者文责自负,关于本文的任何建议意见,请发zhoujianjun01@ tsinghua. org. cn 信箱)

---

① 《剑桥美国经济史》(第3卷)第7章的作者林德特(Lindert),就将美国的产业政策描述成"防御型(Defensive)"和"被动型(Reactive)"的(*Engerman* 和 *Gallman*,2000)。

② 布洛克认为,尽管美国被普遍认为是一个市场原教旨主义思潮占主流的国家,但过去三十年的美国政治,事实上存在着一个隐形的发展型政府。而隐形的发展型政府在美国的存在表明了发展中国家比想象中有更大的产业政策使用空间;隐形的发展型政府的存在,对美国国内/国外都有着重要的政治意义(Block,2008)。美国经济学家麦格劳甚至将美国的政府-市场关系视为是"对自由市场进行经常性、随意性的干预"的类型(托马斯·K·麦格劳编,2000)。

③ 汉密尔顿主张国家在经济活动中的积极干预,杰斐逊则主张国家有限地介入经济活动。他们的政策主张和价值观念对日后美国的民主党、共和党乃至整个美国社会都有着重要的影响。

美国早年产能重组商业模式及其对我国当前"去产能"政策的启示

樊 纲 胡彩梅[*]

一、经济周期与产能过剩

目前我国许多制造业面临着严重的产能过剩,化解产能过剩将成为未来 2~3 年甚至更长时间经济工作的重点。但是简单地关闭过剩产能又会导致地方政府面临财政收入减少、债务违约事件增多、大规模失业等问题,从而影响社会稳定。因此,尽管中央政府要求一些产业"去产能""去库存",但"去产能"推进缓慢而艰难,一些企业变成了"僵尸企业"。

产能过剩是市场经济周期性波动的必然产物,西方国家在资本主义发展早期经常发生产能过剩。中国此轮产能过剩由 2004~2007 年、2009~2010 年两次经济过热和投资过度的叠加效应所导致,较以往更为严重,加之全球经济低迷,因此变得更为棘手。此轮产能过剩较为严重的钢铁、煤炭、水泥、有色金属等行业的共同特点是市场集中度低、企业规模小、行业发展混乱,这与美国早年(1880~1910 年)的产业发展有很多相似之处。美国早年的做法是通过企业之间兼并重组完成现代工业的大整合和大发展,并彻底拉开与欧洲工业竞争力的落差。因此,美国早年产能重组与提高产业集中度的商业模式和成功经验,可以为我国当前化解产能过剩提供有益的借鉴。

---

[*] 樊纲,央行货币政策委员会经济金融专家委员;胡彩梅,中国(深圳)综合开发研究院金融与现代产业研究所副所长。

二、美国 1880～1910 年的产能重组

（一）美国早年产业结构的"散小乱弱"特征

19 世纪后半叶，随着铁路、通讯及动力技术的发展，美国工业化进入高涨时期，西进运动促进了全美统一大市场的形成，钢铁、石油、化工、烟草、铁路等产业得到了突飞猛进的发展。此时，美国政府采用的是自由放任的发展政策。由于市场规模诱人、产业前景良好、进入门槛较低，大批厂商涌入，投资高涨，低水平、低起点重复建设严重，价格战等恶性竞争频繁发生，市场秩序混乱，导致许多产业全行业亏损或微利运行。

当时，美国钢铁企业高达数千家，规模参差不齐。1890～1901 年，被美国钢铁公司并购的钢铁企业就多达 785 家。铁路行业的情况也大致如是，众多小规模的铁路公司独立运营，主干线之间进行毁灭性的竞争，铁路公司纷纷采用回扣、降价和敲诈勒索等非法手段招徕客户，企业常常组建卡特尔划分势力范围，但卡特尔极为不稳定。

（二）产能过剩行业微利成为并购重组的重要诱因

1873 年 10 月～1879 年 3 月，美国经历了一次金融危机和经济衰退，铁路及其相关产业出现了较大的产能过剩问题，北太平洋铁路公司大笔贷款无法偿还，恐慌波及银行体系，银行发生挤兑。但此次危机程度不深，不久就得到了恢复。随后，美国在 19 世纪 80 年代和 90 年代又掀起了几波建设狂潮，建立起了主要运输地区间密集的铁路网。1890 年其铁路里程已经达到 16.7 万英里，远远超过了当时的需求。1893～1897 年，美国爆发了历史上空前严重的经济危机。国外市场对美国产品需求减少，国内购买力大幅缩减，美国经济结构负荷超重，使得运输业和制造业过度膨胀所带来的产能过剩问题变得更加严峻。在此期间，接近 20% 的人失业，大多数行业陷入低迷。金融形势也急剧恶化，1893 年 5 月，股票市场崩盘；银行收回并停止贷款，当年 16 000 家企业因此破产；624 家银行破产，破产总额达 3.5 亿美元。1907 年的金融危机又使钢、铁产量分别下

中国产业政策变革

降 40% 和 38.2%，制造业指数出现断崖式下跌，如图 1 所示。经济衰退导致产能严重过剩、企业竞争加剧，一些行业出现全行业亏损。

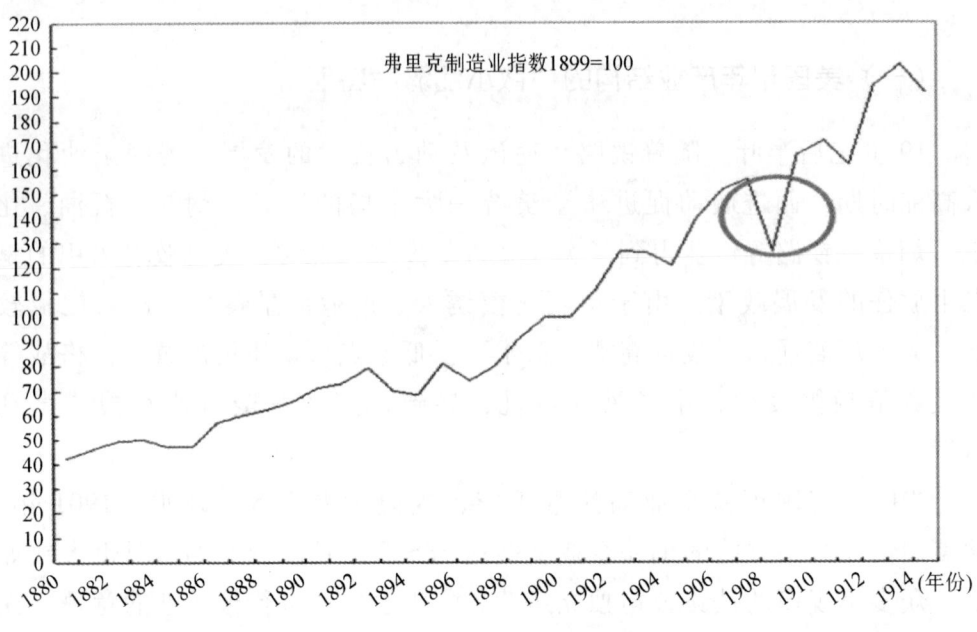

图 1　1880～1914 年美国弗里克制造业指数

资料来源：《美国历史统计，200 周年纪念版：殖民地时代至 1970 年》，美国统计局。

（三）银行资本主导产业并购重组

制造业的微利甚至亏损直接危及银行资本的安全，银行资本开始谋求自救，参与主导了大规模的产业并购重组。JP 摩根充分运用金融信贷杠杆，依托各个行业的龙头企业主导了美国钢铁业、铁路公司等行业的大整合。在 19 世纪最后 20 年，美国总共有 1/3 的铁路公司进行了重组和债转股，最终形成了由华尔街的投资银行控股的局面。所有者利益通常由董事会中为企业合并提供资金、同时所有债转股转过来的股权的银行成员出面代表，直到 20 世纪 20 年代，银行家对大公司董事会的影响才逐渐淡出。

银行资本主导的产业重组不是简单的就地关闭。因为就地关闭不但会引起原有经营者及员工的强烈抵触，而且会造成银行的坏账，危及金融系统安全。所以当时普遍的做法就是兼并重组。在兼并重组中最常用的模式是将同一区域具有上下游联系的企业组成一个大企业集团，由大企业集团控制产量和价格。

（四）资本市场的发展为并购重组提供了便利

1863 年成立的纽约证券交易所及其后成立的波士顿、费城和巴尔的摩股票交易所为并购浪潮提供了配置资源的高效率平台。随着上市发行股票量以及股价的持续上升，并购所需资金的融资成本越来越低。资本市场所具有的融资、定价、交易、信息流通等功能，使其在并购的各个环节都能发挥独特的作用。据统计，在此次并购重组浪潮的高峰时段，有 60% 的交易案是在这些证券交易所中进行的。另外，纽约证券交易所逐渐排除小公司的股票和债券，这在一定程度上鼓励了企业的合并，合并后公司的股票才有资格在纽约证券交易所交易。

三、美国产业集中度提高带来现代工业异军突起

（一）产业集中度大幅提高，产业竞争走向有序

资源整合使得美国产业集中度大幅提高、竞争减少、效率提高、议价能力增强，产业竞争秩序改进。1895～1910 年，有 3 700 多家企业在合并中消失，如表 1 所示。美孚石油在 1880 年并购了 400 家企业，被并购产量占其总产量的 84%。1890～1904 年美国烟草并购了 150 家企业，被并购产量占其总产量的 90%。1901 年，集中率达到 50% 或更高的行业占制造业增加值的近 1/3。美国钢铁公司兼并的公司数高达 785 家，使钢铁行业集中率高达 78.8%；纸张及其产品行业集中率高达 71%，运输设备行业集中率达到 57.3%。经过整合重组后的各个行业由大企业主导，逐渐步入有序发展状态（见表 1）。

（二）大企业抗风险能力增强，规模效益凸现

经过大规模的产业整合与并购重组，形成了标准石油公司、美国烟草公司、通用电气、美国钢铁公司、杜邦公司、国际收割机公司等许多巨无霸企业。在 1893～1897 年经济危机期间，大量中小企业纷纷破产，而标准石油公司、卡耐基钢铁公司等大企业凭借雄厚的实力和有效的生产经营模式安然度过了罕见的经济衰退。大企业产生的规模效益显著，生产成本

表1 1895～1910年合并中所吞并的企业数和合并的资本数

年份	合并中所吞并的企业数	合并的资本数（百万美元）	年份	合并中所吞并的企业数	合并的资本数（百万美元）
1895	43	40.8	1903	142	297.6
1896	36	24.7	1904	79	110.5
1897	69	19.7	1905	226	243.6
1898	303	650.6	1906	128	377.8
1899	1 208	2 262.7	1907	87	184.8
1 900	340	442.4	1908	50	187.6
1 901	423	2 065.9	1909	49	89.1
1 902	379	810.8	1910	142	257.0

资料来源：拉尔夫·勒·纳尔逊：《美国工业的合并运动：1895－1956年》，国立经济研究所，普林斯顿大学出版社，1959年版：第37页。H·N·沙伊贝，H·G·瓦特，H·U·福克纳著，彭松建、熊必俊、周维译：《近百年美国经济史》，中国社会科学出版社，1983年版。

大幅降低。1880年，日生产能力在1 500～2 000桶之间的炼油厂平均成本约为每加仑2.5美分。美孚石油将产量集中于少数工厂，到1885年使得炼油厂保持每日5 000～6 000桶的产量，平均成本降至每加仑1.5美分。并且，合并之后的大企业更有机会实现前后向一体化和产品差异化，建立自己的品牌。

（三）产业国际竞争力提升，稳占全球市场

经过合并之后的大企业认识到如果要维持在各自行业里的强势地位，就要具备产品创新能力和研发能力，而且他们也更有实力开展成本高昂的研发活动。19世纪90年代末，通用电气建立了美国工业领域第一个现代化的研发机构。其他大企业纷纷效仿。美国电话电报公司在1909年开始增强研发力度，贝尔电话实验室在1925年已初具规模，美国钢铁领导整个钢铁产业完成升级换代。

经过整合之后的美国工业实现了跨越式大发展。1913年，美国工业产品产量已占世界总量的1/3以上，超过了英、法、德、日四国的总和；工业产品国际竞争力大幅提升，并迅速占领了世界市场。1890年，美国钢铁产量（包括钢和铁）超越英国，此时美国和英国分别占世界总产量的34.4%和29.4%，美国开始成为世界钢铁行业的领导者，其领导地位

一直保持到20世纪70年代。标准石油公司成为当时世界第一个石油"巨头",几经拆分合并的埃克森美孚至今仍然是世界石油"巨头"之一。通用电气和德国电气则几乎瓜分了世界市场。

(四) 促进现代企业治理结构形成

美国企业在合并过程中带来了所有权和控制权的急剧分离。被合并企业的所有者要么获得现金或债券,要么得到新企业较少的股份,不会给企业带来实质性的影响。所有者的权利交由董事会执行,经营决策交给领取薪金但不拥有或只拥有少量股份的经理们做出,董事会控制经理层。在早期,所有者利益通常由董事会中为合并企业提供资金的银行成员出面代表。合并浪潮促进了美国以所有权和经营权相分离为特征的现代企业治理结构的形成。

四、基于上述历史经验,对我国当前"去产能"的政策建议

我国产能过剩行业普遍存在产业集中度较低、企业规模偏小、竞争混乱等问题,这与美国早年的产业发展状况极为相似。市场集中度低与产能过剩一样都是需要解决的问题。根据美国早期产业发展经验,提高产业集中度,可以使企业的市场行为更加理性,市场分工更加明确,在与供应链上下游企业以及金融机构的博弈中更具主动性,具有更大的议价空间和议价能力。为此建议:

(一) 去产能以企业兼并重组为主要方式,实行以"行业龙头企业和金融机构共同主导产业整合"的基本运作模式,提高产业集中度

这里所说的行业龙头,可以是国有企业,也可以是民营企业;金融机构则可包括原来就与该产业的企业有业务往来的银行与信托机构,也可以包括专业于兼并重组的股权投资基金;金融机构与企业也可以"债转股",在一定时期内作为股东参与企业的活动,以后再择机退出。行业龙头和金融机构共同主导产业内企业的兼并重组,可提高产业集中度,推动产能过剩产业"供给侧改革",同时防范系统性金融风险。

（二）在部分产业中以国有企业为抓手，加快推进产业整合重组，同时促进混合所有制改革

目前，产能过剩较为严重的钢铁、煤炭、水泥、石化、有色金属等行业多为国有企业较为密集的行业。国有企业治理结构不完善，加之地方政府扭曲的政绩观、财政预算的软约束、模糊的土地产权，导致国有企业在过度投资和产能过剩中也扮演了重要的角色。但与此同时，国有企业的目的和使命之一就是弥补市场失灵，提高资源配置效率，成为国家宏观调控的重要抓手。因此，在一些国有企业比重较大的产业中，依托国有上市公司开展产业整合，将零散的国有资本和其他社会资本集中到上市公司和优势企业，推动更多的国有企业改革成为混合所有制的公众公司，提高国有资本证券化水平，既可以推动国有企业法人治理结构的完善，又可以解决"僵尸企业"的问题，还可以防止地方政府通过干预国有企业而引发产能过剩。

同时，各行业中实力较强、规模较大的民营企业，也可以为龙头企业，与银行联手进行产业重组。但由于国有与民营企业间的产权交易目前还存在各方面的障碍和阻力（都怕国有资产"流失"），民营龙头企业可以主要兼并重组其他民营企业。

（三）完善资本市场功能，扫清产业资本运作障碍

资本市场对企业发展意义重大，从美国早期产业发展经验来看，股票市场在企业并购中发挥了显著的作用。我国资本市场尚不完善，严重阻碍了实体经济的发展。在当前实体经济下行、迫切需要产业重组的背景下，完善资本市场功能尤为迫切。中国证监会对企业并购重组的监管非常严格，手续非常复杂，审批时间非常长，导致企业并购重组比上市还难。证券监管部门需要进一步减政放权，减少审批事项，将工作重心转移到完善相关法律制度、加强事中事后监管、做好服务上来。

（四）社保政策托底，为"去产能"创造必要的社会条件

用企业重组的方式去产能，企业破产较少，产生的失业也较少，但仍然不可避免会出现一些职工下岗。企业破产是市场经济的正常现象，是优

胜劣汰的必然结果，政府需要做的是最大限度地缓解因此所造成的社会矛盾。首先，国家可以通过完善相关法律，保护破产企业职工的合法权益；其次，中央政府和地方政府可以共同出资成立破产企业职工补偿引导基金，引入社会资本实现商业化运作，国家为这些基金的运作提供优惠条件。最后，畅通政府、行业协会、企业、职工的沟通渠道，建立微观主体的"多边谈判"机制，通过谈判解决破产补偿问题。

（本文原刊于《中国经贸导刊》2017年第4期）

日本应对工业4.0：竞争优势重构与产业政策的角色

方晓霞 杨丹辉 李晓华[*]

一、引言

20世纪90年代以来，日本经历了所谓的"失去的二十年"。国内经济长期低迷使日本卸掉了作为第二次世界大战后赶超型经济成功典型的部分光环。然而，应该客观地看到，虽然经济增长持续低速徘徊，但并不意味着这期间日本经济社会没有发展和进步。相反，过去20余年，日本经济社会的现代化进程不仅没有停滞，而且在基础科学研发、公司治理结构国际化、产业政策体系透明化、社会诚信制度完善、环境友好型社会建设、国民综合素质提升等方面，甚至取得了其在经济高速增长时期也未能实现的突破和进展，走过了"没有增长或低增长的发展"的特殊历程。[①]就"日本制造"而言，曾在较长时期内饱受高成本和价值链分散化困扰的制造企业，一方面，加大对机器人、新材料、3D打印等新工业革命标志性技术的研发投入力度；另一方面，借力物联网、云计算等手段推动管理创新和商业模式变革，加之日元贬值、原油价格回落以及所谓"安倍经济学"的刺激，近年来日本制造业整体运行环境有所改善，日本经济的微观层面逐渐恢复了一定的活力，主要表现为制造业企业利润增长，融

---

[*] 本文作者皆为中国社会科学院工业经济研究所研究人员。

[①] 中国社会科学院学部委员吕政研究员认为，过去20余年，尽管日本经济持续低迷，但其经济社会现代化进程却仍在持续推进。这种较为独特的发展现象可以视为"没有增长的发展"。

资能力普遍增强,制成品出口扩张。其中,汽车、电子机械和大型设备等传统优势产品出口增长较快。

日本制造业种种回暖迹象能否演化为长期、可持续的趋势,尚有待观察。而从世界范围来看,近年来美国、德国等发达国家对经济结构"过度虚拟化"进行纠偏,推行"再工业化"战略,旨在以创新激发制造业的活力,重振实体经济。新工业革命以及发达国家再工业化的战略举措,将全球工业发展带入了4.0时代。工业4.0的技术基础和变革方向是智能装备、传感器及新一代信息技术以及由大数据、云计算、物联网支撑的商业模式变革。虽然同为公认的世界制造强国,但美国、德国、日本面向工业4.0的技术能力和产业优势存在一定的差异。美国的领先技术主要包括新一代信息技术(芯片设计、大数据、云计算等)、3D打印机、智能硬件、生物(医疗)科技等;德国的强势领域集中在高端装备、机器人等;日本则在人工智能、精密零部件(包括高端传感器)、新材料等领域具有技术和产业优势。美、德、日三国相继推出的工业4.0战略,尽管重点领域和政策工具有差别,但其主旨皆要通过实施产业政策,强化优势,弥补短板,从而占领工业4.0时代全球竞争的制高点。就日本应对工业4.0的实践来看,政府及相关机构近期密集出台了一系列规划和政策措施,为应对工业4.0提供制度保障,也使产业政策在日本经济中扮演的角色再度引起学术界的关注和讨论。

实际上,对于日本产业政策及其效果,日本国内外一直有不同评价。20世纪90年代以前,西方学术界和政界普遍认为以赶超为主旨的产业政策是日本实现增长奇迹的关键。日本国内学术界主流观点也认同这一观点。以青木昌彦、奥野正宽(1999)等为首的比较制度分析学派指出:政府或组织可以发挥协调作用,弥补市场调整机能的不足或失败,产业政策正是这样一种有效的协调政策。然而,早在20世纪60~70年代,日本新古典学派经济学家就对产业政策多持批评、怀疑态度。其中,波特和竹内弘高(2000)对日本20个成功产业的研究发现,在这些产业成长过程中,政府并未起到积极作用,而日本缺乏竞争力的产业多数恰恰是因政府产业政策失败所致。三轮芳朗(2002)的一系列研究也得出了类似结论:日本高速增长期的产业政策没有发挥作用。尤其是20世纪90年代以来日本经济陷入长期低迷,引发对日本产业政策的赞誉几乎一边倒地转向否定和批判。学术界普遍认为日本保守封闭的金融市场、落后的服务业和缺乏竞争力的农业等都是政府推行产业政策、实施过度保护的后遗症。

日本学术界对其产业政策的诟病可以归纳为以下方面：其一，在经济赶超阶段，产业政策大量采用选择性政策工具，制约了企业技术选择的自主性；其二，经济高速增长后期，日本产业政策的导向转为鼓励企业共同研发，虽有半导体产业等成功实例，但多数情况下政策效果并不理想，其中最大的弊病是导致技术趋同；其三，政府在制定实施产业政策时出现角色错位，过多干预市场，而对真正的市场失灵却未能有效介入；其四，误导需求，致使企业作出错误的判断和决策。如为了普及绿色环保产品，重振日本家电产业，2009~2011年，日本推出了家电环保积分制度。该政策短期内刺激了电视机、冰箱、空调更新换代，但由于政府补贴下需求集中、提前释放，使企业对市场形势作出误判，夏普等大规模投资扩张的家电企业很快出现产能过剩，开工率下降，严重亏损。此外，企业寻租等产业政策的负面效应在日本也同样存在。

在学者们的争议声中，日本产业政策对后发国家特别是东亚地区的影响却是显见的。从亚洲四小龙到改革开放后的中国，在相当长时期内，日本既是学习对象，也是追赶目标。主导产业选择、出口导向、贸易促进、汇率控制等日本产业政策的主要措施曾被东亚地区广泛吸纳和运用，也在经济发展不同阶段，被这些国家和地区不断修正或改进。东亚经济增长的实绩验证了其中相当一部分政策工具在特定时期是有效的。面对工业4.0带来的挑战和机遇，对于依托《中国制造2025》、正在实施制造强国战略的中国而言，日本新一轮产业政策在哪些方面进行了创新，其政策导向及工具选用是否仍具有可复制性和借鉴价值，则是本文要尝试回答的问题。

二、日本应对工业4.0的创新能力：以技术内生化重塑竞争优势

为更好地理解日本应对工业4.0产业政策的战略出发点及重点领域选择，有必要对其应对工业4.0的技术条件和创新能力作出判断。关于"日

本制造"核心竞争力的构成及其来源,有多种观点,包括以精益制造和质量管理为特色的"日本式管理"、独特的柔性制造体系和成熟领先的一体化架构产品、更多附着在高技能员工中的"Know-how"以及以强大的技术搜寻和沟通能力为支撑的丰富的"Know-who"在内的多元化能力共同构筑起日本制造业的核心优势(黄群慧、贺俊,2015)。值得注意的是,上述多元化的能力似乎排除了技术原创这一最被推崇和认可的关键因素。众所周知,日本技术发展以及日本式创新曾长期被贴上仿制的标签,"成本优势+模仿式创新+精益管理"是公认的日本企业在经济高速增长时期快速占领国际市场的主要利器。然而,略显单薄的基础科学研究导致日本原创技术缺乏,制约其国际竞争力的可持续提升。问题是对于日本这类已经实现工业化和现代化,经济社会高度发达的国家,是否始终都无法摆脱后起国家的特质,难以凭借内生化的技术创新实现核心能力的再造与升级?换句话说,在工业4.0时代,日本能否以内生技术重塑竞争优势,为其参与新一轮制造强国之间的竞争提供支撑?

经济学家(Arrow,1962;Grossman,Helpman,1991)普遍认为,创新是可以被视为自我强化的过程。原因在于,知识积累原则上不受物质限制,研发所适用的资源有可能会在无限的未来对新技术产生正的非递减的影响,且现代工业企业除了实验室之外还有许多可以获取技术信息的渠道,而企业从实验室之外获得的信息同样是对市场的反应,通过这些方式提高的生产效率也可以归入"有意识的产业创新"。从这一观点出发,以往并不属于研发活动的不断累积的"干中学"成果有可能内生化为日本经济增长的真正动力。而且这种本土化的努力对于技术变革是非常必要的,"与特定环境相关的重要技术要素唯有在身处这种环境并运用现有知识的实践中才能获得"(Pack,Westphal,1986)。

实际上,作为后发制造强国,日本一贯主张"技术立国"。尽管已进入后工业化社会,制造业在日本经济中所占比重呈下降趋势(2013年工业增加值占日本GDP的比重为18.8%),但却一直是引领日本经济增长的重要引擎。随着日本完成了后发式赶超,技术进步在制造业转型中发挥了显著的促进作用。据统计,2000~2011年,日本制造业实际增长率为年均1.50%,而非制造业仅为0.42%。其中,全要素生产率(TFP)、资本和劳动对制造业增长的拉动分别为1.99:0.38:-0.87(非制造业则分别为 0.05∶0.19∶0.18）。技术不仅成为拉动增长的第一要素，而且制造业技术进步对第三产业和第一产业也具有正向的辐射带动效应[1]，表现出技术内生化增强的态势。

技术内生化对日本制造业优势重构的影响还体现在价值链构造的变化上。以往，在价值链各个环节中，日本企业比较重视"制造和组装"环节。这些环节获得的附加价值较高，而上游开发、设计、试制以及售后服务等下游环节的附加价值相对较低，呈现出所谓"逆微笑曲线"的特点。2004年经济产业省的调查结果显示，受访的日本制造业企业拥有研究环节的占74.9%，开发、设计、试制环节的占85.0%，制造、组装环节的占91.4%，销售环节的占82.5%，售后服务的占65.2%，循环利用环节的仅有26.9%。2012年的企业问卷调查结果则反映出日本制造业价值链构成发生了显著变化。拥有上下游环节的企业占比大幅度上升。其中拥有研发等上游环节的企业占比为94.1%，营销和品牌开发环节的企业占比为91.5%，维护、售后服务等下游环节企业所占的比重也上升为80.8%；与之形成反差的是，拥有制造、加工、组装环节的企业占比下降。其中，拥有零部件、半成品生产等中游环节的企业为67.8%、加工组装施工环节企业的为71.8%。这在一定程度上说明日本企业由重视加工组装等中游环节向研究开发等上游环节及市场营销、售后服务等下游环节加快延展。

归根结底，科学发现是技术创新的首要推动力。作为产业技术源头的基础科学研发曾是日本的短板。但近年来，日本"产学官"[2]长期持续研发投入的成效开始显现。进入21世纪，日本科学家多人次在化学、物理、生物或医学等基础科学获得诺贝尔奖。尽管在实验室→工厂→市场的跨越中，基础科研成果转化存在诸多不确定性，但这些重量级的基础科学成就无疑是日本科技综合实力提高的结果，也在一定程度上反映出其科学研究和技术创新内生化进程加速的态势，为日本重塑制造业优势注入了新的活力。经过数十年的累积，日本综合创新能力已名列世界前茅。2012～2013

---

[1] 《2015年版ものづくり白書》，第28页。
[2] 国内通常将由日本政府、企业界和大学等研究机构组成的产业支撑体系称为"官产学"，但实际上日本国内这三类组织的排序为"产、学、官"。这种排序更真实地反映出企业应有的主体地位以及日本政府在日益市场化的国家治理结构中的角色。

年，日本创新（技术实力）世界排名第 5 位，《〈日本再兴战略〉修订 2104》进一步提出了"计划未来 5 年内实现创新世界排名第 1 位"的更具野心的目标。而在应用技术层面，日本已在新一代超性能计算机—后"京"的开发、X 射线自由电子激光设施（SACLA）、大型放射光源设施（SPring-8）、高强度质子加速器设施（J-PARC）共享、多层传感器等产业基础技术领域取得了一系列重大突破，从而为工业 4.0 时代的人工智能、再生医疗、新药开发、燃料电池、环境能源、纳米技术等领域提供了强有力的科技支撑。在基础科研多点开花的过程中，越来越多的日本企业逐步摆脱了模仿式创新的技术进步路径。松下、佳能、马自达、音户、大发、夏蒙等一批企业的创新活动开始表现出投入长期性、需求引领性、路径排他性等鲜明特点，不少企业的科研攻关项目投入周期长达 10~20 年。这在日本经济赶超时期是不可想象，也（资金和市场方面）无法承受的。①

同时，随着传感器技术和计算性能的进步以及技术经济性不断提高，日本企业物联网、大数据、云计算等技术日益普及，不仅使原有优势产业的生产效率进一步提高，而且正在改变日本制造业的管理和商业模式（见表 1）。值得注意的是，虽然日本政府一再强调工业 4.0 时代要缩小与美国、德国在软件开发应用等方面的差距，但产业界运用人工智能、物联网、大数据、云计算等手段改造生产流程、管理系统和商业模式更多的是"自下而上"的自主行为。这既是日本企业基于成本压力和市场竞争对管理和商业模式创新大趋势做出的适应性应对，也是把握工业 4.0 潜在机遇的主动性战略布局。从这一层面来看，日本经济社会发展到今天，企业已成为工业 4.0 的真正主体，这也决定了产业政策势必只是提出一个愿景或方向对企业加以引导，其作用方式已经不再是指定和选择，而转向了以服务和支援为主的功能型措施（见表 1）。

---

① 日本企业开发前沿技术的动因及其影响仍有争议。一般而言，随着模仿成果不断积累以及自身技术进步，模仿者越接近技术前沿，可模仿的对象和机会越少，模仿难度增大，障碍增多。从这一角度来看，日本企业开展前瞻性、长期性研发活动有可能是迫于模仿之路越走越窄的压力而做出的被动安排，而非真正具备革命性的原创能力。

表1　　　　　　　　日本企业运用物联网：进展及实例

物联网应用及影响	典型实例	主要效果
提高生产效率和节能降耗	欧姆龙开发应用Sysmac系统，通过收集分析生产线的开工和处理数据，使生产时间缩短为原来的1/6以下，生产率提高了30%，并能及时追踪发现质量问题。	生产企业通过在机器上贴传感器，使全部工序可视化，及时发现和改善效率低下的工序，促进生产效率提高，实现节能，从而达到降低生产成本的目的。
实现流程和生产方式再造	日本最大的模具标准零件供应商——米思米（MISUMI）公司，开发出开创独具特色的业务模式，构筑全球迅速交货体制，时隔25年实现了商业模式创新，成为工业4.0倡导的大规模定制的先行者。	利用RFID电子标签，自动识别相应的作业及流程，自动重组、配置最适合的生产线或工厂，不断超越多品种小批量的生产模式，使更加灵活机动的"变种变量生产"及订单管理成为可能。
加快隐性知识（implicit knowledge）提炼和传播	全球建材和住宅设备行业领军者——骊住（LIXIL）公司；日本最大的3D工程企业——SOLIZE集团。	通过对照生产工序及各种控制设备的日志数据，将熟练工人处理技术问题的方法和隐性知识加以总结，形成可共享的标准化数据，从而加快熟练技能传承，促使技术、经验等隐性知识可视化、标准化。
提升企业的客户响应速度和售后服务水平	仅有12名员工的净化水行业的小企业——EAU DE VIE公司通过安装FOMA组件，收集净化水销量和过滤状态等数据，不仅顾客满意度提高，而且节省人力，扩大了企业的业务范围。	利用传感器及时获得产品出厂后使用情况的数据，可以预判并迅速发现和排除故障，在最佳时间对机器进行维修保养，缩短和减少故障停机时间，提高售后服务的水平。
改善订货管理和客户信息系统	富士施乐公司2012年导入了反映顾客意见的VOC系统，通过收集用户信息，对每年15万条以上的信息进行大数据处理，并在各分公司之间实现数据共享。	通过收集分析订、库存和半成品信息，并将其运用到产品售后维护、保养等服务中。同时，在新产品开发设计、推广阶段改进产品，减少库存，创造新的附加值。
缩短设计周期，满足多样化订单需求	日本阿尔卑斯电气公司通过引入3维CAD为基础的虚拟开发环境，将设计周期缩短了50%。	应用3维CAD及模拟仿真，可缩短设计周期，更好满足多品种、小批量的订单需求。
优化供应链	Harley-Davidson日本公司建立了所有零件的摩托车定制系统，营造非熟练工人高效工作的环境。生产周期由21天大幅缩短至6小时。	随时掌握市场和供应链的信息，保证零件和材料供应准时性，既能缩短生产周期，又可减少库存，提高生产效率。
转变营销模式	日本最大的农用机械制造企业——久保田公司开发了KSAS系统，通过在其生产的农用机械上搭载新型传感器和通信功能，收集作业以及作物信息，实施施肥量、产量、食味等监测。	企业商业模式从以往的单纯销售商品，向客户提供解决方案转变。在保证农作物品质的基础上，实现增产增收。

资料来源：根据《2015年版ものづくり白書》整理。

三、日本面向工业 4.0 的制造业升级方向和重点领域

既面临以中国为代表的新兴经济体工业制成品低成本、性价比高的市场挤压，又要迎接美国、德国等制造强国主导的工业 4.0 的挑战，这是日本制造业发展所处的现实国际环境。在双重挤压下，日本独特的危机意识和机制发挥了重要作用。应该看到，特殊的地理环境和资源条件客观上造就了日本由来已久的深重危机感。在长期应对频发的自然灾害以及各种外部冲击过程中，日本不仅具备了很强的抗危机能力，构筑起较为完备的危机应对体系，而且基于其民族心理，形成了"化危为机"的独特机制，表现出产学官民联动，快速响应，多点投入，集中突破等一系列鲜明的特点和几乎立竿见影的效果。纵观日本应对资源能源领域多次危机的历程，可以说每一次危机都转化为创新动力。其中，两次石油危机促使日本建立了灵活的资源战略储备体系，推动汽车等产业通过开发节能低耗的产品迅速占领国际市场。

工业 4.0 时代日益严峻复杂的国际竞争形势同样激发了日本强烈的紧迫感。近年来，日本政府更加重视制造业对国家竞争力的关键作用。2013 年，作为安倍经济学的"第三只箭"，日本推出了成长战略——《日本再兴战略》，意欲与后危机时期发达国家再工业化形成呼应。在 2014 年经合组织（OECD）理事会上，安倍进而提出将机器人产业革命作为"成长战略"的支柱之一，并于同年 6 月重新修订了《日本再兴战略》，确立了以机器人技术创新带动制造业、医疗、护理、农业、交通等领域的结构变革。针对工业 4.0 时代大数据、物联网等新兴技术和商业模式改变制造业竞争规则的趋势，2015 年日本政府在"推进成长战略的方针"中进一步强调以"实现机器人革命"为突破口，利用大数据、人工智能和物联网对日本制造业生产、流通、销售等广泛的领域进行重构，以实现产业结构变革（见表 2）。其中，为缓解国内制造业受少子老龄化影响劳动力持续减少的压力，日本将在飞机、食品制造等更多行业利用人工智能（AI）提升生产效率。其借助不依赖人力的制造技术提高国际竞争力的尝试有望不断强化和扩展。

表 2　　　　　　　　日本应对工业 4.0 的重点领域

重点领域	主要内容
机器人革命战略	以机器人技术创新带动制造业、医疗、护理、农业、交通等领域的结构变革，继续保持日本"机器人大国"（以产业机器人为主）的领先地位，将机器人与 IT、大数据、互联网等深度融合，建立世界机器人技术创新高地，打造世界一流的机器人应用社会，继续引领工业 4.0 时代机器人产业发展。在 200 多个公司和高校支持下，政府计划深化人工智能在制造业、供应链、建筑业和医疗等领域的应用。到 2020 年，政府和企业投资约 1 000 亿日元用于机器人项目开发，机器人销售额由目前每年 6 000 亿日元扩大至 2.4 万亿日元。
深化物联网在制造业的应用	针对企业软件开发劣势，以世界主流的 PLM 软件工具及产业界同性技术为基础，开发适应"日本制造"业务状况和商业惯例的软件工具。通过通信和安全技术的标准化，在推进企业内部和行业内部网络化连接的基础上，构筑跨行业包括中小企业在内的工厂互联机制。
利用大数据发现创造新附加值	扭转日本企业大数据封闭式运用的局面，开发构建开放性软件平台，提高数据收集全面性和分析精确度。鼓励企业将大数据用于提高企业安全保险水平等方面，对运用大数据和 IT 技术，通过传感器监测机械设备运转，预防并提前处置事故和故障的企业提供支持。
构建新的产品制造系统	在保持原有技术优势，促进 CAD/CAM 机床和工业用机器人等设计生产技术不断进步的基础上，构建运用物联网和大数据、人工智能、机器人，满足多样化需求，与服务业相结合，跨越整个供应链的新型制造系统，涵盖由物联网连接的商品企划、设计、生产、维护的工程链；以物联网连接的产品加工组装的生产流程链；集物资采购、库存管理和用户信息于一体的信息网络平台，并计划于 2020 年实现实用化。

资料来源：根据《2015 年版ものづくり白書》整理。

实际上，从 2009 年发布的《2010 年经济产业政策的重点》明确建立"日本式的低碳社会以及稳定、健康长寿的社会"，再到历年《日本制造业白皮书》列出的重点领域，包括政府一度高度关注的 3D 打印技术，近期日本产业政策支持的重心一直处在微调中。通过不断调整和聚焦，日本应对工业 4.0 的战略方向趋于明晰，更加突出未来制造系统的协整性，强调以机器人等智能硬件为基础，以物联网、云计算等为手段，对整个制造业的生产服务系统和运营模式进行改造。上述重点领域的确立，一方面意在加快缩小日本企业在物联网及软件开发等方面与美国、德国的差距，带有一定的"战略盯住"的色彩；另一方面，在应对老龄化社会、缓解劳动力供给压力、降低外部资源依赖等方面布局长远，较好地兼顾了日本经济社会发展的长远需要。同时，为配合新一轮产业政策实施，加快突破重点领域，日本在短时间内相继成立了"日本机器人革命促进会"及其下设的"物联网升级制造模式工作组"等一批专门委员会和特别小组。这些机构依托政府部门,并向产业界和专家学者开放,延续了体制机制建设的特点,保持了日本产业政策实施机制的连续性,又有较强的目标针对性。

四、应对工业4.0:日本产业政策的新应用及政策工具选择

近年来,美、德等制造强国不约而同地增强了产业政策的地位,目的在于面对工业4.0主导产业技术路线和商业模式的不确定性。政府通过实施功能型、普适性的产业政策,推动本国企业尽快切入更为具体的创新活动,从而发现并识别未来的产业技术路线。随着经济市场化和产业国际化程度提高,产业政策在日本国内的运用逐步收缩,日本政府也很难再被归于"强干预型"政府。主要发达国家实施再工业化战略、推动"工业4.0",这无异于一剂强心针,不仅为迷失多年的日本经济树立了新的目标方向,而且使其产业政策重新获得了应用合理性和更广泛的作用空间。在《日本再兴战略》这一行动纲领基础上,以年度《日本科技创新综合战略》和《日本制造业白皮书》以及更加专业化的《革命性创新创出计划(COI STREAM)》《机器人革命战略》《知识产权运用支援事业》等一系列具体实施措施为支撑,日本在较短时间内初步形成了面向工业4.0的较为完整的产业政策体系。其政策工具选用及落实推进方式体现出一贯"日本特色"[①],并赋予了新的时代内涵。

(一)构建数据驱动型社会:面向工业4.0的信息系统再造

工业4.0时代,需要转型的不仅是企业和产业,而且对未来的社会响应机制和居民参与提出了更高的要求。日本政府高度重视在助力日本制造业转型升级的同时,将社会和居民带入与工业4.0兼容的新型生产生活模式与架构,并为此作出了相应的机制安排。2014年12月,日本经济产业省产业结构审议会下属的商务流通信息分科委员会信息经济小委员会开始

---

① 传统日本产业政策及其实施机制具有鲜明的特点,主要表现在:赶超导向、官僚体制(经济产业省及日本央行的作用)、完善高效的制定实施机制(产学官组成产业结构审议会,并形成联动)、多样化的政策工具(包括立法、计划、补贴、政策性金融等)、具体详细的政策信息等方面。

探讨政府和企业如何构建基于 CPS[①] 的数据驱动型社会。作为中间成果，2015 年 4 月提出设立"CPS 推进协会（暂称）"，修改既有的妨碍 CPS 实施的制度，促进制造模式创新，改写跨领域、跨企业合作的市场规范，从而在安全性、技术、人材培养等方面，为尽早实现数据驱动型社会打下基础。

（二）激活工业 4.0 的微观主体：事无巨细的中小企业政策

由政府指定技术路线，并选出特定技术路线下的优胜企业，曾是日本赶超时期产业政策的主要特征之一。由于获胜的企业往往是与政府有密切关联的大财阀，这种选择性也是日本产业政策最有争议的部分（杨丹辉，2014；江飞涛、李晓萍，2015）。然而，选择性产业政策似乎并未抹杀中小企业在日本产业体系内部的重要作用。在与大企业结为较稳定的长期分工和配套关系过程中，日本中小企业逐步形成了聚焦专业化技术和产品、技能型工人辈出、不断蓄积难以移植的 Know-how 的独特运营生态。近年来，日本政府更加重视中小企业的自主创新，早在 1999 年就制定了《中小企业技术创新（SBIR）制度》，向中小企业开发新技术提供特定的补贴和资助，确立了与国际接轨的促进中小企业创新和产业化的基础性政策架构。2014 年，日本政府仅用于援助创新型中小企业、小规模事业者开展产品试制、服务开发和设备投资等业务的资金就高达 1 400 亿日元。在日本应对工业 4.0 的一揽子政策措施中，中小企业政策同样是重中之重。日本新一轮中小企业政策强调政府的作用在于产业化支援，以 SBIR 制度为核心政策框架，通过灵活运用促进创新的产业政策工具，激发中小企业挑战风险、创造新价值的热情，并为中小企业创新营造良好的环境。与《中国制造 2025》集中在两段文字的表述形成对比[②]，日本应对工业 4.0 的中小企业政策综合采用了财政、税收、特别项目等多样化、组合式

[①] 所谓 CPS（Cyber Physical Systems，），又称信息物理系统、虚拟网络实体物理系统，是信息系统和物理系统的统一体，可视为升级版的物联网。这一系统更强调数字世界对于物理世界的控制，CPS 可通过互联网，以可靠且安全的方式，实时、自治地操控物理实体和系统。CPS 将使数字世界不再仅仅是物理世界的虚拟映象，而真正进化为人类社会的新疆界。未来 CPS 所带来的人、机、物融合，将在制造业甚至所有产业掀起生产力革命，从而使人类生产生活更加安全、高效、健康、清洁。

[②] 《中国制造 2025》在第三部分"任务和重点"第（七）条"深入推进制造业结构调整"中，提出"促进大中小企业协调发展"，另在第四部分"支撑与保障"第（六）条中单列一段"完善中小微企业政策"。

的政策工具,涉及中小企业人才输送、风险投资、税制改革、研发合作、创新成果产业化等各个方面,具有针对性强、详尽具体的特点(见表3)。同时,减税和资金投入明显向研发活动倾斜,有效规避了WTO有关政府补贴的法规约束。这种政策导向体现出日本凭借"小而强"的中小企业群进一步打牢"日本制造"基石的战略意图,也意味着专业化程度高、高水平技工人才丰富、传承日本式工匠基因的中小企业将在工业4.0时代继续发挥独特的作用。

表3　日本应对工业4.0的中小企业政策措施及主要政策工具

政策工具	作用对象	主要内容	资金投入（亿日元）
中小企业技术基础强化税制	中小企业从事的研究开发活动	对实验研究费的12%实行免税。免税最高额度从2013年开始为当期的法人税的30%（截至2014年）	预计减收721亿日元（2014年度）
中小企业投资促进税制	包括企业购置机械设备、计算机、复印机、实验或者测量设备、测量工具及检查工具、软件、货车等设备投资支出	截至2016年,购置额的30%实行特别折旧或7%的税额扣除（税额扣除针对资本金3 000万日元以下的小微企业或者个人企业）。购置能够提高生产效率的最新型的机械设备,资本金3 000万日元以下的小微企业或者个人企业可减税10%,超过3 000万日元的中小企业则减税7%	
中小企业技术革新制度（SBIR）	新技术研发及产业化	通过研发预算,以补助金的形式援助中小企业进行可行性研究、开发研究和产业化	
战略基础技术高度化支援项目	提升重要产业领域竞争力的基础技术高度	通过产学官联合,援助中小企业以商品化为目标的高水平研发和销售渠道开拓。2014年以来,援助项目中增加了能够提高商品附加值的设计开发技术	2014年,确定援助项目150件,总额不超过126亿日元
制造业、商业、服务创新项目	中小企业、小规模事业者	援助中小企业、小规模事业者从事的革新性试制品、服务开发和设备投资等	2014年援助14 431件,总额1 400亿日元
过渡性研究开发促进项目	中坚、中小、风险企业	日本新能源产业技术综合开发机构援助企业与一些有桥梁功能的机构以技术创新成果产业化为目标开展的合作研究	包含在拨付给该机构的运营费中

续表

政策工具	作用对象	主要内容	资金投入（亿日元）
咨询服务、派遣专家、人材和信息提供	准备创业的企业、新创企业、以公开募股为目标的中小企业及面临其他经营问题的中小企业	提供业务咨询、派遣专家指导等与企业成长阶段向适应的援助	包含在拨付给中小企业基盘整备机构的运营费中
中小企业、小规模事业者一站式综合支援服务	中小企业在不同发展阶段面临的各种各样的问题和需求	与地方援助机构合作，针对中小企业不同的需求，在各都道府县设立多样化的支援基地，包括派遣专家指导等	41.2亿日元
专利权援助	申请专利的中小企业	满足一定条件的中小企业，专利费及审查费可减免50%。自2014年4月1日，中小企业、小规模企业专利费（第1年分从第10年分）和审查费、PCT国际申请调查手续费及发送手续费等可减免2/3	2014年度中小企业减免措施的利用数为21 651件
国外申请专利援助服务	地方中小企业	各都道府县中小企业支援中心及日本贸易振兴机构对计划在国外开拓事业的中小企业，专利申请费用（包括外国专利厅支付的申请费、国内和当地的代理人费用、翻译费用等）提供补助	总援助件数540件，总额4.6亿日元

资料来源：根据《2015年版ものづくり白書》整理。

（三）培育工业4.0时代的新型知识型技工："日本制造"核心能力的延伸与提升

长期以来，日本制造业的突出优势之一在于一线工人的技术水平较高，拥有大量高技能的劳动者和一批精益求精的制造工匠。相对而言，日本这一核心能力及其所依托的企业组织形态和制造文化与德国更接近，而与以持续的军工需求、先导性原创技术和多样化的移民人才为特征的美国制造业竞争优势存在显见的差异。日本政府认为制造业是吸纳就业比较多的产业，特别是对促进地方就业、推动区域创新影响更大。因此，人才培养方面的政策在历年《日本制造业白皮书》及相关战略规划中占有较大篇幅。除了针对日本就业的性别结构特征，继续引导女性就业，鼓励家庭主妇加入就业大军,为制造业补充新的劳动力来源之外,日本《2015年制造业白皮书》进一步强调深度开发劳动者技能,培养在物联网应用中独当一面的知识型熟练技术工人。为在工业4.0时代保持日本制造的高品质,政府支持各地建设工业技术专门学校等公共职业技能开发设施,开展以初中生为对象的职业体验,加深学生对制造业的认识和热爱。文部科学省与经济产业省合作,从学校阶段培育学生的职业意识和工匠情怀。值得注意的是,与当下中国政府倡导"大众创业、万众创新"有所不同,日本应对工业4.0的人才政策措施更偏重向固有就业体系输入高素质知识型人才,而非密集激励个体创新。这与日本长期形成的雇佣文化和创新体制有关。应该说,日本式集体创新的氛围和机制相对比较稳固,现阶段乃至未来一段时间能够满足本土化创新要素配置的基本要求。同时,日本政府尤其重视理工人才培养。为尽快将优秀的年轻研发和工程技术人员补充到科技创新岗位中,2015年日本专门制定发布了《理工科人才培养战略》,提出理工人才将从以下四个方面发挥重要作用:新价值的创造和技术革新(创新);创业及开创新业务领域;促进产业基础技术发展;在包括第三产业内的多种产业中产生影响。

(四)产学官联动:日本式创新机制的深化

产学官结合看似有简单而清晰的体制架构,但将这三类不同利益诉求、不同组织方式、不同人力资源构成的组织串联起来,却需要具备跨越多重障碍的能力。产学官一体化既是日本传统产业政策的重要成果,也在面向工业4.0的创新活动中继续承担机制化的功能。随着产学官联动不断深化,其运作的重点集中在以下方面:一是推进大学的创新活动。日本制定了"大学新产业创造计划(START)",主要资助大学开发机器人等高风险、能够开拓新市场的新技术及其产业化;二是推动革命性的技术创新。日本自2013年开始实施《革命性创新创出计划(COI STREAM)》,根据产业界和社会需求,建立产学合作基地,集中实施从基础研究阶段到商业化阶段的全过程研发,目前,已建立了18个产学合作的创新基地;三是加快创新成果商业化。作为应对工业4.0的核心政策,日本在这方面政策力度非常大,政策工具运用更加多元化,以充分挖掘日本多年来在基础科学研究中积淀的市场潜力,加快占据智能制造、医疗工程等新兴领域的产业化高地（见表4）。

表4　　　　　　　　日本加快创新成果产业化的政策措施

支撑计划或措施	政策工具及主要内容
"出资型新事业创出支援计划（SUCCESS）"	对运用日本科学技术振兴机构的研发成果而设立的风险企业，实施资金、人员、技术援助
《研究成果最优开展援助计划》《尖端仪器分析技术和设备开发计划》	由日本科学技术机构制定，推动学合作开发世界上独一无二的尖端测量分析技术和设备
《战略性创新创出推进计划》	在已有基础研究成果的基础上进行长期、大规模研发
向大学等研究机构的研究成果在国外获取专利提供援助	将分散在大学和研究机构的一些专利集中起来，通过网络免费提供大学等研究机构的专利信息（J-STORE）
《知识产权运用支援事业》	综合运用大学等研究机构知识产权活动
促进企业和大学等研究机构的共同研究	对于民营企业在合作研究中用于实验支出的研究费的一定比率，给予税收优惠

资料来源：根据《2015年版ものづくり白書》整理。

（五）回归与强化：鼓励日本企业主导与国际接轨的行业标准

20世纪末，随着日本在汽车、家电等领域大举占领国际市场，一些日本大企业曾一度试图撇开国际标准，在行业技术和产品标准上另搞一套，构筑相对独立的日本标准体系，并以此主导未来国际标准制定。在接下来的十余年间，日本企业之间为掌控标准主导权，展开了激烈的标准之争。其中最典型的实例之一即是以索尼公司为首的蓝光阵营与由东芝公司"领衔"的HD-DVD阵营围绕下一代DVD的格式之争。这场"标准之战"异常惨烈，结果却是双方投入巨大，最终两败俱伤，其败局的负面影响甚至波及整个日本家电业。为汲取这些教训，在工业4.0时代的国际标准竞争中少走弯路，日本政府继续鼓励本国企业引领行业技术和产品标准的同时，特别强调要使日本标准与国际标准接轨。日本标准制定向国际化回归的经验教训表明，在技术或产品标准领域，"民族的"并不必然会是"世界的"。即使在具有突出优势的领域，参与进而主导行业标准也应遵循标准制定的国际程式，充分考虑市场及相关国际组织的接纳要求，这对《中国制造2025》提出的"加强标准体系建设"具有一定的借鉴意义。

五、结论与启示

(一) 主要结论

从面向工业 4.0 发达国家新一轮产业政策的应用来看,时至今日,产业政策已基本摆脱对与错、得与失的争论(至少在决策层面如此),而成为产业发展不同阶段择机而用的政策工具。在产业发展的不同阶段,面对全球竞争形势的变化,各国产业政策的目标和导向会作出重大的调整。就日本而言,基于其战后国家战略架构的一贯特征及演进,日本总体上是更擅长应对、而非引领的国家。即使技术内生化进程加快为其重塑制造业竞争优势带来了新的契机,使得日本具备了应对工业 4.0 的技术条件和创新能力,日本的国家核心能力仍更多地体现为战略跟进的机制和效率,迄今已高度现代化的日本并不具备革命性、全球性开创和主导的国家意识。追根溯源,日本这种"战略时滞"不完全是经济发展后发性的必然产物。对于日本危机应对体系的形成机理,仅从经济学层面来分析和理解显然是不够的,地理、文化、民族等非经济因素对其追赶型战略的影响不容忽视,与之相配合的体制机制及政策措施,可移植性相对较差。

相比其危机应对意识,日本产业政策的"菊与刀"色彩因更多后发国家和地区的学习借鉴改良而明显淡化。日本作为传统制造业强国自然不甘心在此轮全球竞争中落后,加紧在制造业尖端领域深度布局。从这一意义上讲,日本应对工业 4.0 中,产业政策的角色实际上仍然是一支"有的之矢",缺少能够孕育产业革命的先天基因。但客观地看,在快速找准差距、锁定追赶目标、动员学习能力、判断跟随路径、适用本土化制度安排等方面,日本产业政策始终具有基于长期积淀的难以复制的机制优势。然而,正如诺斯所言:"如果一个社会没有经济增长,那是因为没有为经济创新提供刺激"[①]。尽管日本"迷失的二十年"是多种因素导致而非简单的产业政策失败的结果,但不可否认的是,与其他制度因素交织在一起的产业政策,起码在过去二十年中未能很好地发挥刺激日本经济创新的作

---

① 道格拉斯·诺斯,罗伯斯·托马斯:《西方世界的兴起》,华夏出版社,2014 年重印本,第 5 页。

用。因此，在工业 4.0 时代的全球竞争中，日本产业政策的成效仍存在一定的不确定性。

通过分析日本应对工业 4.0 的战略导向、重点领域和政策工具，我们可以进一步看出，日本产业政策既延续了其独特传统，又有明确的新思路。保持政策连续性同时，在政策工具市场化、决策透明化等方面与赶超时期的产业政策已形成了一定的切割。一是作为优势鲜明的制造强国，既要在新工业革命大势下与主要竞争对手形成战略呼应，又立足本国需求和产业特点，集中解决日本未来制造业要发展什么、如何发展等问题。在这种导向下，日本新一轮产业政策制定实施过程中，政府与产业界既有利益博弈，但更多的是依托产业政策审议会及相关专门委员会、广泛接受专家咨询的合作与协调，这方面传承了日本产业政策的核心机制优势；二是政策细化。日本政府及相关机构每年出台的各种白皮书和研发计划涉及各个领域，政策工具的表述十分详尽，为相关部门和机构落实带来了便利，也为企业把握政府导向提供了翔实的信息；三是决策相对透明。日本产业政策涉及的各项政府补贴额度、减免税幅度、资金投入方向、资助对象等内容全部公开发布。除了便于接受国内外监督，更重要的是对投资者和企业形成引导作用，带动其逐步融入工业 4.0 体系；四是中小企业政策密集且具体。几乎所有的政策工具都应用于中小企业。其中大部分属于功能型措施，但在一些特定领域仍延续了日本选择性产业政策传统；五是日本对重点领域的引导，已不再由政府替代市场选定未来胜出的企业，也不指定具体技术路线，而是更多地强调"自下而上"和"自上而下"相结合，继续发挥并完善日本独具特色的产学官联动的科技投入和创新机制。

（二）对我国的启示

长远来看，制造业是国民经济的主体，是立国之本、兴国之器、强国之基。① 当前，在"三期叠加"下，由于传统领域渐失投资吸引力、新兴产业发展存在不确定性，"产能过剩、资本抽离、成本攀升、人才缺失、要素分流"对中国制造构成了现实压力，中国工业面临转型升级的关键机遇期。进入经济新常态，国家制定实施《中国制造 2025》，不仅是对工

---

① 见国务院：《中国制造 2025》，2015 年 5 月 8 日。李克强总理 2015 年 6 月 15 日在考察工业与信息化部、中核工程公司时进一步强调："工业制造是国民经济的支柱，是实现发展升级的国之重器。"

业 4.0 时代全球竞争的战略应对，更是借力"互联网 + 和智能制造、绿色制造"，加快推动中国迈上制造强国之路。就这一意义而言，《中国制造 2025》相较于日本一揽子应对工业 4.0 的措施，更具战略高度和全局性、长远性，也是中国产业政策运用的一次新探索。然而，旗帜式、纲领性的战略影响力并不能掩盖《中国制造 2025》的视野局限性及其在产业政策改革方面的不到位。总体来看，《中国制造 2025》所提出的十大重点领域立足于既有优势，依托中国制造占据国际市场的强势领域，以装备制造等硬件设备和产品为主，更多地体现出中国制造以技术集成和终端产品总成为支撑的核心能力。显然，这种思路对传统规划范式突破力度不够，重点领域选择的现实性、本土化较强，前瞻性、革命性偏弱，更多地照顾到产业现有优势和市场需求，而缺少着眼于制造强国建设的先导性理念。

中国和日本同为制造业大国，先后被称为"世界工厂"。尽管现阶段两国工业化阶段有差异，制造业发展整体水平及优势领域不同，但都要面对工业 4.0 与新兴经济体赶超形成的"双重挤压"。因此，日本应对工业 4.0 的产业政策虽有自身局限性，特别是与其独特的危机应对机制结合起来运用，在一定程度上降低了这些政策措施的可移植性，但仍对加快推动我国由制造大国向制造强国转变具有借鉴价值。

首先，备受学者们推崇的产业政策市场化导向固然重要，但更须认识到制造强国的"模样"长得并不一样。塑造核心能力的前提是要对中国制造能够具备什么样的核心能力作出更清醒、客观的判断，并据此导入更有利于核心能力建设的要素条件、制度环境和文化特质；二要立法先行。在法律上保障官产学各方的长期合作利益，形成创新收益的理性预期，对于构建创新联动机制十分关键。为此，应尽快完善相关法律法规，实现以企业为创新主体和产业化载体、大学科研机构为可持续原创源头、政府为服务和信息提供者的有机对接；三要加快体制机制创新。《中国制造 2025》提出成立"国家制造强国建设领导小组"，统领规划落实，但机构设置偏于宏观。今后，政府应依托国家级智库，发布年度《中国制造业白皮书》，密切追踪制造业技术创新、商业模式、市场环境及竞争环境的国内外最新态势，不断细化《中国制造 2025》提出重点领域及支撑保障措施，进一步提高政策透明度和可操作性，指导各级政府和相关部门实施《中国制造 2025》，引导企业和投资者优化战略决策。四要重视政策集成。

中国产业政策变革

政府应有步骤地整合现有分散在各部门的产业政策，提高政策的含金量和规范性，构建利于大企业与中小微企业合理分工、良性共生的组织结构和产业生态系统。五要找准"最后一公里"的差距。已经成为制造业大国的中国，应立足"工业强基"工程，以育成和优化中国式"工匠基因"为出发点，着力提高制造业对高端要素的吸引力和凝聚力，培养综合素质高、满足互联网+需求、面向工业4.0的企业家群、创新人才群和产业工人群，加快形成中国特色制造文化，不断夯实中国制造强国的基础。

（本文原刊于《经济管理》2015年第11期）

产能过剩与僵尸企业处理：日本经验

津上俊哉[*]

日本经历过几次产能过剩，调整产能过剩的政策也几经变化。明治时期，日本政府对经济干预很少，基本由原始的市场功能调整，因此价格、需求等经常出现激烈的变动。军国主义时期的日本根据"国家社会主义"，采取了类似于计划经济的"统制经济"，政府给各个部门下达指令（"经济总动员"时代）。战败后，虽然联合国军采取了一些"经济民主化"政策，但仍沿用旧习惯，采取政府主导的经济和产业政策。尤其是20世纪70年代之前，虽然"垄断禁止法"早已有之，但针对某个产业制定产业调整政策时，往往缺乏"市场竞争"意识，未能统筹考虑其利弊，带来了不少弊端。进入80年代，日本政府的思路从"政府主导经济"逐渐转变到"让市场更好地发挥作用"，经合组织（OECD）提倡的"积极性产业调整政策"（Positive Adjustment Policy, PAP）成为共识政策。期间，日本的整个产业结构也发生了变化。随着经济总体规模的增长和产业结构的优化，钢铁等行业的占比逐渐下降，留下的企业员工规模也只有以往的几分之一，问题的核心逐渐从"行业"调整转变为个别"企业"的调整。

20世纪90年代的日本经历了痛苦的泡沫经济破裂，首先集中于对房地产投资的坏账处理（第一段），由此银行陷入了不良债权危机，政府投入了大量公款。

经历了10年时间，到21世纪头10年，房地产的问题高峰已过，但仍有零售、酒店等行业的"僵尸企业"未处理（第二段）。此时日本把它

---

[*] 津上俊哉，清华大学产业发展与环境治理研究中心（CIDEG）特聘研究员。

作为（个别）"企业再生"问题，运用资本市场规律和技术来处理。

接下来着重介绍"第二次世界大战"后日本在去产能和产业调整方面的经验。

一般来说，有两类行业容易形成产能过剩：一类是设备投资规模比较大的行业，钢铁是典型代表；另一类是进入受限制的产业，政府本来是为了限制产能过剩，最后反而助长产能过剩。"第二次世界大战"后的日本，当某个行业面临"市场失败"时，通常采取"不况（萧条）产业对策"。它主要以政府主导的"操业短缩（缩短开工）"，限制新增设备投资为主，困难较大时也采取了"设备共同废除"。它的本意是在某个行业，大家一起做"卡特尔"（限制竞争），并减少产量或去产能，由此恢复行业的供求平衡。比如在政府主导下，行业内的所有企业达成一致，减少30%的产能，某种意义上它是公平的，但是从效率的角度来看，对那些拥有最先进设备的高效企业来说，则是不公平的。

这样的"共同行为"虽有防止产品价格下跌、缓解企业困境等好处，但长期来看，限制竞争的弊端也很明显。例如，在"设备调整"成为"常态"的纺织产业，曾有过先登记设备量，陷入萧条后把剩余设备买断和拆掉的优惠制度，但登记好的设备量就产生"财产价值"，妨碍企业自主努力调整设备，该制度也不得不允许"拆旧换新"的技术改造，条件是拆换量挂钩，但每次由技术升级导致"拆少换多"的恶性循环。与此同时，这样一个"额度"本身就会带来一些价值，因此行业内的企业会相互交易"额度"。因此到20世纪70年代，不况（萧条）产业对策遭到批评，政府需要改变其做法。

20世纪70年代日本经历了两次石油危机，因为石油价格飞速上涨，给产业结构带来了巨大冲击，日本从高速增长进入了中速增长期，增长率大幅下降，这就给为数众多的企业带来了产能过剩问题，所涉行业也极为广泛。

为了解决这个问题，通产省（现改为经济产业省）采取了相应的措施。首先，制定并通过了多项法律，包括《特定不况产业稳定临时措施法》《特定不况行业离职员工临时措施法》《特定不况地区离职员工临时措施法》《特定不况地区中小企业临时措施法》。其次，根据以上法律，将铝业、合纤（4种）、平电炉、合金钢、纺织、化肥、造船、瓦楞纸等

14个行业指定为"特定行业"。政策措施包括，对下岗职工的职业培训、延长失业保险时间、优先安排公共项目，对中小企业提供融资支持等。

在去产能的过程中，最困难、最重要的是裁员。在日本，企业的社会责任之一就是保护劳动者的就业，所以不能因为经营不善而随意解雇员工，只能在用尽所有力量仍无法避免企业倒闭时，才可裁员，这是日本三四十年前传统的经济和企业理念。正因为如此，裁员都会伴随很大的痛苦。在20世纪70年代石油危机冲击之后，大公司将人员重新调配到那些效益比较好的工厂或者分支机构。例如，新日铁有好几个钢厂，于是在这些工厂里对人员进行轮岗、调配、转岗。其实新日铁在此之前已经经历过五次调整。到了20世纪80年代，造船、钢铁的产能过剩问题非常严重，但是汽车行业如日中天，能吸引更多的员工。正因为如此，有造船业务的三菱重工，把剩余的劳动力调配到汽车厂，当然，这也获得了汽车厂的配合。但是，如果所有可行的方法都应用后仍然不能摆脱困境，企业就只能借助政府的支持政策。

概括来说，石油危机后日本的产业调整具有下列特征：（1）不管什么行业，只应对宏观经济萧条，且只采取限时性（有期限）的措施；（2）除了"缓和冲击"和（以在该行业里生存下去为目标的）"提高效率，增强竞争力"的措施以外，也有意识地帮助企业把劳动力、资本等生产要素从该行业退出去，并再投到新领域的"事业转换"措施。

要特别指出的是，在这一阶段的产能调整中，日本遵循经合组织倡导的积极性产业调整政策，重视竞争，尊重市场经济原则。这一政策的主要内容是：

• 是否救助企业的标准：不救助时产生的经济和社会成本是否难以接受；

• 稳定就业的措施应避免保护低效产业，重视支援员工改行或职业培训等；

• 在经济薄弱地区应支持发展新产业及充实基础设施（支持地区发展等）。

总的来看，积极性产业调整政策通过"供给侧改革"，提高生产效率，促进经济增长的思路很明晰，虽然已过了将近40年，现在也有使用价值。

石油危机结束之后，日本还经历过两次僵尸企业：第一次是20世纪90年代房地产泡沫破灭之后的房地产僵尸企业；第二次是进入21世纪后，零售业、酒店等行业的僵尸企业。在这个时期，日本的产业结构已经发生了巨大变化，重工业和重化工业所占的比例大幅下降，即使在这些产业，就业人口也大幅减少，一家钢厂的雇员已经减少到两三千人，所以裁员问题已经不需要特别处理。因此，政府不再把僵尸企业作为"行业问题"来处理，而是把它们作为"（个别）企业的再生问题"，并适用资本市场的规律和金融技巧来处理。2003年，政府成立了"产业再生机构"，来处理僵尸企业。该机构处理僵尸企业的方法是：根据"选择与集中"（能活的就活，该死的就死）的方针进行业务重组、裁员、招聘新的经营团队等，然后重新评估再生后的企业价值，据此推算企业能偿还债务的上限，超过限额的部分要求银行免除债务。

由于前些年的投资泡沫，中国整个的资产负债表受到严重损害（有名无实的低效资产和庞大的不良债务积累到资产负债表）。因此，现在不处理僵尸企业，中国经济就有可能陷入资产负债表危机。日本过去的去产能和僵尸企业处理经验可以给中国提供一些有益的启示：

1. 彻底处理不良贷款，否则银行和整个经济的活力无法恢复。日本21世纪之后最惨痛的教训是坏账。允许僵尸企业继续展期或续贷（不能产生现金流的贷款），整个经济的资金流转就会日益恶化（存量越来越大，但贷款仍然难、仍然贵），银行知道贷款资产受损，承担风险能力越来越低，惜贷现象越来越突出。僵尸企业要么破产、要么重组。如果重组，就要先给僵尸企业免除债务，银行在资产负责表上进行坏账处理。受损并减少的银行资本金要么增资扩股，要么由公款注入来弥补。彻底处理僵尸企业后，经济才能恢复活力。

2. 僵尸企业处理过程中，必须遵循市场经济规律：在让债权人履行其责任之前，必须让公司股东履行有限责任（100%减资）。债权人（银行）是低回报和低风险，股东是高回报和高风险。因此如果允许股东不负责任，那就意味着允许高回报和低风险，这必定会带来道德风险。

在中国，不少僵尸企业是国有企业，如果让股东来承担有限责任，可能会引发有关国有资产流失的争论。但实际上，僵尸企业的资产已经没有价值，并不存在流失的问题，而是"保护百姓的存款，还是保护特定部门的所有权益"的问题。

3. 日本除20世纪80年代陷入困境的钢铁、造船等特定行业之外，还有仍处于高速成长期的汽车、电子等行业，这些行业有较强的能力来吸收冗余劳动力。但此次中国制造业的产能过剩范围非常广泛，在"制造业"的范围内难以找到过剩劳动力的吸收方。因此，公共财政应该发挥更大的作用，财政负担要向中央政府而非地方政府"倾斜"，支援地区经济的公共设施建设等措施应向有困难的地区倾斜，避免"撒胡椒面"。

4. 在人员问题上，根据日本产业结构调整的经验，成本最低的做法就是没有工作的地方的人口减少，到有工作的地方去，让人口自由流动。因此，要加快推进户籍制度和社会福利改革，增强福利制度的可携带性。

5. 多重组、少破产。在日本，公司内部转岗、人员分流、同业合并等重组措施，是为企业再生提供安全网，而不是为了避免破产。如果重组只是为了免于破产，那就等于一事无成。

6. 在有关部委的文件里除了"去产能"之外，还能看到"推进技术改造"的提法。那些不愿意被淘汰的低效企业往往以技术改造为借口，进行更大的投资，把产能进一步扩大两倍、三倍，进而使产能过剩更加严重，形成恶性循环。因此，技术改造这样的概念和做法应当停止。

(本文原刊于《中国中小企业》2016年第8期)